专精特新企业融资实务

周　红◎编著

中国经济出版社
CHINA ECONOMIC PUBLISHING HOUSE
北　京

图书在版编目（CIP）数据

专精特新企业融资实务 / 周红编著. -- 北京：中国经济出版社，2022.8

ISBN 978-7-5136-7077-7

Ⅰ.①专… Ⅱ.①周… Ⅲ.①中小企业-企业融资-研究-中国 Ⅳ.①F279.243

中国版本图书馆 CIP 数据核字（2022）第 160219 号

责任编辑 贺 静
责任印制 马小宾
封面设计 华子设计

出版发行 中国经济出版社
印 刷 者 北京艾普海德印刷有限公司
经 销 者 各地新华书店
开　　本 710mm×1000mm 1/16
印　　张 22.25
字　　数 296 千字
版　　次 2022 年 8 月第 1 版
印　　次 2022 年 8 月第 1 次
定　　价 98.00 元
广告经营许可证 京西工商广字第 8179 号

中国经济出版社 **网址** www.economyph.com **社址** 北京市东城区安定门外大街 58 号 **邮编** 100011
本版图书如存在印装质量问题，请与本社销售中心联系调换（联系电话：010-57512564）

前言

2022年9月8日，全国专精特新中小企业发展大会在江苏省南京市开幕，大会主题为“专精特新 强基固链”，习近平总书记致信祝贺2022全国专精特新中小企业发展大会召开时强调，着力在推动企业创新上下功夫，激发涌现更多专精特新中小企业。

2021年我国产业结构进一步优化升级，培育专精特新企业4万多家，“小巨人”企业4700多家，制造业单项冠军企业超过800家。2022年，计划再培育3000家左右国家级专精特新“小巨人”企业。

我国中小微企业有4800多万户，它们是专精特新企业、制造业单项冠军企业生长的土壤和源泉，各地政府也在积极针对专精特新中小企业的特色需求开展专项服务，鼓励面向企业的不同发展阶段，量身定制专属“服务包”，分层培育专精特新中小企业和专精特新“小巨人”企业，分类促进企业做专、做精、做大、做强。尤其是围绕“东数西算”国家级大工程，积极运用云计算、大数据、5G、人工智能、区块链等新一代信息技术创新服务模式，推动服务供给和需求的精准、高效匹配，让更多的专精特新企业参与其中，做出卓越的贡献。

为推动和培育专精特新企业、制造业单项冠军企业，配合国家高端人才培养计划，帮助创新型中小企业、专精特新企业、制造业单项冠军企业早日进入资本市场上市融资，特地推出此书。

本书共分六章，从专精特新企业的认定资格、申报条件及操作流程到企业上市融资进行了系统介绍，对中小企业融资难、融资贵的深层原因进行了分析，配以相关真实案例，提供破解思路。重点是融资模式与融资工具章节的介绍，强调企业规范治理、自查自律，以新三板和北交所挂牌、上市条件为指南，练好企业内功，借助政府大力扶持政策，让所有的中小企业都能插上资本的翅膀在行业的主赛道上夺冠。

能为专精特新“小巨人”企业、制造业单项冠军企业、所有的中小企业进入资本市场竞技提供专业帮助和操作层面的参考依据，是本书出版的价值。

目　录

第一章

01

专精特新"小巨人"企业

一国的经济活力，体现在既有参天大树，又有遍地小树小苗，万舸争流，千帆竞逐。习近平总书记高度重视中小企业发展，对中小企业的发展作出了一系列重要指示批示。2018 年 10 月，习近平总书记在广州开发区视察时指出“中小企业能办大事”。2020 年 3 月 29 日，习近平总书记在浙江考察时强调“我国中小企业有灵气、有活力，善于迎难而上、自强不息”。中央经济工作会议、“十四五”规划和 2035 年远景目标纲要均对服务中小企业创新发展作出重要部署。2021 年，在以习近平同志为核心的党中央坚强领导下，我国中小企业勇立潮头、敢于创新，克服了各种冲击，取得了可喜成绩，实现了快速、健康发展，为国民经济全局做出了重要贡献。

＊＊专精特新的灵魂是创新。

2021 年 7 月 27 日，刘鹤副总理在全国专精特新中小企业高峰论坛的讲话中关于中小企业发展谈了以下三点看法：

第一，中小企业好，中国经济才会好。中小企业是市场的主体，是保就业的主力军。一个普遍规律是，中小企业发展得好的地方，经济都很好。充满活力的中小企业，其多样性、差异化的经济生态是我国经济韧性最重要的保障。因此，我们要坚决支持中小企业的发展。

第二，专精特新的灵魂是创新。我国经济发展到当前阶段，科技创新既是发展问题，更是生存问题。我们强调“专精特新”，就是要鼓励创新，做到专业化、精细化、特色化。各位企业家要以专精特新为方向，聚焦主业、苦练内功、强化创新，把企业打造成掌握独门绝技的“单打冠军”或者“配套专家”。

第三，要为中小企业发展营造良好环境。企业家精神是说企业家就像鱼一样，水温合适，鱼就会游过来。各部门、各地方主管中小企业工作者要真正提高服务意识和服务能力，营造良好的营商环境，培育和扶持专精特新企业。资本市场将为中小企业发展创造好的条件。

刘鹤副总理特别指出，实现高质量发展，我们必须坚持社会主义初级阶段的基本经济制度，坚定不移地贯彻“两个毫不动摇”，充分发挥国有经济的作用，大力鼓励、支持、引导非公有制经济发展，坚决保护产权和知识产权，坚持市场化、法治化、国际化方向，营造良好的营商环境。在新发展阶段，我们统筹发展与安全的关系，目的是保护公平竞争，促进资本健康、有序发展，保护消费者利益，更好地服务于构建新发展格局，这在客观上也为广大中小企业创造了良好的发展环境。

2022 年，工业和信息化部将继续加大专精特新中小企业培育力度，出台《创新型中小企业评价与培育办法》等，拟新培育 3000 家左右专精特新“小巨人”企业（以下简称“小巨人”企业），带动各省份扩大专精特新中小企业培育规模，同时全面启动创新型中小企业培育工作。“十四五”期间，我国要培育 100 万家创新型中小企业，现在正在制定创新中小企业的认定办法，在此基础上，再遴选出 10 万家左右的省级专精特新中小企业、1 万家“小巨人”企业以及 1000 家制造业单项冠军企业或者单项冠军产品。同时，2022 年也将很快出台中央财政支持专精特新中小企业高质量发展的政策。

2019—2021 年，工业和信息化部已陆续公布了 3 批共 4762 家专精特新“小巨人”企业名单（首批 248 家、第二批 1584 家、第三批 2930 家）。其中包括 5 批 596 家单项冠军企业，带动各地培育省级专精特新中小企业 4 万多家。工业和信息化部运行监测协调局负责人表示 2022 年将带动各省份培育专精特新中小企业约 5 万家。

根据中国软件网不完全统计，在 4762 家专精特新“小巨人”企业中，共有 490 家数智企业，涉及包括大数据、云计算、人工智能、信息通信、物联网、智慧城市等在内的诸多领域，其将加入国家级超级工程“东数西算”。

第一节　确认你是专精特新企业

专精特新的灵魂是创新。哪些是专精特新企业呢？中小企业的发展方向就是专精特新，“专”即专业化与专项技术；“精”即产品的精致性、工艺技术的精深性和企业的精细化管理；“特”即产品或服务的独特性与特色化；“新”即自主创新、模式创新与新颖化。专精特新中小企业认定标准参考书后附件 1。

根据工业和信息化部关于《优质中小企业梯度培育管理暂行办法》，优质中小企业梯度培育工作，要坚持完整、准确、全面贯彻新发展理念，坚持专精特新发展方向，坚持有效市场与有为政府相结合，坚持分层分类分级指导，坚持动态管理和精准服务。

所谓优质中小企业，是指在产品、技术、管理、模式等方面创新能力强，专注细分市场，成长性好的中小企业，由创新型中小企业、专精特新中小企业和专精特新“小巨人”企业三个层次组成。

一、如何判断专精特新“小巨人”企业

专精特新“小巨人”企业的认定需同时满足专、精、特、新、链、品六个方面指标。

（一）专业化指标

坚持专业化发展道路，长期专注并深耕于产业链某一环节或某一产品。截至上年年末，企业从事特定细分市场时间达到 3 年以上，主营业务收入总额占营业收入总额比重不低于 70%，近 2 年主营业务收入平均增长率不低于 5%。

（二）精细化指标

重视并实施长期发展战略，公司治理规范、信誉良好、社会责任感强，

生产技术、工艺及产品质量性能国内领先，注重数字化、绿色化发展，在研发设计、生产制造、供应链管理等环节，至少 1 项核心业务采用信息系统支撑。取得相关管理体系认证，或产品通过发达国家和地区产品认证（国际标准协会行业认证）。截至上年年末，企业资产负债率不高于 70%。

（三）特色化指标

技术和产品有自身独特优势，主导产品在全国细分市场占有率达到 10% 以上，且享有较高知名度和影响力。拥有直接面向市场并具有竞争优势的自主品牌。

（四）创新能力指标

满足一般性条件或创新直通条件。

1. 一般性条件

需同时满足以下三项：

（1）上年度营业收入总额在 1 亿元以上的企业，近 2 年研发费用总额占营业收入总额比重均不低于 3%；上年度营业收入总额在 5000 万元～1 亿元的企业，近 2 年研发费用总额占营业收入总额比重均不低于 6%；上年度营业收入总额在 5000 万元以下的企业，同时满足近 2 年新增股权融资总额（合格机构投资者的实缴额）8000 万元以上，且研发费用总额 3000 万元以上、研发人员占企业职工总数比重 50% 以上。

（2）自建或与高等院校、科研机构联合建立研发机构，设立技术研究院、企业技术中心、企业工程中心、院士专家工作站、博士后工作站等。

（3）拥有 2 项以上与主导产品相关的 I 类知识产权，且实际应用并已产生经济效益。

2. 创新直通条件

满足以下一项即可：

（1）近 3 年获得国家级科技奖励，并在获奖单位中排名前三。

（2）近 3 年进入“创客中国”中小企业创新创业大赛全国 50 强企业组名单。

（五）产业链配套指标

位于产业链关键环节，围绕重点产业链实现关键基础技术和产品的产业化应用，发挥“补短板”“锻长板”“填空白”等重要作用。

（六）主导产品所属领域指标

主导产品原则上属于以下重点领域：从事细分产品市场属于制造业核心基础零部件、元器件、关键软件、先进基础工艺、关键基础材料和产业技术基础等领域或符合制造强国战略的十大重点产业领域；或属于网络强国建设的信息基础设施、关键核心技术、网络安全、数据安全领域等产品。

二、专精特新“小巨人”企业发展趋势与分布

来自市场研究机构的统计显示，从地域分布上看，目前 4762 家国家级专精特新“小巨人”企业中，数量最多的前三个省份依次是浙江、广东和山东，三省数量合计约占全国总量的 1/4；在城市维度上，国家级专精特新“小巨人”企业数量排名前十的城市分别是北京、上海、宁波、深圳、天津、重庆、成都、青岛、厦门、东莞；从整体数据来看，山东、广东、浙江的专精特新中小企业总量也居于前列。

据不完全统计，在 2022 年已闭幕的地方“两会”上，有 20 余个省份在政府工作报告中明确提出了专精特新培育计划，并制定了培育专精特新中小企业的具体数量目标。有的省份公布的是 2022 年的目标，也有的省份公布的是到 2025 年年底（“十四五”期间）的目标。

比如，广东提出 2022 年将力争培育国家级专精特新中小企业 200 家、省级专精特新中小企业 1000 家；

浙江提出 2022 年力争新增上市公司 70 家，培育专精特新“小巨人”

企业 100 家、单项冠军企业 20 家；

河南提出 2022 年计划新培育创新型中小企业 1 万家、省级专精特新企业 1000 家、国家级专精特新“小巨人”企业 100 家；

安徽提出 2022 年培育省级专精特新企业 500 家、专精特新冠军企业 100 家，争创国家级专精特新“小巨人”企业 80 家左右；

海南提出针对专精特新中小企业发展的“雏鹰行动”，提出到 2022 年年底，省级专精特新中小企业达到 210 家，国家级专精特新“小巨人”企业达到 15 家；

上海提出 2022 年新增专精特新中小企业 500 家；

重庆提出 2022 年将新培育国家级专精特新“小巨人”企业 140 家、市级专精特新中小企业 300 家；

……

放眼整个“十四五”期间，江苏计划到 2025 年，形成营业收入超百亿元工业企业 160 家，省级以上专精特新“小巨人”企业达到 3000 家。

山东提出到 2025 年年底，入库培育创新型中小企业 2 万家以上；新培育认定省级专精特新中小企业 4000 家，累计达到 1 万家。

湖北提出争取到 2025 年年底培育省级以上专精特新“小巨人”企业 2000 家；

贵州提出到 2025 年年底培育认定省级专精特新中小企业 500 家以上、国家级专精特新“小巨人”企业 100 家；

海南提出到 2025 年年底，省级专精特新中小企业达到 500 家，国家专精特新“小巨人”企业达到 40 家，国家制造业单项冠军企业达到1～2家。

吉林提出到 2025 年年底，全省争创国家制造业单项冠军企业 10 家，争创国家级专精特新“小巨人”企业 100 家，培育省级专精特新中小企业 1500 家、市（州）级专精特新中小企业 3000 家，培育优质“种子企业”1 万户。

广西提出力争到2025年年底累计培育自治区级专精特新中小企业800家，推动各市累计培育入库专精特新中小企业1500家以上。

辽宁提出到2024年年底，累计培育300家国家级专精特新"小巨人"企业。

……

而北京针对专精特新提出的目标则是用好北京证券交易所，培育推动更多专精特新中小企业上市。

2022年以前各地专精特新"小巨人"企业分布如图1－1～图1－3所示。

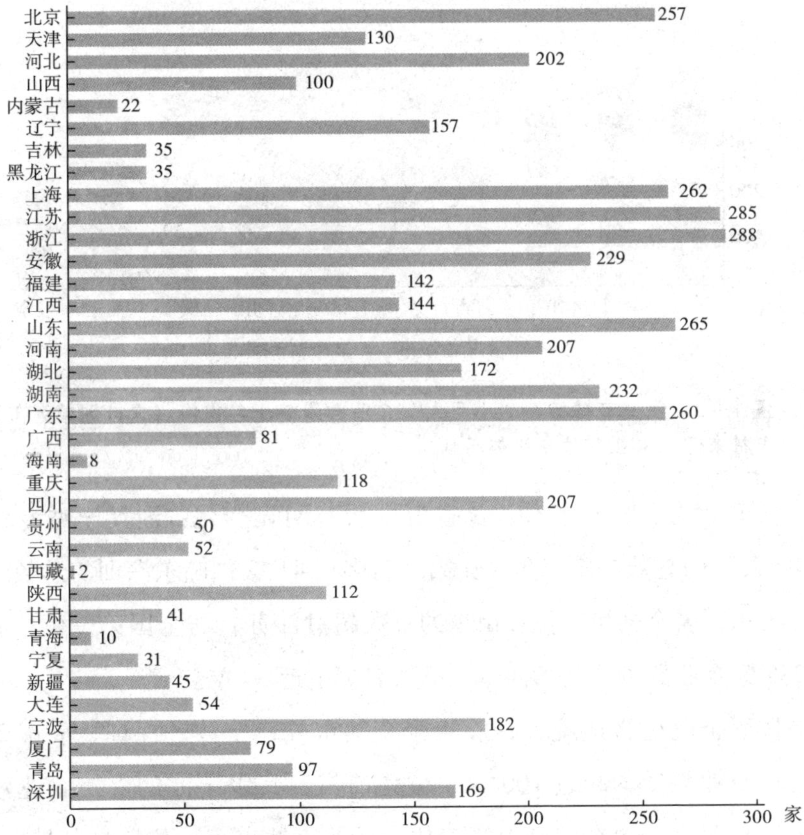

图1－1　我国各省份、计划单列市专精特新"小巨人"企业数量及分布

资料来源：工业和信息化部网站。

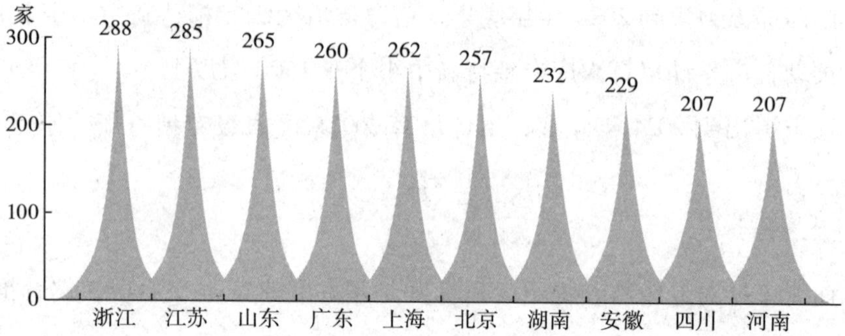

图1-2　我国专精特新“小巨人”企业数量排名前十的省份（不含计划单列市）

资料来源：工业和信息化部网站。

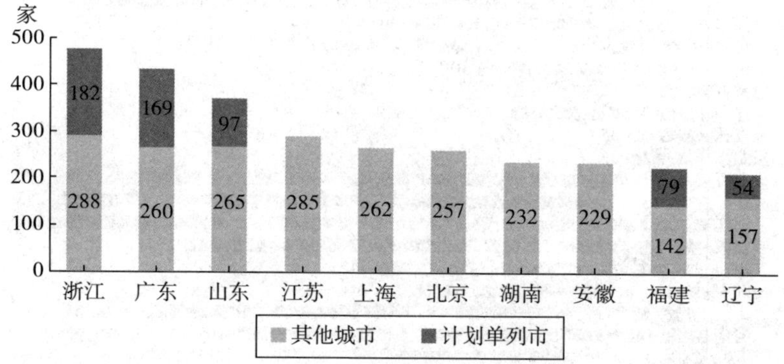

图1-3　我国专精特新“小巨人”企业数量前十名省份（含计划单列市）

资料来源：工业和信息化部网站。

从单个城市数据来看，各省份排名有明显变化：浙江宁波专精特新“小巨人”的总数一骑绝尘，比第二名多出41家；广东深圳的总数超过江苏、山东，居全国第二位；山东的总数超过江苏，居全国第三位；而江苏以285家企业数量位列第四，比第三名少了近80家。

按照企业注册地统计，除4个直辖市外，宁波、深圳、成都3个城市上榜企业数量均超过100家，位列前三，其中宁波的上榜企业数仅次于上海、北京，居全国城市第三位，居非直辖市第一位；青岛排名第四，共有97家企业上榜；紧随其后的厦门、东莞、西安、长沙的上榜企业数量都在70家以上；广州、郑州也在上榜前十位中。2022年从前我国中小企业层次分布如图 1-4 所示。

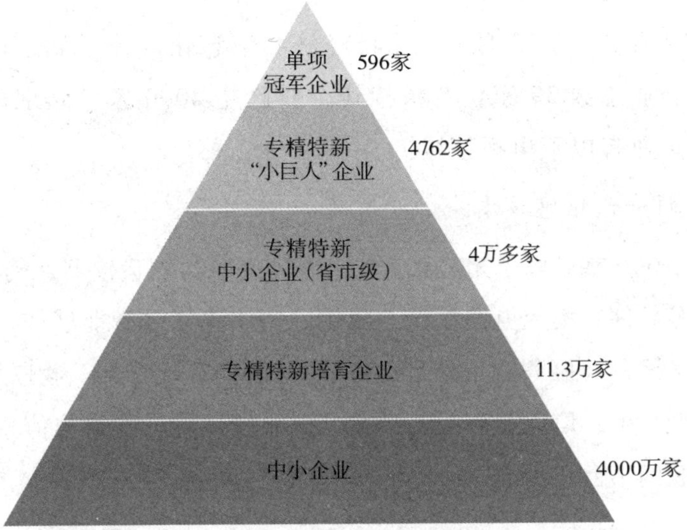

图 1-4　我国中小企业层次分布

资料来源：工业和信息化部网站。

三、单项冠军企业

单项冠军企业的申报标准很严苛。主要要求：长期专注于瞄准一两个特定细分产品市场，特定细分产品销售收入占企业全部业务收入的 70% 以上，从事相关业务领域的时间达到 10 年或以上（或从事新产品生产经营的时间达到 3 年或以上）；生产技术、工艺要国际领先，产品质量精良，拥有强大的市场地位和很高的市场份额，单项产品市场占有率位居全球前三；企业经营业绩优秀，利润率超过同期同行业企业的总体水平，一般要求年销售收入达到 4 亿元以上；企业经营业绩优秀，利润率超过同期同行业企业的总体水平；企业重视并实施国际化经营战略，市场前景好。此外，还要符合属于工业强基工程等重点方向、实施品牌战略等标准。

目前，关于单项冠军企业的认定，分为示范企业和产品两类。对于单项冠军企业（产品），由省级层面组织申报推荐，工业和信息化部组织评审认定。

2021 年 11 月 15 日，北京市经济和信息化局公示北京市制造业单项冠军企业总数 39 家，专精特新企业已超 2000 家。北京市制造业单项冠军企业有以下申报领域：

1. 新一代信息技术

其中包括基础电子元器件、电子专用设备与测量仪器、集成电路制造设备和零部件、集成电路制造与封测、网络设备、智能感知设备及器件、新型计算设备（服务器、存储设备等）、智能终端产品、物联网器件及设备、新型显示、信息安全设备、人工智能软硬件、网络与信息安全软件、工业互联网平台。

2. 装备制造

其中包括工业机器人与服务机器人、数控机床与先进成形装备、增材制造装备、大型工程机械及部件、重大成套设备、智能测控装备（仪器仪表）、工业母机、关键基础零部件、铁路高端装备及部件、城市轨道装备及部件、先进适用农机装备及部件、高效专用农机装备及部件、先进纺织机械、智能化食品饮料机械、高端医疗装备、工业气体关键技术及装备。

3. 新材料

其中包括先进钢铁材料、先进有色金属材料、先进石化化工新材料、先进无机非金属材料、先进稀土材料、高储能和关键电子材料、高性能纤维及制品和复合材料、生物基和生物医用材料、先进半导体材料、新型显示材料、新能源材料、新能源电池材料、绿色节能建筑材料，以及其他前沿新材料。

4. 新能源汽车和智能网联汽车

其中包括新能源汽车整车、电驱动系统、动力电池系统、燃料电池系统、环境感知设备、车载联网设备、计算平台及操作系统、开发软件及工具链、软硬件测试设备，以及其他零部件及相关设备。

5. 新能源

其中包括核燃料加工及设备制造、核电装备、风能发电机装备及零部件、风能发电其他相关装备、太阳能设备和生产装备、太阳能电池与锂离子电池、生物质能及其他新能源设备、智能电力控制设备及电缆、电力电子基础元器件。

6. 节能环保

其中包括高效节能通用设备、高效节能专用设备、高效节能电气机械器材、高效节能工业控制装置、环境保护专用设备、环境保护监测仪器及电子设备、环境污染处理药剂材料、矿产资源与工业废弃资源利用设备、城乡生活垃圾与农林废弃资源利用设备、水及海水资源利用设备。

7. 航空航天与海洋装备

其中包括航空器整机（不含无人机）、航空发动机、航空机载系统和设备、航空零部件、无人机、卫星应用技术设备、船舶与海洋工程装备、深海石油钻探设备，以及其他海洋相关设备与产品、海洋环境监测与探测装备。

8. 其他

其中包括数字创意技术设备、冰雪装备器材、文物保护装备。

案例参考1－1：北人智能

北人智能装备科技有限公司成立于2017年，注册地位于北京市大兴区经济开发区。该企业承接了北人品牌的研发设计及生产制造能力，是中国印刷装备制造业的主要奠基者之一，所生产的“北人牌”印刷装备驰名中外。作为国内印刷装备制造头部企业，公司拥有行业内先进的生产制造加工基地，对外投资公司2家，连续入选工业和信息化部制造业单项冠军培育企业和国家级专精特新“小巨人”企业名单。公司党委书记、董事长陈邦设荣获“2021年印刷包装产业年度经济人物”奖项。

北人智能坚持自主研发、技术创新，拥有知识产权260余项，是行业标准主要起草单位之一。公司主导产品可以全面满足书刊印刷、报纸印刷、纸包装印刷、塑料包装印刷等多种需求，销售覆盖全国30多个省份，并出口到“一带一路”沿线以及美洲、欧洲等地的30多个国家和地区。公司创新发展“包装印刷装备”“出版印刷装备”“印刷环保装备”三大业务板块，为客户提供智能、环保、高效的装备与服务整体解决方案。

公开信息未显示北人智能近期有IPO上市融资计划，但是，沪深证券交易所、北交所一定是欢迎优秀的冠军企业去落户的。爱企查未显示北人智能的财务数据及经营情况，通过查看其股权结构（见图1－5）可以发现，北人智能强练企业内功，以引领行业进步、发展民族品牌为己任，创新驱动发展、奋勇前行，正在选择进入资本市场的最佳时机，我们期待北人智能在资本市场助推下扎根国际市场。

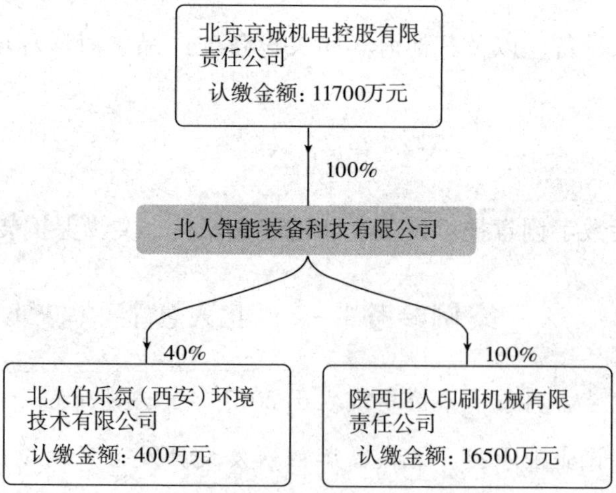

图1－5　北人智能的股权结构

案例参考1-2：中际联合（605305. SH）

中际联合总部位于北京通州，工厂位于天津武清，在美国芝加哥、德国汉堡、印度金奈设有全资子公司，现有员工700余人，其中外籍员工50余人，是国家级专精特新企业，是北京城市副中心首家“制造业单项冠军示范企业”，也是国内领先的高空安全作业设备及服务解决方案提供商，其产品已经应用于12个行业，出口到45个国家（地区），在风力发电行业细分市场占有率排第一。

公司累计申请专利近600项，其中发明专利55项，获得全球各地安全资质认证80余项，是国家级专精特新企业。其主要产品塔筒升降机已被Siemens-Gamesa、Vestas、GE、Nordex-Acciona、Suzlon、金风、远景能源、广东明阳、浙江运达、上海电气、重庆海装、中车、三一重能、东方电气、湘电风能、华锐风电、联合动力等国内外主流风力发电机制造厂商列为标准配套产品。

中际联合于2021年5月在上市证券交易所主板上市，募投项目以提升公司全球竞争力，利用IPO融资提升产能、投建研发设计中心和开拓国内外销售网络（见图1-6）。

从中际联合总市值与流通市值来看，其有足够的市值管理空间，财务指标显示股东权益有保证，具有很强的再融资、再扩张能力，可谓名副其实的单项冠军企业（见表1-1）。

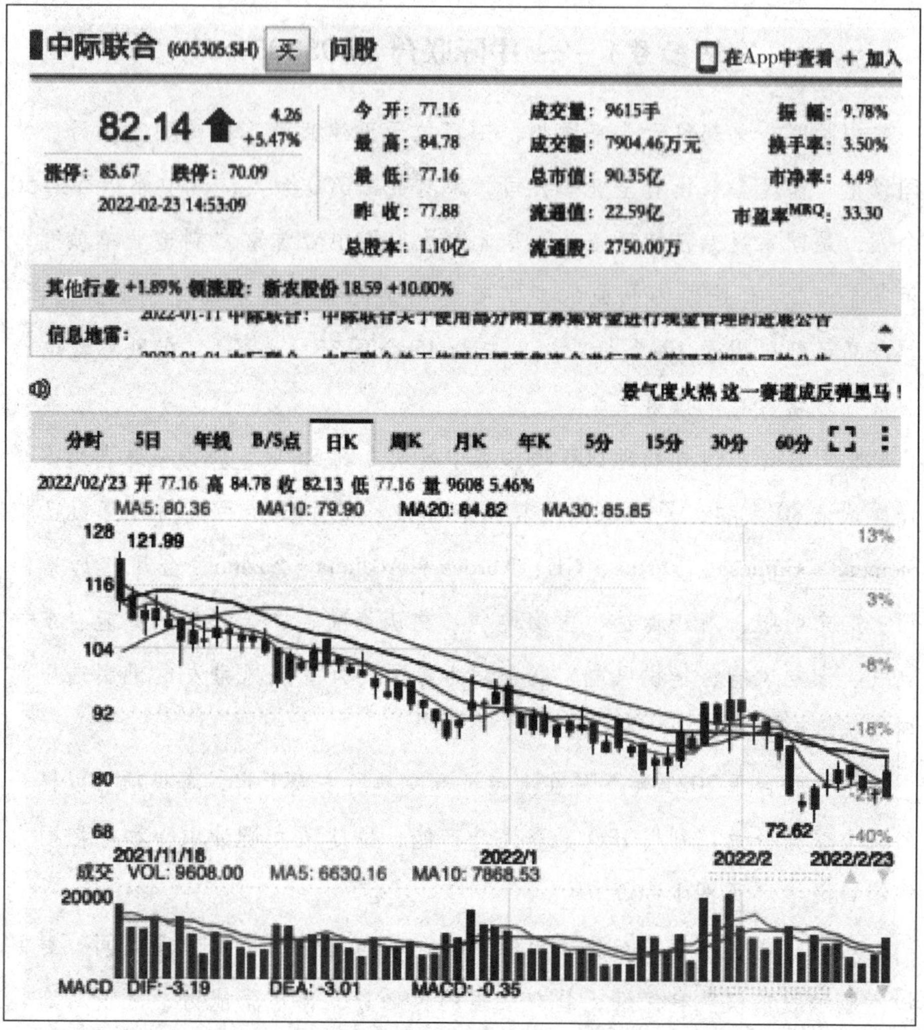

图 1-6 中际联合的股票走势

表 1-1 中际联合的财务指标

单位：元

报告日期	2021-09-30	2021-06-30	2021-03-31	2020-12-31
每股指标				
摊薄每股收益	1.6401	1.1198	0.6141	2.2438
加权每股收益	1.85	1.34	—	2.24
每股收益-调整后	1.85	1.34	0.61	2.24

续表

报告日期	2021-09-30	2021-06-30	2021-03-31	2020-12-31
扣除非经常性损益后的每股收益	—	1.28	0.58	2.2
每股净资产-调整前	18.2817	18.2577	11.725	11.0959
每股净资产-调整后	18.2817	18.2577	11.73	11.1
每股经营性现金流	0.9358	0.3636	0.4762	2.2144
每股资本公积金	11.4844	11.4844	3.8962	3.8962
每股未分配利润	5.2282	5.2128	6.0715	5.4574
调整后的每股净资产	—	—	—	—

第二节　专精特新企业的申报条件与流程

* * 对比申报条件打造自己的企业。

专精特新“小巨人”企业的主导产品应优先聚焦制造业短板，符合《工业“四基”发展目录》所列重点领域，从事细分产品市场属于制造业核心基础零部件、先进基础工艺和关键基础材料领域；或符合制造强国战略十大重点产业领域；产品或属于产业链、供应链关键环节及关键领域“补短板”“锻长板”“填空白”产品；或围绕重点产业链开展关键基础技术和产品的产业化攻关；产品或属于新一代信息技术与实体经济深度融合的创新产品。

一、专精特新企业申报要求

工业和信息化部办公厅关于开展第四批专精特新“小巨人”企业培育和第一批专精特新“小巨人”企业复核工作的通知要求如下：

（一）工作目标

以习近平新时代中国特色社会主义思想为指导，聚焦制造强国网络强国战略，围绕提升产业基础高级化、产业链现代化水平，坚持培优企业与做强产业相结合，坚持创新驱动、市场带动、上下联动和持续推动，坚持政策惠企、服务助企、环境活企，分层培育专精特新中小企业群体，分类促进企业做精做强做大，加快完善优质中小企业梯度培育体系，为“十四五”期间培育百万家创新型中小企业、十万家省级专精特新中小企业、万家专精特新“小巨人”企业打下坚实基础，为推动经济高质量发展、构建新发展格局提供有力支撑。

（二）培育措施

（1）强化梯度培育。各地要围绕提升中小企业创新能力和专业化水平，按照《工业和信息化部关于印发〈优质中小企业梯度培育管理暂行办法〉的通知》（工信部企业〔2022〕63 号，以下简称《办法》）要求，不断孵化创新型中小企业，加大省级专精特新中小企业培育力度，并促进其向专精特新“小巨人”企业发展。

（2）加强政策支持。围绕落实《为“专精特新”中小企业办实事清单》，完善专精特新中小企业和专精特新“小巨人”企业支持政策，建立部门协同配合、共同推动的工作机制。结合本地实际，着力在资金、人才、创新、数字化绿色化转型等方面给予专精特新中小企业大力支持。

（3）开展精准服务。强化融资服务，拓宽中小企业融资渠道，做好专精特新中小企业等优质企业上市培育。加强创新服务，实施大中小企业融通创新“携手行动”和中小企业数字化赋能专项行动，广泛开展管理咨询、人才培训等服务，为中小企业专精特新发展提供有力支撑。

（4）优化发展环境。以优质中小企业培育为抓手，深化“放管服”改革，最大限度地降低中小企业准入门槛，营造公平竞争环境。将培优和纾困一体化考虑，同步加大防范化解拖欠中小企业账款力度，维护中小企业合法权益。推进大中小企业融通创新、产学研协同创新向纵深发展，不断完善中小企业创新生态。认真总结培育专精特新“小巨人”企业的经验和做法，注重发挥其示范引领作用，引导广大中小企业走专精特新发展道路。

（5）加强动态管理。专精特新“小巨人”企业有效期为 3 年。工业和信息化部组织对入选满 3 年的企业进行复核，不符合条件或未提交复核申请材料的企业将予以撤销。有效期内如发现虚假申报或存在违法违规行为的，一经查实，即取消认定。

（1）第四批专精特新“小巨人”企业申请书．wps

（2）第一批专精特新“小巨人”企业复核申请书．wps

（3）第四批专精特新“小巨人”企业推荐汇总表．wps

（4）第一批专精特新“小巨人”企业复核情况汇总表．wps

二、单项冠军企业申报

根据工业和信息化部办公厅、中国工业经济联合会印发的《关于组织推荐第六批制造业单项冠军和复核第三批制造业单项冠军的通知》（工信厅联政法函〔2021〕95 号），第六批单项冠军申请条件及要求如下：

（一）基本条件

制造业单项冠军包括单项冠军示范企业和单项冠军产品。需满足以下条件：

（1）坚持专业化发展。企业长期专注并深耕于产业链某一环节或某一产品领域。从事相关领域 10 年及以上，属于新产品的应达到 3 年及以上。

（2）市场份额全球领先。企业申请产品的市场占有率位居全球前三。产品类别原则上按照《统计用产品分类目录》8 位或 10 位代码，难以准确归入的应符合行业普遍认可的惯例。

（3）创新能力强。企业生产技术、工艺国际领先，重视研发投入，拥有核心自主知识产权，主导或参与制定相关领域技术标准。

（4）质量效益高。企业申请产品质量精良，关键性能指标处于国际同类产品领先水平。经营业绩优秀，盈利能力超过行业企业的总体水平。重视并实施国际化经营和品牌战略，全球市场前景好，建立完善的品牌培育管理体系并取得良好成效。

（5）具有独立法人资格，具有健全的财务、知识产权、技术标准、质量保证和安全生产等管理制度。近 3 年无环境、质量、安全违法记录，企业申请产品能耗达到能耗限额标准先进值，安全生产水平达到行业先进水平。

（二）申请类别

企业依据自身条件在单项冠军示范企业和单项冠军产品中择一申请。申请单项冠军示范企业的，相应产品的销售收入须占企业主营业务收入的70%以上。申请单项冠军产品的，只能申请一种产品。

（三）重点产品领域

为深入推进产业基础高级化、产业链现代化，加快推动制造强国建设，工业和信息化部列出了单项冠军培育遴选重点领域。对重点领域企业和产品，尤其是重点领域补短板的，优先予以推荐。

（四）完善梯度培育体系

支持各地方、中央企业建立单项冠军储备库，将有潜力的企业纳入培育工作范围，建立健全梯度培育体系。梯度培育情况将与各地推荐名额相挂钩。支持专精特新“小巨人”企业成长为单项冠军。年销售收入4亿元以下的企业，如申请单项冠军，应为已入选的专精特新“小巨人”企业。

（五）推荐上报名额

依据前五批遴选情况和各地梯度培育工作开展情况，工业和信息化部研究确定地方推荐名额上限，各地按照名额推荐上报。中央企业每家推荐数量不超过3家。前三批单项冠军培育企业满足申请条件并提出申请的，不占各推荐单位名额。

三、第三批制造业单项冠军复核工作安排

根据《制造业单项冠军企业培育提升专项行动实施方案》（工信部产业〔2016〕105号，以下简称《实施方案》）关于动态管理的要求，工业和信息化部每3年对入选单项冠军企业进行一次评估复核。对符合条件的企业在公布的名单中予以保留，对不符合条件或未提交复核申请材料的企业从名单中予以撤销。

各地工业和信息化主管部门、中央企业要组织第三批单项冠军示范企业及冠军产品企业填报《第三批制造业单项冠军复核申请表》并进行初审。单项冠军示范企业相应产品的销售收入达不到企业主营业务收入70%以上的，可申请复核相应产品为单项冠军产品。工业和信息化部将组织开展复核，并组织专家赴部分企业进行现场核查。

四、工作组织

（一）组织单位

各地工业和信息化主管部门商同级工业经济联合会负责属地企业的组织推荐、复核工作。中央企业负责本企业及下属法人企业的推荐、复核工作。工作中，相关政府部门、协会不得以任何形式向企业收取费用。

（二）材料要求

不要求企业提供各类证明材料，企业按要求提供说明材料，并对材料的真实性和准确性负责。

（三）审核把关

各地工业和信息化主管部门、中央企业要根据《实施方案》和《关于组织推荐第六批制造业单项冠军和复核第三批制造业单项冠军的通知》（工信厅联政法函〔2021〕95号）要求，对第六批单项冠军申请企业（产品）进行初步论证、择优推荐，确保推荐质量。对企业的市场占有率，独立法人地位，有无环境、质量、安全等方面违法记录予以重点把关。对第三批单项冠军复核工作要认真组织初审。

（四）报送时间和方式

在《关于组织推荐第六批制造业单项冠军和复核第三批制造业单项冠军的通知》（工信厅联政法函〔2021〕95号）规定时间内申报，采取网上填报与纸质报送相结合的方式。网上通过制造业单项冠军企业在线报送系统（dgb. cfie. org. cn）统一申报。由企业在线填写并上传相关材料，经组织单位审核后报送（具体填报和审核方式参见报送系统主页说明）。纸质材料要与网上填报一致，一式两份，连同正式上报文件，报工业和信息化部、中国工业经济联合会（相关材料由后者代收）。

第三节 用好用活政府的融资政策

中小企业首先要学习、理解中央政策，吃准政策红利。

帮助专精特新中小企业解决融资难、融资贵问题已是从中央到地方都十分重视的事情，通过各条路径寻找资金渠道、实实在在地为预融资提供支持才是对专精特新中小企业更加直接的扶持。

国务院促进中小企业发展工作领导小组办公室《关于印发为“专精特新”中小企业办实事清单的通知》（工信部企业〔2021〕170号）中指出，为进一步支持专精特新中小企业（含省级专精特新中小企业和国家级专精特新“小巨人”企业）高质量发展，带动更多中小企业走专精特新发展之路，制定了为专精特新中小企业办事清单。

一、加大财税支持力度

（1）2021年年底前，中央财政安排不少于30亿元，支持1300家左右专精特新“小巨人”企业高质量发展，为其提供“点对点”服务，同时引导地方财政加大对专精特新中小企业的支持力度。（财政部、工业和信息化部负责）

（2）开展税收服务“春雨润苗”专项行动，开通税费服务直通车，为专精特新中小企业提供“点对点”精细服务，建立“一户一档”，实施“一户一策”，进行“滴灌式”辅导培训，推送红利账单，确保税费政策直达快享、应享尽享。（国家税务总局负责）

二、完善信贷支持政策

（1）建立专精特新中小企业名单推送共享机制，鼓励银行业金融机构围绕专精特新中小企业需求，量身定制金融服务方案，打造专属信贷产

品，加大信贷支持力度，优化相关服务。（人民银行、银保监会、工业和信息化部按职责分工负责）

（2）推动银行业金融机构应用金融科技手段，综合利用行内交易结算以及外部征信、税务、市场监管等信息，提升信用评价和风险管控能力，加大对专精特新中小企业信用贷款投放力度。支持专精特新中小企业开展应收账款、存货、仓单融资等业务，鼓励保险机构为专精特新中小企业提供信用保险服务。（人民银行、银保监会负责）

（3）鼓励开发银行在业务范围内为符合条件的专精特新中小企业技术改造和转型升级提供金融支持。（开发银行负责）

* * 争取财政支持，进入股权融资通道。

三、畅通市场化融资渠道

（1）证券交易所、新三板为有上市或挂牌意向的专精特新中小企业提供全流程、全周期咨询服务，优化中小上市公司再融资机制，研究扩大分类审核适用范围。在区域性股权市场推广设立"专精特新"专板。（证监会负责）

（2）对拟上市专精特新中小企业开展分类指导、精准培育、投融资对接，提高企业在资本市场融资的能力。加快推进国家中小企业发展基金子基金遴选，引导社会资本加大对专精特新中小企业的股权投资力度。（工业和信息化部、证监会会同各地方按职责分工负责）

（3）支持专精特新中小企业开展债券融资，通过市场化机制开发更多适合中小企业的债券品种，完善中小企业债券融资增信机制，扩大债券融资规模。（中国人民银行、证监会、国家发展改革委、工业和信息化部按职责分工负责）

（4）支持更多符合条件的专精特新中小企业上市、挂牌融资，探索为专精特新中小企业申请在新三板挂牌开辟绿色通道。（证监会、工业和信息化部负责）

四、推动产业链协同创新

（1）按产业链梳理“小巨人”企业，推荐其参与重点产品和工艺“一条龙”示范应用，支持其融入行业龙头企业供应链、创新链，推动行业龙头企业对“小巨人”企业开放资源要素。（工业和信息化部、国务院国资委负责）

（2）面向专精特新中小企业组织实施一批工程化应用验证项目，促进优质产品先试首用。（工业和信息化部负责）

（3）结合企业意愿进行分类筛选，制定推荐目录，向大型骨干企业定向推荐不少于1000家“小巨人”企业、不少于1500项技术产品。（工业和信息化部、国务院国资委、全国工商联按职责分工负责）

（4）面向重点行业龙头企业征集技术产品问题，组织专精特新中小企业等创新创业主体揭榜，以比赛激发其创新创业活力，促进产业链大、中、小企业融通创新。（工业和信息化部、财政部负责）

＊＊打造硬核实力，人才优先。

五、提升企业创新能力

（1）支持有条件的专精特新中小企业优先参与玻璃新材料、智能语言、智能家电等新培育的制造业创新中心建设。在有关项目遴选中，对“小巨人”企业牵头申报的项目给予加分。（工业和信息化部负责）

（2）面向高校、科研院所等征集一批技术成果转移目录，面向专精特新中小企业征集一批技术研发需求目录，推动供需双向“揭榜”，促进产

学研协同创新。（工业和信息化部、教育部、科技部按职责分工负责）

（3）支持知识产权服务机构为中小企业提供从创新到运用全过程服务，开展“全国知识产权服务万里行”活动，惠及1万家以上中小企业。组建中小企业知识产权服务专家团，提供公益性知识产权咨询和信息服务。到2022年年底，将5000家“小巨人”企业纳入各级知识产权优势企业培育对象。（知识产权局、工业和信息化部负责）

（4）组织节能诊断机构开展公益性节能诊断服务，到2022年年底，完成2000家以上中小企业节能诊断。（工业和信息化部负责）

（5）工业和信息化部所属事业单位对“小巨人”企业减半收取非强制测试认证服务费。支持计量技术机构为“小巨人”企业提供计量技术服务。（工业和信息化部、市场监管总局负责）

六、推动数字化转型

（1）打造一批数字化标杆企业，到2022年年底，组织100家以上工业互联网平台和数字化转型服务商为不少于10万家中小企业提供数字化转型评价诊断服务和解决方案，推动10万家中小企业业务“上云”。（工业和信息化部会同各地方按职责分工负责）

（2）组织开展智能制造进园区活动，面向专精特新中小企业开展标准宣贯、现场诊断和供需对接，推广1000个以上应用场景，培育智能制造新模式。（工业和信息化部负责）

七、加强人才智力支持

（1）组织专精特新中小企业人才培训，到2022年年底，培训经营管理人才不少于2万名，对“小巨人”企业实现培训服务全覆盖。中德中小企业经营管理人员培训向“小巨人”企业倾斜。（工业和信息化部会同各地方按职责分工负责）

（2）梳理专精特新中小企业人才需求，推动各地建设一批工程师协同创新中心，为企业搭建高层次人才供给通道，在国家人才计划中对“小巨人”企业予以倾斜。（工业和信息化部会同各地方按职责分工负责）

（3）推动各地建立专家志愿服务团或服务工作站，为专精特新中小企业提供专家辅导服务。（工业和信息化部、民政部会同各地方按职责分工负责）

八、助力企业开拓市场

（1）在中国国际中小企业博览会、APEC 中小企业技术交流暨展览会设立“专精特新”展区，为专精特新中小企业搭建产品、技术展示平台，助力其拓展国内外市场。（工业和信息化部、市场监管总局、有关地方按职责分工负责）

（2）开展中小企业跨境撮合活动，到 2022 年年底，服务不少于 2 万家中小企业，助力新冠肺炎疫情下中小企业国际合作。（工业和信息化部负责）

（3）充分发挥政策性出口信用保险作用，为“小巨人”企业提供出口信用保险支持，运用资信数据优势帮助企业开拓国际市场，提高其风险管理能力。（中国出口信用保险公司负责）

九、提供精准对接服务

（1）建设全国中小企业服务一体化平台移动端，线上集聚政策、融资、创业空间等各类服务资源，实现政策的主动匹配、创新人才的供需对接、服务的“一站式”获取。（工业和信息化部负责）

（2）推动省级以上中小企业公共服务示范平台和小微企业创业创新示范基地建设，为专精特新中小企业定制专属服务包，提供个性化服务产品。（工业和信息化部会同各地方按职责分工负责）

（3）举办全国专精特新中小企业高峰论坛，编印“小巨人”企业典型案例，加强经验交流和宣传报道，进一步形成全社会支持中小企业“专精

特新”发展共识。（工业和信息化部、中央宣传部负责）

＊＊“一行一策”，“一企一策”，精准对接。

十、开展万人助万企活动

（1）为每家专精特新中小企业配备 1 名服务专员，“一企一策”，精准培育。开展“专精特新万企行”活动，到 2022 年年底前，推动地方对全部专精特新中小企业实地走访，为每家企业至少解决 1 个难题。（各地方负责）

（2）充分发挥地方政府贴近企业、了解企业的优势，结合本地实际，创造性地提出支持专精特新中小企业发展的务实举措，重点在设立资金推动提升创新能力和专业化水平、应对和防范风险以及人才落户、住房、子女教育等方面提供更多支持，为中小企业技术人员、高技能人才的档案管理、职称评定、奖励申报等方面提供绿色通道；在制订土地供应计划中，优先考虑专精特新中小企业用地需求，切实提升企业获得感。

北京证券交易所（以下简称北交所）是专精特新中小企业上市融资的主战场。2021 年 11 月 15 号，北交所正式开市，首批上市的 81 家企业中，有 17 家为专精特新“小巨人”企业。有人说，设立北交所的核心就是为专精特新中小企业服务。

可以肯定的是，专精特新中小企业的直接融资渠道得到了进一步拓宽。其实不仅仅是北交所，面对支持专精特新中小企业发展已上升至国家战略层面的时代潮流，嗅觉灵敏的金融机构此前已将支持专精特新企业发展纳入金融资源供给规划，力图为专精特新企业打开更大的间接融资空间。如今，专精特新企业自带融资优势，从企业“融资难”到“融资易”的好时代来了。

案例参考1－3：观典防务（832317. BJ）

＊＊多层次资本市场发展的数个“第一次”——观典防务。

从二级市场股价、市值变化可以发现投资者对上市公司的评判与预期。2022年1月27日，上海证券交易所（以下简称上交所）科创板上市委员会2022年第7次审议会议宣布审议结果，首家北交所转板至科创板的公司——观典防务成功过会（见图1－7）。

从2021年10月20日观典防务递交转板至科创板上市的申报文件算起，历时99天，第一家直接转板的公司诞生。从成为第一家申报新三板精选层的公司，到第一家申请直接转板的公司，到与其他精选层公司一起平移至北交所，再到第一家转板成功过会的公司，观典防务见证了多层次资本市场发展的数个“第一次”。

2021年10月20日，观典防务向上交所递交了转板至科创板上市的申报材料，选用的是第一项上市标准，即预计市值不低于10亿元人民币，最近2年净利润均为正且累计净利润不低于5000万元人民币；或者预计市值不低于10亿元人民币，最近1年净利润为正且营业收入不低于1亿元人民币。

观典防务于2021年入选工业和信息化部第三批国家级专精特新“小巨人”企业、高新技术企业，是国内领先的无人机禁毒服务供应商，公司的主营业务为无人机飞行服务与数据处理和无人机系统及智能防务装备的研发、生产与销售。

2021年9月29日，观典防务披露已获得了由国家知识产权局颁发的2项发明专利证书和12项实用新型专利证书。至此，观典防务已累计获得14项发明专利、60项实用新型专利及111项计算机软件著作权。

2015年4月15日，观典防务在新三板挂牌，2020年7月27日，作为

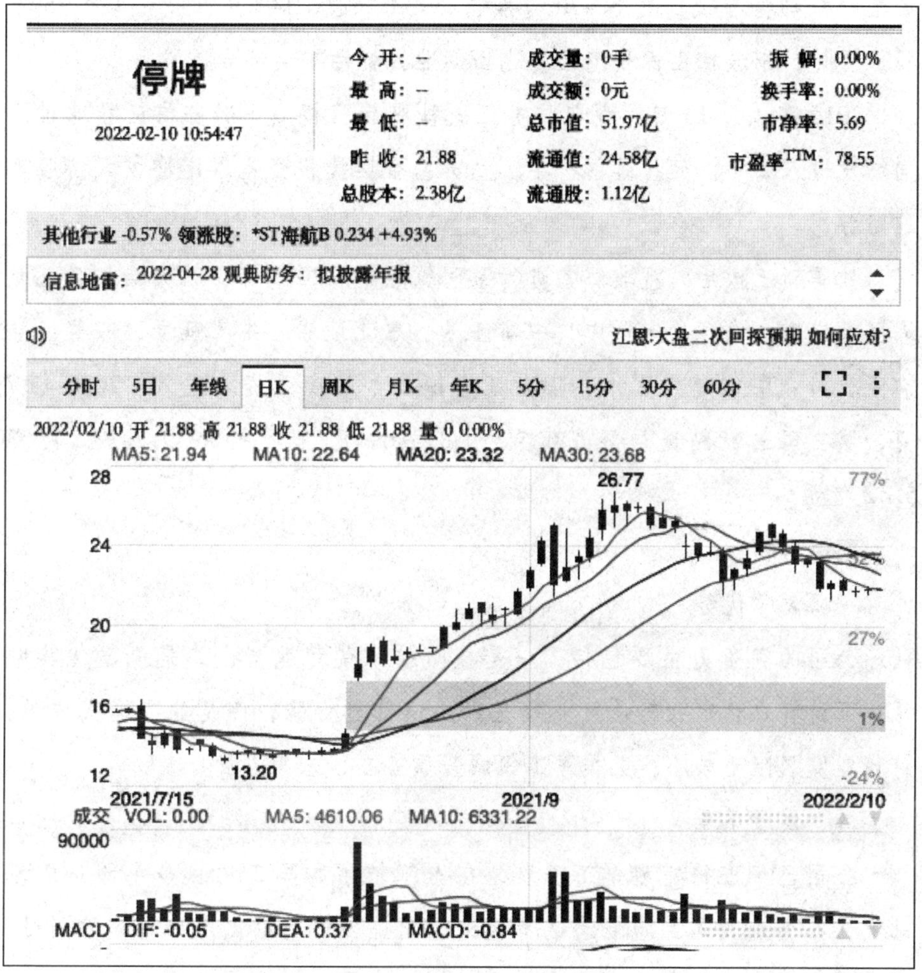

图 1－7 观典防务的股价走势

首批企业进入精选层。2021 年 11 月 15 日，北交所开市，观典防务也成为首批 81 家上市企业。2021 年公司三季报显示，观典防务 1—9 月营业收入为 1.75 亿元，同比增长 19.88%，归属于挂牌公司股东的净利润为 6123 万元，同比增长 26.16%。

观典防务成功转板的背后，券商系资本是最大赢家，其背后有 5 家券商系资本。2021 年公司三季报显示，中信证券、安信证券、东北证券、长城证券分别持有观典防务470万股、239.3万股、149.9万股和129.75万股。另外，宁波梅山保税港区赞比西创业投资由东吴证券控股。

2015年4月15日，观典防务正式挂牌新三板，当时安信证券通过定向增发进入公司。而挂牌前一年，私募基金恒捷投资也以定增方式持股观典防务。

挂牌新三板后，观典防务进行了两轮融资。2015年7月开启1.5亿元人民币定增。在这次定增中，中信证券、东北证券、中泰证券、齐鲁证券有限公司、中信建投资本、华融证券等多个券商系资本进入。2020年7月，该公司进行精选层融资事宜，以13.69元/股发行3959万股，融资5.42亿元。

案例分析：

一、竞争优势

公司的竞争力主要包括：一是核心技术优势明显；二是先发优势明显，下游客户稳定；三是行业壁垒高，议价能力强；四是业务模式成熟，跨行业发展阻碍较小；五是军工领域资质齐全，未来发展可期。

二、发展前景

公司已经取得完整军工资质，在军工技术和军工项目多年储备的基础上，不断加快军品市场渗透步伐，在发挥公司定制化产品优势的同时，逐步实现了靶机、靶弹、巡飞弹、查打一体无人机等项目的成果转化。

三、融资能力

融资数据显示，自2004年成立至今，观典防务共进行过11笔融资。

四、财务分析

从2019年至转板前，归属企业净利润持续增长，各财务指标显示企业财务状况良好（见图1-8、表1-2）。

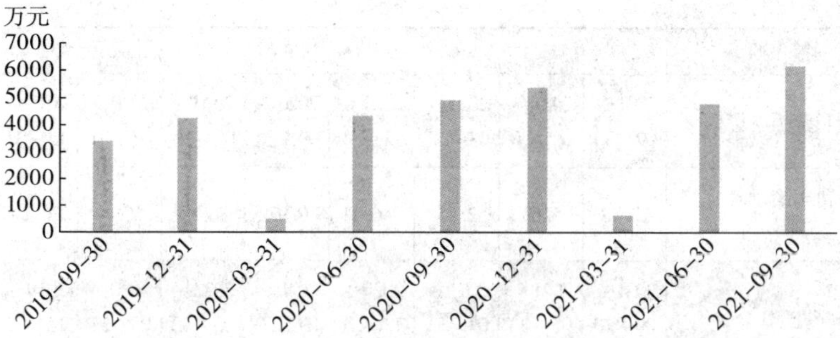

图 1-8 观典防务归属净利润

表 1-2 观典防务财务指标

按报告期	按年度								
每股指标	2021-09-30	2021-06-30	2021-03-31	2020-12-31	2020-09-30	2020-06-30	2020-03-31	2019-12-31	2019-09-30
基本每股收益/元	0.2600	0.2000	0.0400	0.4000	0.3800	0.3600	0.0400	0.3500	0.2800
扣非每股收益/元	—	0.2000	—	0.4000	—	0.3600	—	0.3600	—
稀释每股收益/元	0.2600	—	0.0400	—	0.3800	0.3600	0.0400	—	0.2800
每股净资产/元	3.8433	3.7853	5.6145	5.5783	5.5471	3.1326	2.8109	2.7800	2.7063
每股资本公积金/元	1.8767	1.8767	3.3150	3.3150	3.3150	0.5400	0.5395	0.5413	0.5413
每股未分配利润/元	0.8813	0.8233	1.1715	1.1352	1.1379	1.4670	1.1458	1.1085	1.0745
每股经营现金流/元	0.2167	0.1378	-0.0138	0.6342	-0.0538	-0.2422	-0.1592	0.2654	-0.3436
成长能力指标	2021-09-30	2021-06-30	2021-03-31	2020-12-31	2020-09-30	2020-06-30	2020-03-31	2019-12-31	2019-09-30
营业总收入/元	1.746 亿	1.273 亿	3277 万	1.798 亿	1.456 亿	1.116 亿	2923 万	1.459 亿	1.144 亿
毛利润/万元	9790	7238	1197	9485	8459	6924	1026	7530	5971
归属净利润/万元	6123	4746	574.8	5346	4853	4256	442.4	4170	3349
扣非净利润/万元	6056	4702	574.8	5388	4868	4259	442.7	4220	3349
营业总收入同比增长/%	19.88	14.11	12.10	23.20	27.27	34.08	18.19	39.53	73.46
归属净利润同比增长/%	26.16	11.50	29.91	28.19	44.92	52.24	38.65	102.74	60.04
扣非净利润同比增长/%	24.41	10.40	29.84	27.68	45.34	52.34	38.73	102.21	60.07
营业总收入滚动环比增长/%	6.76	6.66	1.97	1.50	1.63	15.86	3.08	-4.65	12.42
归属净利润滚动环比增长/%	13.37	6.52	2.48	-5.79	0.78	31.14	2.96	25.86	18.50

续表

按报告期	按年度								
成长能力指标	2021-09-30	2021-06-30	2021-03-31	2020-12-31	2020-09-30	2020-06-30	2020-03-31	2019-12-31	2019-09-30
扣非净利润滚动环比增长/%	12.78	5.63	2.45	-6.11	0.97	30.85	2.93	26.20	18.32
盈利能力指标	2021-09-30	2021-06-30	2021-03-31	2020-12-31	2020-09-30	2020-06-30	2020-03-31	2019-12-31	2019-09-30
净资产收益率（加权）/%	6.78	5.23	0.65	9.47	10.44	12.13	1.33	13.50	10.99
净资产收益率（扣非/加权）/%	6.70	5.17	0.65	9.54	10.47	12.14	1.33	13.66	10.99
总资产收益率（加权）/%	6.55	5.14	0.63	8.31	7.43	10.63	1.16	12.32	10.06
毛利率/%	56.08	56.85	36.52	52.76	58.09	62.06	35.09	51.61	52.18
净利率/%	35.07	37.28	17.54	29.74	33.33	38.15	15.13	28.58	29.27
收益质量指标	2021-09-30	2021-06-30	2021-03-31	2020-12-31	2020-09-30	2020-06-30	2020-03-31	2019-12-31	2019-09-30
销售净现金流/营业总收入	0.88	0.82	0.90	1.14	0.49	0.21	0.47	1.06	0.61
经营净现金流/营业总收入	0.29	0.26	-0.07	0.56	-0.06	-0.26	-0.65	0.22	-0.36
实际税率/%	11.77	14.15	12.13	13.79	13.12	13.65	15.00	12.98	13.92
财务风险指标	2021-09-30	2021-06-30	2021-03-31	2020-12-31	2020-09-30	2020-06-30	2020-03-31	2019-12-31	2019-09-30
流动比率	12.27	15.04	20.17	20.84	13.28	5.25	4.31	5.03	5.08
速动比率	11.54	14.37	19.31	20.17	12.91	4.87	3.86	4.20	4.37
现金流量比率	1.14	0.91	-0.08	3.59	-0.16	-0.54	-0.35	0.69	-0.95
资产负债率/%	4.71	3.85	2.96	3.07	5.56	12.56	13.78	12.25	11.77
权益乘数	1.05	1.04	1.03	1.03	1.06	1.14	1.16	1.14	1.13
产权比率	0.05	0.04	0.03	0.03	0.06	0.14	0.16	0.14	0.13
总资产周转天数/天	1445.44	1305.25	2509.34	1288.48	1210.40	646.17	1174.04	835.45	785.70
存货周转天数/天	90.18	69.88	90.84	120.73	126.72	123.89	147.69	161.10	136.77
应收账款周转天数/天	122.12	107.61	183.69	126.70	194.49	180.63	229.12	153.43	203.88

续表

按报告期	按年度								
营运能力指标	2021-09-30	2021-06-30	2021-03-31	2020-12-31	2020-09-30	2020-06-30	2020-03-31	2019-12-31	2019-09-30
总资产周转率/次	0.19	0.14	0.04	0.28	0.22	0.28	0.08	0.43	0.34
存货周转率/次	2.99	2.58	0.99	2.98	2.13	1.45	0.61	2.23	1.97
应收账款周转率/次	2.21	1.67	0.49	2.84	1.39	1.00	0.39	2.35	1.32

五、政策及资本市场优势

（1）专精特新"小巨人"企业在政策扶持上占据优势；

（2）在精选层、北交所都享有最大融资机会；

（3）作为第一家转板科创板企业，自带光环；

（4）14项发明专利、60项实用新型专利及111项计算机软件著作权，为后续发展奠定了坚实基础；

（5）完整的军工资质将获得稳定的市场订单，营收平稳。

观典防务是专精特新中小企业中充分挖掘资本市场资源的一家具有借鉴价值的典型企业，企业成功转板科创板也对带动其他企业发挥了很好的示范作用。

案例参考1-4：同辉信息（430090.BJ）

北交所上市公司同辉信息是北京市2021年度第二批专精特新"小巨人"企业。同辉信息于2011年6月17日挂牌新三板，主营业务是提供商用显示解决方案、为客户配套设备并完成相关的开发与应用、商用显示器的销售。在新三板挂牌的10年间直接融资6次，每次的体量在数百万元至数千万元不等。每一次业务升级都用到了新三板市场的直接融资工具，小步快走的方式使得其业绩平稳上升。董事长戴福昊带领的同辉信息走得低调、内敛，"慎始善终"是他做事的准则，北交所为同辉信息提供了更优越的融资平台。企业中流传的金句是"我们本身也是中小企业，用多少融多少，没那么多钱就不会晕”，时刻保持清醒、不迷失方向，定能做大做强（见图1-9）。

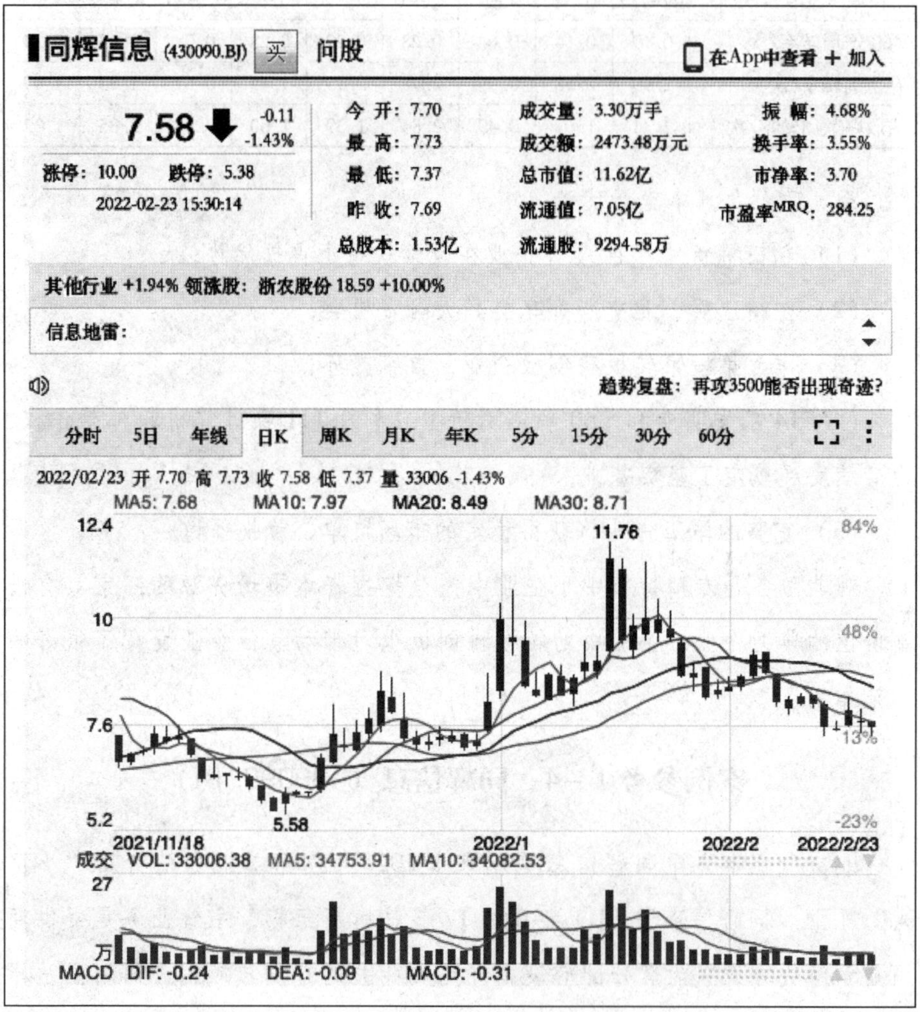

图1-9 同辉信息的股价走势

围绕“最佳视觉”深耕，董事长戴福昊表示：“未来我们还是会按照既定的企业战略推进，北交所确实提供了更便利的直接融资和资本运作条件，我们的目标是以VR为教育基础做VR行业应用的龙头。另外，VR行业目前还处于市场培育阶段，没有真正爆发，在这之前，我们可以利用北交所这一平台进行行业资源整合，搭建护城河。"

紧盯 VR 教育 C 端市场，"一定不能再错过了"，同辉信息在资本市场的融资节奏把握适度，不浪费融资成本，比如，向北京银行申请3000 万元人民币的银行授信额度，用于补充公司流动资金；公司股东质押个人股份用于公司融资贷款1400 万元整；作为北交所上市公司，其向不特定合格投资者公开发行不超过2875 万股新股（含行使超额配售选择权所发新股），发行价格为 2.98 元/股，发行股数为2500 万股（超额配售选择权行使前），实际募集资金总额为7450 万元（超额配售选择权行使前），扣除与发行有关的费用 1243.35 万元人民币（不含税），实际募集资金净额为6206.65 万元人民币，使用项目如下（见表1－3）。

表1－3　同辉信息投资项目1　　单位：万元

序号	项目名称	项目总投资	原拟投入募集资金	调整后拟投入募集资金
1	补充流动资金	5000.00	5000.00	4206.65
2	数字视觉研发中心（含 VR）建设项目	5000.00	5000.00	2000.00
合计		10000.00	10000.00	6206.65

截至2021 年8 月3 日，公司以自筹资金预先投入募集资金投资项目的金额为9708994.59 元，本次拟置换9708994.59 元，具体情况如表1－4 所示。

表1－4　同辉信息投资项目2　　单位：元

序号	项目名称	拟投入募集资金金额中自筹资金预先投入金额	拟用募集资金置换自筹资金金额
1	补充流动资金	0.00	0.00
2	数字视觉研发中心（含 VR）建设项目	9708994.59	9708994.59
合计		9708994.59	9708994.59

如行使超额配售选择权，公司因超额配售增加的募集资金金额将全额

投入“数字视觉研发中心（含 VR）建设项目”。

北交所正式运营后成为一座“海淘富矿”，让更多的中小企业尤其专精特新“小巨人”破茧而出，站在北交所的平台努力绽放自己，成为行业冠军，同辉信息将行稳致远。

第四节　知识产权是企业晋级必考题

加强知识产权保护和运用，赋能专精特新中小企业。刘鹤副总理在全国专精特新中小企业高峰论坛上表示，当前，科技创新既是发展问题更是生存问题。企业家们要以“专精特新”为方向，聚焦主业、苦练内功、强化创新，把企业打造成掌握独门绝技的“单打冠军”或“配套专家”。

刘鹤副总理强调，必须坚定不移地贯彻“两个毫不动摇”，坚决保护产权和知识产权，坚持市场化、法治化、国际化方向，营造良好的营商环境，努力培育和扶持专精特新企业。资本市场将为中小企业发展创造好的条件。这其中的关键词“知识产权”（如专利、著作权、商业秘密）等的产出数量、质量，尤其是高质量发明专利的积累储备很值得重视。这是对专精特新中小企业在知识产权保方面提出的更高要求。

许多中小企业在治理模式中重视以财务指标为核心的管理战略，关注企业投融资、资本运作，盯着现金流，积极引进外部投资人注资企业，这样的企业治理有问题吗？

对于创业期、成长期的中小企业而言，首要任务是生存与发展，这种企业治理模式是适用的，但是长期维持这样的状态与时代发展的要求是脱节的。大量的中小企业经过原始积累后就要思考如何走出一条属于自己的特色之路，要向着更高、更远发展，这条特色之路就是“专精特新”之路，有自己的自主知识产权，诸如发明权、发现权、源代码版权、软件著作权、大数据、产品注册商标、文化 IP、资本品牌等都是打造企业硬核竞争力的无形资产，如果没有自主知识产权，靠高仿、山寨来获取生存机会，企业是走不远的。而企业知识产权本身就是企业资本，它是可以通过多层次资本市场为企业带来现金流的，如知识产权证券化、直接融资等。

所以我们要加强中小企业知识产权保护。

政府部门在积极推进专精特新企业高质量发展的同时也出台了相关政策和实施方案。北京市人民政府办公厅于2021年12月发布《北京市培育和激发市场主体活力 持续优化营商环境实施方案》。该方案重点提出：一是推进北京知识产权交易中心建设，探索建立以市场机制为基础，集成各类评价估值工具的知识产权服务平台；二是加大跨境电子商务知识产权保护力度，研究制定跨境电商领域知识产权保护规则，制定跨境电商网络平台知识产权保护管理标准；三是加大医药领域知识产权保护力度，出台医药领域知识产权侵权纠纷快速处理办法，建立创新药物、新型疫苗、先进医疗装备等专利侵权纠纷快速处理工作机制，明确纠纷快速处理条件、处理流程及办案期限，提高侵权纠纷处理效率。

上海市知识产权局于2022年1月推出了《关于推进知识产权服务专精特新中小企业高质量发展的工作方案》，其主要内容如下：

一、工作目标

针对专精特新中小企业需求，全面加强知识产权服务，帮助企业解决遇到的知识产权问题，提升其创新能力和知识产权工作能力，促进企业与创新资源、金融资本、产业发展的有效融合。持续推动专精特新中小企业进一步转型升级，增强核心竞争力，实现高质量发展。

二、工作任务

（一）加强宣传培训

根据专精特新中小企业的实际需求，重点针对管理及研发人员，策划、开发培训项目，开设专题培训班。鼓励各区、各知识产权培训基地发挥各自资源优势，面向专精特新中小企业开展培训。计划每年举办相关培训班不少于12期，培训人员超过600人。利用各类新闻媒体、网络等，广泛持续开展知识产权宣传，向专精特新中小企业推送知识产权法律法规、政策项目、工作动态、典型案例等信息，提高企业知识产权意识。

（二）加强政策引导

鼓励有条件的专精特新中小企业实施知识产权管理规范国家标准，开展知识产权托管项目。优先支持专精特新中小企业申报市、区两级试点示范等知识产权能力提升项目，做好优质企业梯度培育工作。鼓励专精特新中小企业实施专利导航项目，加强产业核心技术与关键环节的专利布局。提升专精特新中小企业专利创造能力，支持企业高质量专利培育和发掘，围绕“牵鼻子”“卡脖子”技术形成高价值专利组合。

（三）加强信息服务

依托知识产权公共服务平台，为专精特新中小企业提供便捷的专利数据服务和检索、统计分析工具，满足企业个性化数据库定制需求。举办技术与创新支持中心（TISC）、高校国家知识产权信息服务中心、国家知识产权信息服务网点等信息服务机构与专精特新中小企业对接活动，鼓励信息服务机构提供有针对性的服务。设立服务咨询热线，组建专精特新中小企业服务专家团队，提供知识产权公益咨询和信息服务。

（四）加强运营服务

深入实施《上海市实施专利转化专项计划工作方案（2021—2023）》，支持专精特新中小企业获取和转化专利技术。发挥市知识产权金融服务联盟作用，推动金融机构与专精特新中小企业开展对接，提供普惠性、创新性金融产品和延伸服务，拓宽知识产权融资渠道。依托浦东科创板拟上市企业知识产权服务站，为专精特新中小企业上市提供知识产权相关服务。鼓励专精特新中小企业积极参加展会，展示推广专利新产品。

（五）加强保护服务

完善专利优先审查推荐工作，建立绿色通道，有序推进中国（上海）知识产权保护中心建设，支持专精特新中小企业的快速审查、快速确权、快速维权需求。依托维权援助工作站和国家海外知识产权纠纷应对指导中心地方分中心，加大对专精特新中小企业的维权援助力度。支持和鼓励专精特新中小企业申报上海市重点商标保护名录，建立和完善重点商标保护的长效监管机制。

三、工作要求

（一）强化保障

明确落实举措和任务分工，市、区知识产权部门投入相应资源，配备工作人员，建立工作机制，确保各项工作任务落实到位。

（二）加强协同

加强与市服务企业联席会议办公室的协同，共同支持专精特新中小企业的培育和发展。通过上海市企业服务云等平台，加强政策宣讲，扩大受益企业范围。各区知识产权局主动与经信、科技等部门对接，协同推进专精特新中小企业提升知识产权竞争力。

（三）突出重点

对本市专精特新中小企业名单进行分析和知识产权信息检索，按照产业领域和知识产权情况进行分类，形成重点企业服务清单。建立特派员制度，对重点企业定期走访，进行个性化辅导。组织开展经验交流，推广优秀案例。

2022 年广东省将培育国家级专精特新“小巨人”企业 200 家、省级专精特新中小企业 1000 家。在条件许可的情况下，由政府主办的专精特新中小企业知识产权专场培训活动逐渐开展，举办宗旨就是支持国家级专精特新“小巨人”企业、省级专精特新企业发展，推动提升专精特新企业质量，助力企业深入了解知识产权应用，加快培养企业知识产权领域的管理人才、服务人才和技术人才。

案例参考1－5：杭州“3·18”特大假冒西湖龙井证明商标茶叶专案

2021年，杭州市公安局有针对性地加强西湖龙井茶品牌保护，组建工作专班，对线上、线下销售假冒西湖龙井茶叶的行为主动开展线索排摸和专案办理。4月7日，杭州市公安局出动警力400余人，会同市场监管局、市农业农村局，在浙江、北京、上海、河北、福建、江苏、江西、安徽等9省（市）12地开展统一收网抓捕行动，先后侦破销售假冒西湖龙井茶叶案件14起，抓获涉案人员83名，其中62人已被依法采取刑事强制措施。此次行动共捣毁制假窝点18处、售假门店32家、假冒包材印刷厂8处、仓库18处，缴获假冒西湖龙井茶5000余斤，印有“西湖龙井”等证明商标标识的牛皮纸、铁罐、礼盒等假冒包材及各类标识60余种30余万件，查扣大量塑封机、印刷模具、制版电脑等作案工具，涉案金额7000余万元。

案例来源：《浙江日报》2021年4月26日。

案例参考1－6：宁波鄞州“12·2”假冒品牌涡轮增压器案

2020年12月2日，宁波鄞州一家生产汽车零部件的国际知名公司向警方报案，称其司生产的涡轮增压器在国内市场被大量仿冒并通过网络在全国销售。经查，当地警方成功锁定位于辽宁某市假冒涡轮增压器生产源头的多个团伙。12月15日，在辽宁警方的配合下，宁波警方开展集中收网行动，先后抓获涉嫌生产假冒注册商标的涡轮增压器、包材及铭牌的犯罪嫌疑人12名，现场查扣假冒注册商标的半成品、成品涡轮增压器1400个，假冒注册商标的包材、铭牌等配件8980件。经查，2018年1月至2020年12月，于某伙同多人在辽宁某市成立涡轮增压器的制假工厂，通过以次充好、旧件翻新、刻模仿造等方式大肆仿冒品牌汽车涡轮增压器，并销往浙江、广东、云南等国内18个省份，累计销售假冒涡轮增压器3万余台，销售金额达1964万余元。

案例来源：《浙江日报》2021年4月26日。

案例参考1-7：无线通信标准必要专利“禁诉令”案

华为技术有限公司、华为终端有限公司、华为软件技术有限公司与康文森无线许可有限公司确认不侵害专利权及标准必要专利许可纠纷系列案［最高人民法院（2019）最高法知民终732、733、734号之一民事裁定书］

【案情摘要】2018年1月，华为技术有限公司、华为终端有限公司、华为软件技术有限公司（以下统称华为公司）向江苏省南京市中级人民法院提起本案诉讼，请求确认未侵害康文森无线许可有限公司（以下简称康文森公司）三项中国专利权并请求确认中国地区标准必要专利的许可费率。2018年4月，为反制华为公司的本案诉讼，康文森公司向德国杜塞尔多夫法院提起专利侵权诉讼，请求判令华为公司停止侵权并赔偿损失。2019年9月16日，一审法院判决确定华为公司及其中国关联公司与康文森公司所涉标准必要专利的许可费率。康文森公司不服一审判决，向最高人民法院提起上诉。在最高人民法院二审审理期间，德国法院于2020年8月27日作出一审判决，认定华为公司及其德国关联公司侵害康文森公司欧洲专利，判令禁止华为公司及其德国关联公司提供、销售、使用或为上述目的进口或持有相关移动终端，销毁并召回侵权产品等。该判决可在康文森公司提供240万欧元担保后获得临时执行。该判决认定，康文森公司向华为公司提出的标准必要专利许可费率要约未违反“公平、合理、无歧视”（FRAND）原则。康文森公司的前述要约中多模2G/3G/4G移动终端产品的标准必要专利许可费率约为本三案一审判决所确定中国标准必要专利许可费率的18.3倍。当日，华为公司向最高人民法院提出行为保全申请，请求禁止康文森公司在最高人民法院终审判决作出前申请执行德国法院判决。最高人民法院在要求华为公司提供担保的基础上，作出行为保全裁定，即康文森公司不得在最高人民法院终审判决前申请执行上述德国判决。如违反本裁定，自违反之日起，处每日罚款 100 万元人民币，按日累计。该裁定于当日送达。康文森公司在复议期内提起复议。最高人民法院组织双方听证后，裁定驳回康文森公司的复议请求。

【典型意义】本案是我国知识产权诉讼首例具有“禁诉令”性质的行为保全裁定，明确了采取禁止申请执行域外法院判决的行为保全措施时应考虑的必要性、损害程度、适应性、公共利益以及国际礼让因素等，并首次探索日罚金制度，初步构建起中国“禁诉令”的司法实践路径。本案裁定促成当事人最终达成全球“一揽子”和解协议，结束了在全球多个国家的平行诉讼，取得了良好的法律效果和社会效果。

第五节 “东数西算”尖兵“小巨人”

2022 年 2 月 17 日，国家发展改革委、中央网信办、工业和信息化部、国家能源局联合印发通知，同意在京津冀、长三角、粤港澳大湾区、成渝、内蒙古、贵州、甘肃、宁夏 8 地启动建设国家算力枢纽节点，并规划了 10 个国家数据中心集群。至此，全国一体化大数据中心体系完成总体布局设计，“东数西算”工程正式全面启动。

“东数西算”即“东数西算工程”，是指通过构建数据中心、云计算、大数据一体化的新型算力网络体系，将东部算力需求有序引导到西部，优化数据中心建设布局，促进东西部协同联动。简单地说，就是让西部的算力资源更充分地支撑东部数据的运算，更好地为数字化发展赋能。

“东数西算”中的“数”，指的是数据；“算”指的是算力，即对数据的处理能力。

“东算西数”是国家继“南水北调”“西电东送”“西气东输”之后的又一项重大中长期的规划，是第 4 个跨区域资源调配的超级工程，可按如图 1－10 所示理解“东数西算”工程。

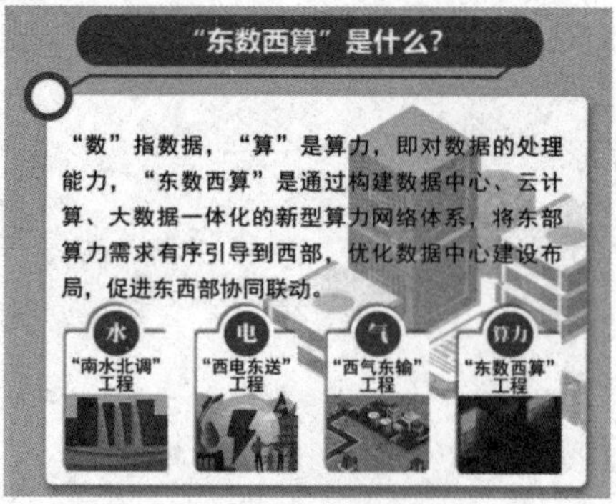

图 1－10 “东数西算”工程

“东数西算”在资本市场有哪些反映，尤其对于北交所和新三板来说，有哪些属于“东数西算”产业链上的公司被挖掘出来了（见图1-11）？

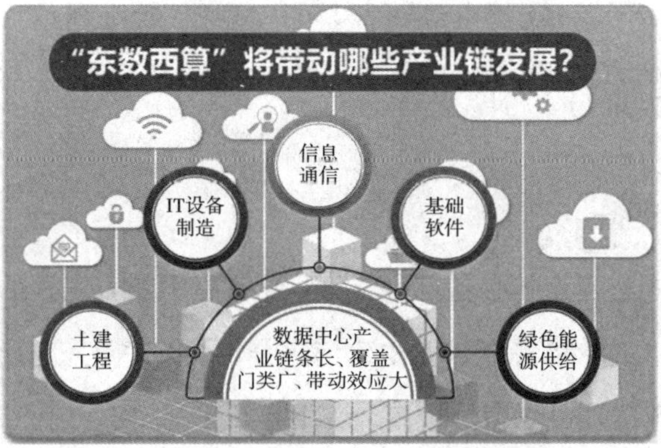

图1-11 “东数西算”带动发展的产业链

在4762家专精特新“小巨人”企业中，约有490家数智企业，涉及包括大数据、云计算、人工智能、信息通信、物联网、智慧城市等在内的诸多领域，加入国家级超级工程“东数西算”。接下来我们来盘点一下新三板上参与“东数西算”的各产业链上的优秀企业。

一、IDC建设

IDC——互联网数据中心，是“东数西算”最直接的受益方。IDC项目的建设一般需要大量的资金投入，且占地又耗能。东部地区寸土寸金，将更多的IDC项目在西部进行建设，既能消化西部较为便宜的可再生能源，又能缓解东部资源的紧张局面。涉及的公司有慧云股份（834342. NQ）、曙光数创（872808. NQ）、噢易云（837979. NQ）、鑫英泰（838526. NQ）、鸿途信达（872289. NQ）、羽星股份（839152. NQ）、裕荣光电（830922. NQ）等，均为专精特新企业。

二、光通信

“东数西算”项目实施后，东西部将会有更为海量的数据进行传输，那么就需要加大通信网络建设，所以光纤光缆、光通信设备等产业链上的企业将会受益。中讯四方（430075. NQ）、华曦达（430755. NQ）、鸿辉光通（832063. NQ）、恒宝通（832449. NQ）、恒业世纪（430014. NQ）、维冠机电（832694. NQ）、欧伏电气（831564. NQ）、光维通信（430742. NQ）、华灿电讯（830771. NQ）、九州量子（837638. NQ）等，也都是专精特新高科技企业。

三、ICT 设备

作为算力中心建设的必备部件，ICT 设备也将随着工程的推进得到增量采购。新三板上的专精特新企业中建信息（834082. NQ）与此强相关，公司是华为及其他 ICT 产品增值分销商，曾 1 年帮华为卖出价值 150 亿元的产品。

北交所上市公司广脉科技是一家主做信息通信系统集成和 ICT 行业应用的企业，被戏称是一家“披着高科技外衣的 IT 包工头”。

四、温控设备

IDC 机房由于能耗高，会散发出大量的热，所以给机房冷却是一项很重要的工作。新三板创新层挂牌公司曙光数创（872808. NQ）是一家以高效制冷技术为核心的数据中心整体解决方案供应商，是 A 股上市公司中科曙光的下属子公司。公司主要从事液态冷却产品及模块化数据中心产品研究、开发、销售，其在 2015 年推出的服务器和数据中心液冷解决方案，现已成为解决数据中心能耗问题最强有力的技术趋势。A 股同行有圣莱达（002473. SZ）、高澜股份（300499. SZ）、冰轮环境（000811. SZ）、英维克（002837. SZ）、佳力图（603912. SH）等。

五、安全企业

东西部数据的传输和储存过程会涉及很多安全问题，因此安全企业也在一定程度上将享受到“东数西算”工程带来的机会。新三板相关公司有圣博润（430046. NQ）、中宇万通（835539. NQ）、翔晟信息（836874. NQ）、中电科安（837840. NQ）、噢易云（837979. NQ）。

案例参考1－8：云创数据（835305. BJ）

云创数据被誉为“东数西算”北交所大数据第一股。云创数据正式成立于2011年，公司聚焦大数据储存和智能处理业务，是一家集人工智能、大数据、云计算、云储存技术于一体的高新技术企业，是工业和信息化部第三批专精特新“小巨人”企业，也是“东数西算”最直接的受益企业。2015年公司挂牌新三板，2021年7月获中国证监会核准公司向不特定合格投资者公开发行不超过2000万股新股（含行使超额配售选择权所发新股），进入精选层，2021年11月首批平移至北交所上市（见图1－12）。

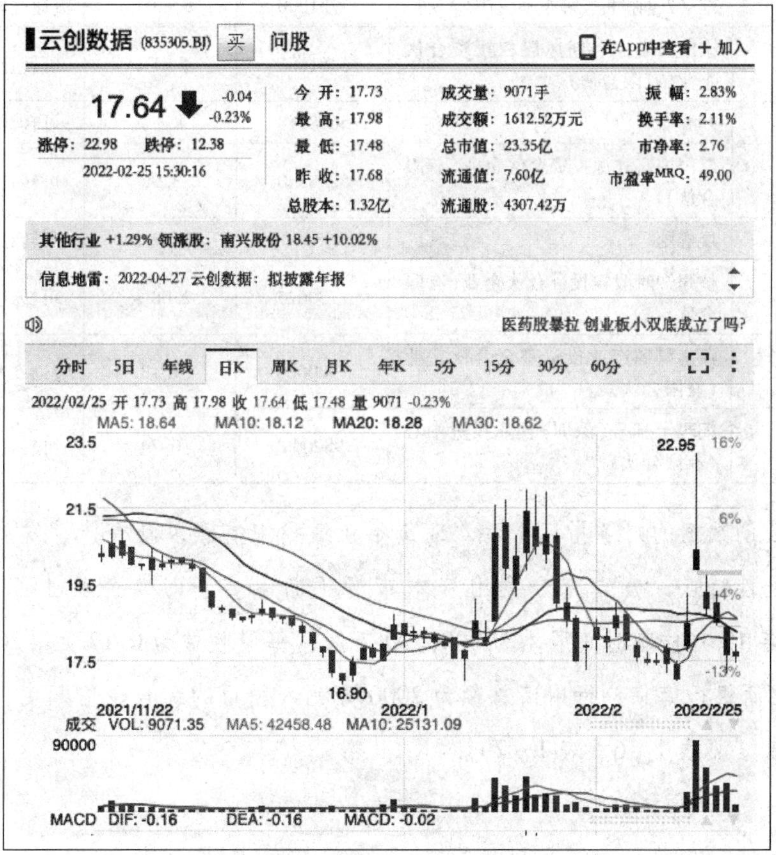

图1－12 云创数据的股价走势

从企业基本面来看，其属于小盘低市值股，受限流通股比例大，企业主要股东及高管层稳定（见表1－5）。

表1－5 云创数据的主要股东

截止日期	2021－09－30			
公告日期	2021－10－29			
股东说明				
股东总数	14741			
平均持股数	8980股（按总股本计算）			
编号	股东名称	持股数量/股	持股比例/%	股本性质
1	张真	60636000	45.81↓	流通受限股份
2	通鼎互联信息股份有限公司	18157407	13.72↓	流通受限股份
3	南京力创投资管理中心(有限合伙)	7731000	5.84↑	流通受限股份
4	宁波天堂硅谷新风股权投资合伙企业(有限合伙)	6361663	4.81↓	可转让股份
5	刘峰明	5688710	4.3↓	可转让股份
6	厦门中富鑫源投资合伙企业(有限合伙)	5238820	3.96	可转让股份
7	侯春雨	293400	2.22↓	可转让股份
8	杭州知时股权投资合伙企业(有限合伙)	2750625	2.08↓	可转让股份
9	河南科源产业投资基金合伙企业(有限合伙)	1500000	1.13	流通受限股份
10	朗玛十五号(深圳)创业投资中心(有限合伙)	982099	0.74	可转让股份

云创数据的财务指标显示，近3年业绩稳中有涨，具有持续发展能力及成长性特点，公司充分利用资本市场不断融资，助力企业业务拓展。2015年12月挂牌时总股本为3000.00万股，每股收益为0.17元。2016年1月招商银行南京分行申请总额为2000万元人民币的综合授信额度，期限为1年（见表1－6、表1－7）。

表 1-6 云创数据 2021 年度主要财务数据和指标

项目	本报告期	上年同期	变动比例/%
营业收入/元	485289931.60	363328141.88	33.57
归属于上市公司股东的净利润/元	65794039.03	71737758.32	-8.29
归属于上市公司股东的扣除非经常性损益的净利润/元	62777859.67	66391020.50	-5.44
基本每股收益/元	0.54	0.62	-12.90
加权平均净资产收益率(扣非前)/%	10.37	15.64	—
加权平均净资产收益率(扣非后)/%	9.90	14.47	—
	本报告期末	本报告期初	变动比例/%
总资产/元	1332021546.00	837961652.30	58.96
归属于上市公司股东的所有者权益/元	880554022.29	494547131.23	78.05
股本/元	132376125.00	114976125.00	15.13
归属于上市公司股东的每股净资产/元	6.65	4.30	54.70

表 1-7 云创数据的财务指标 单位:元

报告日期	2021-09-30	2021-06-30	2020-12-31	2020-06-30
每股指标				
摊薄每股收益	0.2384	0.1651	0.6239	0.1795
加权每股收益	0.27	0.17	0.62	0.18
每股收益-调整后	0.27	0.17	0.62	0.18
扣除非经常性损益后的每股收益	—	0.15	0.58	0.14
每股净资产-调整前	6.3946	4.4664	4.3013	3.9104
每股净资产-调整后	6.3946	4.47	4.3	3.91
每股经营性现金流	-0.553	-0.1811	0.4193	-0.1578
每股资本公积金	3.0199	0.8417	0.8417	0.8416
每股未分配利润	2.1608	2.3784	2.2133	1.8808

云创数据 2017 年 6 月发布定增方案，公司拟向宁波天堂硅谷新风股权投资合伙企业(有限合伙)发行不超过 214.30 万股股票，融资额不超过 4999.62 万元人民币，股票发行价格为 23.33 元。

方案显示募集资金用途:一是增加项目投入,二是偿还银行借款。

2017 年 10 月云创数据第二定增,本次股票发行投资者共 1 名,为新增机构投资者,拟认购具体情况如表 1－8 所示。

表 1－8　云创数据的拟认购情况

名称/姓名	认购股数量/股	认购价格/（元/股）	认购金额/元	认购方式
厦门中富鑫源投资合伙企业（有限合伙）	不超过 1607000	24. 89	不超过 39998230. 00	现金

同年完成了两次定增，这在新三板挂牌企业中并不多见。

《2020 中国大数据产业生态地图暨中国大数据产业发展白皮书》显示，我国大数据产业规模在 2022 年即可突破万亿元。云创数据在抢夺万亿元级大数据市场蛋糕过程中，成绩斐然，2021 年 8 月 26 日，云创数据在新三板精选层正式挂牌，发行价格为 20 元/股，融资规模为 3. 48 亿元。

试问，云创数据是如何在激烈的市场竞争中杀出重围，迎来“美好时代”的呢?

案例参考 1－9：并行科技（839493. NQ 创）

受益于“东数西算”新机遇的并行科技是北京市专精特新中小企业、新三板创新层公司，于 2022 年 2 月 23 日向北交所提交了上市辅导备案申请，辅导机构为中金公司（见图 1－13）。

图 1－13　并行科技

从二级市场股价走势来看，投资者寄予了满满的期待（见图1-14）。

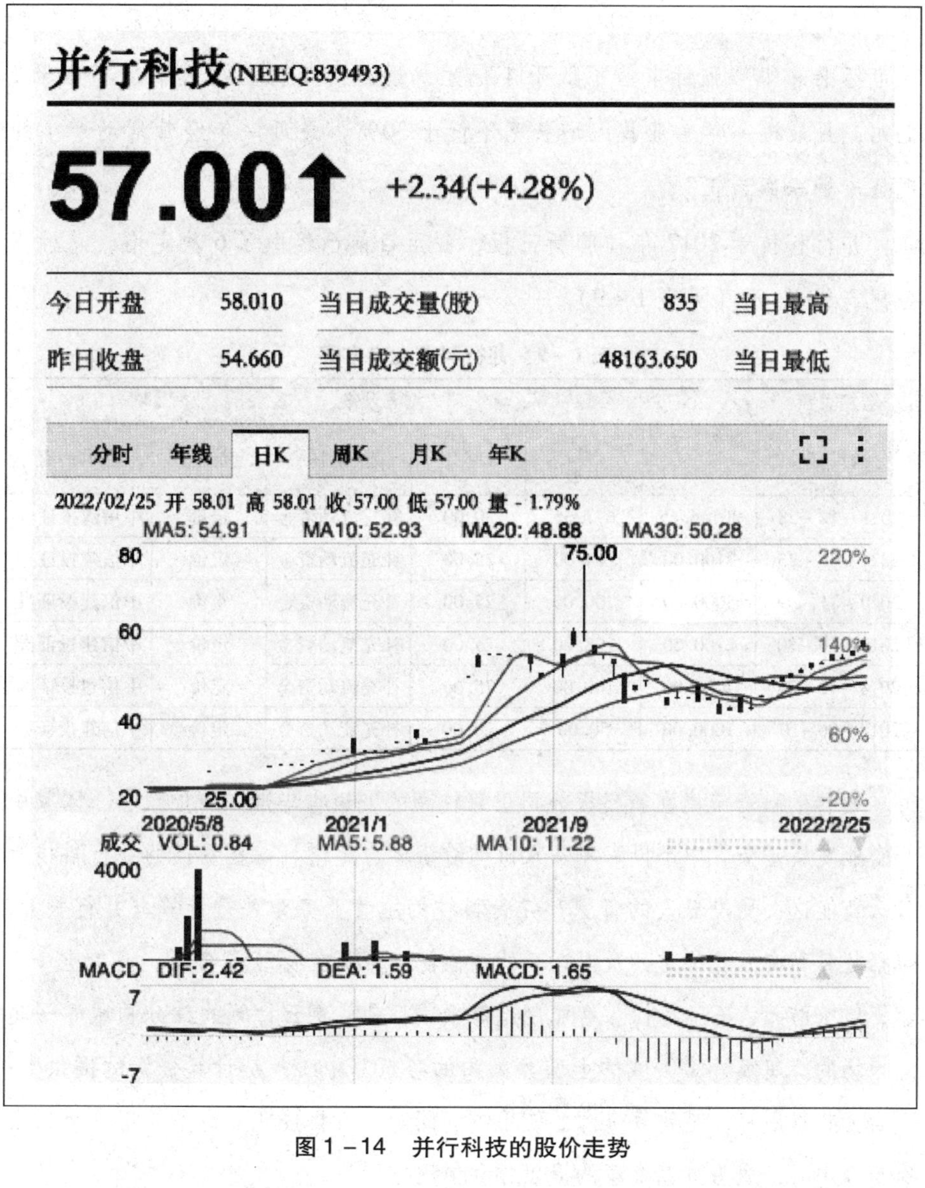

图1-14 并行科技的股价走势

公告显示，公司2019年收入1.2亿元，利润-3185万元，经营性现金流2173万元。2020年收入1.3亿元，净利润-2786万元，经营性现金流4142万元。2021年上半年收入8202万元，净利润-1382万元，尚不符合北交所上市财务标准。在北交所上市必须要符合北交所的四套上市标准之一。目前来看，公司2021年仍处于亏损状态，所以公司可以采用第二套上市标准，即“预计市值不低于4亿元，最近两年营业收入平均不低于1亿元，且最近一年营业收入增长率不低于30%，最近一年经营活动产生的现金流量净额为正”。

并行科技于2017年挂牌新三板，截至目前已经做了6次定增，总融资金额3.99亿元（见表1－9）。

表1－9　并行科技上市方案

增发实施	增发预案					
发行日期	募资总额/万元	发行股数/万股	发行价格/元	发行目的	定价原则	主承销商
2021－12－28	20146.65	671.55	30.00	补充流动资金	定价	中信建投证券
2021－06－23	7100.00	284.00	25.00	补充流动资金	定价	中信建投证券
2020－11－09	5000.00	200.00	25.00	补充流动资金	定价	中信建投证券
2019－10－30	2700.00	108.00	25.00	补充流动资金	定价	中信建投证券
2018－12－28	4000.00	160.00	25.00	补充流动资金	定价	中信建投证券
2018－06－07	1000.00	50.00	20.00	补充流动资金	定价	中信建投证券

这样的融资节奏在新三板公司里算较高的。银杏华清、清控银杏、国家中小企业发展基金、中金投资等多家机构纷纷参与定增。一直亏损的并行科技为什么还能这么受投资人的青睐？并行科技的主营业务为并行计算与并行服务，包括超算私有云、公有云及混合云的高性能计算及在线IT服务等，涵盖生命科学、航空航天、石油勘探、智能制造等领域，是从事云计算的细分领域——超算市场的。超级计算领域的上游为国内的各超算中心，是计算资源的提供方；下游为超算用户，是超算资源的使用方。同时并行科技还有海量的用户单位自有超算中心，成为计算资源的提供方和使用方。

公司的业务模式有以下三种：

（1）超算公有云业务，提供“一站式”公有云形态的产品与服务，通过整合上游的各个超算中心的资源以及自建部分超算中心为下游客户提供云服务。

（2）超算云软件业务，为各个超算中心提供平台软件与大数据软件产品。

（3）超算云技术服务，是基于各种超算云形态，提供一系列高性能计算与云计算的技术服务。团队创始人陈建健是清华大学博士，曾为英特尔中国高性能计算资深架构师，行业经验非常丰富。

因此，并行科技是目前“东数西算”领域的典型公司，其成为北交所纯正的“东数西算”第一股也就不难理解了。

第二章

02

直面企业融资难融资贵

中小企业融资难、融资贵不仅是我国社会关注的热点问题，也是在很多国家都曾长期存在的世界性难题，所有发展中国家都不得不面对并且破解这个共同的现实难题。

后疫情时期是我国经济处于转型与重构的关键时期，当世界经济逐渐恢复，中国经济也要顶住下行压力，占据制高点，相对大企业而言，要获取机遇，中小企业自然会面临更大的挑战，其生存环境的压力测试是不可避免的，尤其考验已经注资企业能否稳定现金流流入，保证持续发展，资金的供需矛盾亦越发凸显。

第一节　中小企业的生存环境

中小企业的生存环境是相对大企业而言的，企业的生存环境有多个维度，包括政策支持、资本、技术、产品、市场、消费者等，融资难、融资贵是企业生存环境的折射，综合来看，我们把企业生存环境分为外部环境、内部环境、中国企业基因的传承与创新等方面。

大企业在内外环境、企业基因等方面自然兼具优势及抗压能力，这是一般中小企业无法比拟的。例如，中国船舶集团旗下的三大船企，即江南造船、沪东中华、外高桥造船，2022 年 1 月新船订单金额和完工量双双打破单月纪录，实现“开门红”，拿下全球近 50% 的新船订单，发货排到 2025 年，实现船企满负荷生产，这就是大企业的优势，也是大环境下创建的供需关系，而且有国家信用背书。与大船企配套的上下游中小企业尤其是专精特新企业也可以借机“撑杆跳”，既可以从中分得“一杯羹”，同时也有机会迅速成长为特色企业。

其实，无论何种企业，在时空上虽没有差别，但是改变生存环境的能力却大不相同。

＊＊大企业与专精特新企业、创新型企业、普通中小企业的生存环境差异在哪里?

一、企业的外部环境

(一) 宏观环境

企业的宏观环境包括政治、经济、技术、社会文化，以及自然环境。自然环境，即一家企业所在地区或市场的地理、气候、资源分布、生态环境等因素，这也是企业面临的重要影响因素，与企业的生存和发展密切相关，直接构成了企业的生态环境，由于自然环境各因素的变化速度较慢，属于不可抗力或者可以预警评估的因素，企业应对起来不难，在此我们暂时不将其作为重点研究对象，但是在“双碳”目标下，这也是企业绿色发展的责任与担当。

我们所讲的宏观环境中的政治、经济、技术、社会文化这四种因素对于我国境内所有企业而言大体上是相同的。

1. 政治环境

在稳定的政治环境中，企业能够通过公平竞争获取正当权益，得以生存和发展。国家的政策法规对企业生产经营活动具有控制和调节作用，相同的政策法规可能会给不同的企业带来不同的机会或制约。

2. 经济环境

衡量经济环境的指标有国民生产总值、国民收入、就业水平、物价水平、消费支出分配规模、国际收支状况，以及利率、通货供应量、政府支出、汇率等国家财政货币政策。对于企业个体来讲，大政方针是一致的。

3. 技术环境

在知识经济兴起和科技迅速发展的情况下，技术环境对企业的影响可能是创造性的，也可能是破坏性的，企业必须预见这些新技术带来的变化，采取相应的措施予以应对。所有企业都要尊重知识产权，鼓励原创，科技发展与创新决定现代企业的生存状态。

4. 社会文化环境

社会文化环境对所有企业的生产经营有着潜移默化的影响，如文化水平会影响人们的需求层次，风俗习惯和宗教信仰可能抵制或禁止企业某些活动的进行，人口规模和地理分布会影响产品的社会需求与消费等。

（二）微观环境

微观环境是企业生存与发展的具体环境。与宏观环境相比，微观环境因素能够直接地为一家企业提供更为有用的信息，同时也更容易为企业所识别。

企业的微观环境主要包括产业环境和市场环境两个方面。产品生命周期、企业竞争力、产业内的战略群体、成功关键因素等分析方法是微观环境分析的重要内容。对市场需求与竞争的经济学分析能够深化对微观环境的理解与认识。

在微观环境要素中，中小企业与大企业之间差异明显，即便是中小企业群体内部也各具特色，专精特新中小企业、创新型中小企业与普通中小企业所具有的优势与竞争力也不同。

二、企业的内部环境

＊＊企业内部环境是决定企业兴衰成败的内驱力。

（一）企业资源分析

企业的任何活动都需要借助一定的资源来进行，企业资源的拥有和利用情况决定其活动的效率和规模。企业资源包括人、财、物、技术、信息等，可分为有形资源和无形资源两大类。

（二）企业文化分析

企业文化分析主要是分析企业文化的现状、特点及其对企业活动的影响。企业文化是企业战略制定与成功实施的重要条件和手段，它与企业内部物质条件共同组成了企业的内部约束力量，是企业环境分析的重要内容。

（三）企业能力分析

企业能力，是指企业有效地利用资源的能力。拥有资源不一定能有效运用，因而企业有效地利用资源的能力成为企业内部条件分析的重要因素。

第二节 破解融资难融资贵的难题

上一节中我们已经把中小企业生存环境作了梳理，融资难、融资贵在相当长时期内是企业生存环境中尚存在的现实问题，新冠肺炎疫情的影响使得企业生存环境雪上加霜。

中小企业融资难、融资贵是一个社会关注的热点问题，也是一个世界性难题，更是所有发展中国家不得不面对的普遍问题。当下，我国正处于经济转型的关键时期，企业面临巨大挑战，再加之经济下行压力影响，中小企业发展中融资需求矛盾将如何缓解？

＊＊市场真的缺钱吗?

货币信贷规模方面，中国人民银行2022年1月12日发布的金融统计数据显示，2021年全年我国人民币贷款增加19.95万亿元，同比多增3150亿元。2021年我国住户贷款增加7.92万亿元，其中以个人住房按揭贷款为主的住户中长期贷款增加6.08万亿元；企（事）业单位贷款增加12.02万亿元。2021年12月，人民币贷款增加1.13万亿元，同比少增1234亿元。2021年12月末，我国本外币贷款余额198.51万亿元，同比增长11.3%。

另外，2021年全年我国人民币存款增加19.68万亿元，同比多增323亿元。其中，住户存款增加9.9万亿元。2021年12月，人民币存款增加1.16万亿元，同比多增1.37万亿元。

从货币供应来看，2021年12月末，我国广义货币（M2）余额238.29

万亿元，同比增长 9%，增速比上月末高 0.5 个百分点，比上年同期低 1.1 个百分点；狭义货币（M1）余额 64.74 万亿元，同比增长 3.5%，增速比上月末高 0.5 个百分点，比上年同期低 5.1 个百分点。

同日发布的社会融资数据显示，2021 年我国社会融资规模增量累计为 31.35 万亿元，比上年少 3.44 万亿元，比 2019 年多 5.68 万亿元。2021 年年末，社会融资规模存量为 314.13 万亿元，同比增长 10.3%。2021 年全年，金融机构一般贷款加权平均利率为 5.05%，较 2020 年下降 0.1 个百分点。其中，企业贷款加权平均利率为 4.75%。

因此，我国中小企业融资难、融资贵并不是总量问题。推高企业融资成本，造成中小企业融资难、融资贵的根本原因是结构问题，它不同程度地存在于体制、产业、企业和金融等方面。

2021 年 3 月 5 日的政府工作报告，也专门针对微小型企业融资难的问题进行了解读，并且提出了一系列政策措施。

（1）监管层要求银行必须增加对小微型企业的贷款，银监会发布的“三个不低于”政策的顺利实施，有利于增加小微型企业在银行申请的贷款金额，同时也能够降低其在银行申请贷款的难度。

（2）以往小微企业在申请贷款时会遇到乱收费的情况，国家目前加大了整治乱收费的力度，同时也要求银行降低小微型企业贷款的利率，以从根本上解决小微型企业融资成本过高的问题。

（3）国家进一步加大力度发展惠普金融，进一步优化融资结构，为小微型企业提供更多的融资渠道。

中小企业融资困难是近年来党中央、国务院高度重视的一个问题。新冠肺炎疫情发生以来，为保市场主体、保民生就业，国家更是多次明确表示要着力解决中小企业融资难题，并出台了不少措施推动、引导和支持。

从经济体制来看，两种“预算软约束”共同推高了企业融资成本。一种是科尔奈的“预算软约束”，即在产权制度不完善的情况下，一些国有企业和地方政府融资平台预算约束软化、运行效率低下，占用了大量信贷资源却不能向社会提供相应的资金回报，造成资金供需紧张，推高了企业融资成本。另一种是科伊的“预算软约束”，即由于政府隐性担保，那些无望恢复生机的企业免于破产倒闭，成为“僵尸企业”，吞噬了大量信贷资金，推高了企业融资成本。

从产业部门来看，房地产市场的“挤出效应”和产能过剩行业的“沉淀效应”共同推高了企业融资成本。前些年，随着房地产价格的不断上涨，大量资金涌入房地产项目，对中小企业融资形成“挤出效应”。与此同时，我国产能过剩问题较为突出。产能过剩行业投资收益率低，资金周转速度慢，形成大量资金沉淀。2014 年上半年，我国工业企业产能利用率只有 78.3%，处于 2006 年以来的历史最低位，其中钢铁、水泥、电解铝、焦炭、船舶、光伏等行业主要产品产能利用率不到 50%。

从企业部门看，较高的杠杆率与较低的利润率共同推高了企业融资成本。2021 年第二季度，我国宏观杠杆率为 274.9%，比上季度低 2.0 个百分点，比上年年末低 4.5 个百分点。分部门看，各部门杠杆率均有所下降。非金融企业部门杠杆率为 158.1%，比上年年末低 3.1 个百分点；政府部门杠杆率为 44.8%，比上年年末低 1.0 个百分点；住户部门杠杆率为 72.0%，比上年年末低 0.4 个百分点。另一方面，企业获利能力出现下滑，由 2013－2021 年的 19% 下降至不到 16%（大多不到 10%）。高杠杆率与低利润率的矛盾导致企业还本付息能力下降、融资成本上升。

从金融部门来看，负债成本上升和风险溢价上升共同推高了企业融资成本。近年来，我国利率市场化改革加快。国际经验表明，在利率市场化打破金融抑制的过程中，会有一个利率水平上升的过程。

目前，我国中小企业所面临的融资难、融资贵问题主要是结构问题，是经济转型中体制性矛盾和结构性矛盾的集中表现。为解决这一问题，加大刺激力度会适得其反，必须深化经济体制改革，这样才能解决体制性矛盾，消除结构性扭曲。一是完善产权制度，健全公司治理结构，形成财务硬约束。二是加快国有企业改革，加快财税制度改革，加大对中小企业的税收支持力度。三是坚持稳健的货币政策，合理调节流动性水平，盘活存量，为经济发展营造良好的货币金融环境。加快利率市场化改革，让市场在利率形成和变动中发挥决定性作用。四是改善中小企业融资模式。一方面，打破金融垄断，降低市场准入门槛，支持民间资本进入金融领域；另一方面，发展直接融资，建立多层次资本市场，鼓励金融创新，推出更多适合中小企业的金融工具，北交所和新三板就是服务创新型中小企业直接融资的主战场。

从根本上讲，产权明晰是市场交易的基础，优胜劣汰是市场配置资源的要义。通过公平交易和市场竞争，硬化预算约束、淘汰落后企业、出清过剩产能、消除金融抑制、打破金融垄断，使资源从效率较低的地方流向效率较高的地方。这是一个国家实业发达、市场发展的根基所在，也是解决中小企业融资难、融资贵问题的根本之策。

现实中，中小企业融资困难主要表现在两个方面：一是融资难，二是融资贵。

一、企业为什么融资难？

（一）贷不到款

大多数中小企业因自身特点，很难达到银行的高标准信贷门槛。

（二）贷款少

银行常出于风险防控考虑，对中小企业抵押物打折，使得企业贷款达不到实际所需数额。

（三）贷款慢

银行贷款办理流程慢、时间长，多数急需资金的中小企业等不起。

二、融资贵，贵在哪儿?

虽然商业银行对中小企业的贷款利率并不高，但融资成功率低，许多中小企业迫于无奈会通过民间借贷等非正规金融渠道融资，需要支付高额利息。此外，无论何种融资方式，中小企业融资成本中贷款中介服务费用占比都很大。

三、造成中小企业融资难的原因是什么?

(一) 企业自身存在的客观原因

一是企业规模小，自有资金不足；

二是经营风险高，发展不确定性大；

三是企业管理不规范，信息不健全也不对称；

四是缺乏有效的信用抵押资产等。

中小企业自身特点决定了其“先天不足”。在银行按传统方式进行信用评估时，企业呈现出的授信风险较大，很难获得优良的信用评分。因此，多数中小企业面对银行贷款只能望洋兴叹。

(二) 受外部环境因素影响获得金融机构认可较难

一是出于风险管理考虑，银行对中小企业融资需求更加审慎，不敢贷；

二是相比大型企业，中小企业贷款管理成本较高，缺少规模效益，银行不愿贷；

三是中小企业贷款具有主体分散、金额小、时间急等特点，银行的机构和人员配置尚不足以满足其需求。

(三) 信用体系建设不足

我国中小企业信用体系建设起步较晚，各政府部门及金融机构间的资信数据尚未有效共享与整合，导致银行无法准确掌握中小企业经营和信用状况，影响企业授信。

（四）保障体制尚不完善

针对中小企业，我国主要的法律支持为《中华人民共和国中小企业促进法》（2018 年 1 月 1 日起施行），北交所、沪深交易所市场以外的政策法规还跟不上企业发展的需要。此外，金融机构缺乏服务中小企业融资的激励机制，尤其是商业银行的激励与约束明显跟不上节奏。

（五）融资方式单一

我国社会融资结构中，银行贷款占主要地位，债券和股权融资比例非常小，据统计为 3% 左右。虽然近年来风险投资有一定的发展，但对于绝大多数中小企业而言，通过风险投资获得融资的门槛很高，难度极大。

中小企业融资难题非一朝一夕能破解，其中既有企业自身因素，又有外部大环境影响，特别是新冠肺炎疫情对中小企业的冲击巨大。当下世界经济形势变幻莫测，企业、金融机构、政府部门及相关各方还需长期探索，积极尝试制度、技术等方面的创新，推动更多资金流向市场经济的主力军。

＊＊把重点放在企业内功上！

四、破冰之旅在于金融创新

理解了中小企业融资难、融资贵的症结所在，接下来就是如何破解这一系列难题。

（一）降低企业信用风险

资金持有人为什么不愿意给中小企业注资，关键是没有建立信用体系，风险不可控。

而大多数中小企业尤其是民营企业，成立时间较短，固定资产非常少，无法通过资产抵押的方式申请贷款。

中小企业由于无固定资产，实力较弱，很难找到愿意为其担保的单位，也无法通过担保这种方式来向银行申请贷款，即使找到了担保人，其担保费用也很难支付，融资成本太高。所以创新中小企业融资模式，要倡导投资人与企业积极构建自己的信用体系，让投资人有安全感，企业用资也能持续补充，只要彼此有信任，资本与产业的融合就会大大降低信用风险。

（二）选择融资时期

对于创新型中小企业，要通过新三板基础层、创新层的规范培育和北交所的示范带动，引导“投早投小投新”，促进投资者不断提升专业投资能力、风险识别能力，引导长期投资、价值投资，以提升企业价值为目的，最终形成投资与中介服务的良性循环。

一般中小企业在发展早期，各种不确定因素会导致企业发展不稳定，贷款逾期情况也时有发生。中小企业选择融资的时期及融资频率非常重要。一般在企业正常运转、风调雨顺时融资成功率高一些，将融到的第一笔资金投入运转，接着就要进行第二笔、第三笔融资工作，建立良好的融资渠道，只要企业是健康的，资金使用安全，控制好融资节奏，就不会出现资金链断裂的窘境。

（三）金融创新

目前，很多商业银行尚未正式开展投资银行业务，为了控制信贷风险，它们只为一些中小企业提供单一的金融贷款产品，没有深入分析企业所处的行业背景与细分行业特征，无法监控资金用途及风险测评，更没有为企业量身打造适合的相关融资品种，几乎遵循按部就班的程序化操作。

金融要创新，伴随企业成长，金融要不断进行自我改革，包括制度创新、组织创新、文化创新，培养一批能与企业对话的专门人才，既懂金融又懂企业、既懂企业技术又懂企业管理的复合型人才。最关键的是，金融创新必须符合资本逻辑。

＊＊政府如何解决专精特新企业融资难、融资贵的问题?

五、政策支持

国务院促进中小企业发展工作领导小组办公室《关于印发为“专精特新”中小企业办实事清单的通知》中为专精特新“小巨人”企业在财税与融资方面专门制定了政策。

《北京市促进中小企业发展条例》第三章“资金支持”中，市、区财政应当在本级财政预算中小企业科目中安排中小企业发展专项资金。中小企业发展专项资金通过补助、贷款贴息、风险补偿、购买服务、奖励等方式，重点支持中小企业公共服务体系建设、融资服务体系建设、政府性担保体系建设、专精特新发展、创业创新、人才培训等事项。中小企业发展专项资金向小型微型企业倾斜。

鼓励各类金融机构加大中小企业融资供给，创新普惠金融产品，提高中小企业融资规模和比例。支持金融机构为中小企业提供以应收账款、知识产权、特许经营收益权、收费权、股权、存货、机器设备等为担保品的担保融资。支持有条件的中小企业通过境内外上市挂牌、发行债券、股权融资、票据融资、信托融资、资产证券化等法律法规允许的方式进行直接融资。

鼓励、引导中小企业在全国中小企业股份转让系统挂牌融资；鼓励以大中型企业为主体发行小型微型企业增信集合债券；支持符合条件的企业发行创业投资债券，募集资金用于出资设立或者增资创业投资基金。

专精特新企业融资上市大有可为，各地方政府不断推出奖励政策与资金扶持，北交所也将重点支持中小企业创新发展，其为专精特新企业上市融资的主战场，搭上北交所这趟资本市场改革的“快车”就能在很大程度上解决企业融资难、融资贵的问题。

案例参考2－1：华成智云（836464）

新三板创新层公司华成智云（836464）属于北京市2022年度第一批专精特新中小企业。该公司成立于2011年，是以人工智能专业场景应用为核心的软件及应用集成服务商，总部位于北京市丰台科技园。公司聚焦计算机视觉识别技术与深度学习算法，结合物联网、大数据等新一代信息技术，面向平安城市、智能交通、民航安全、基础资产管理、智慧水文、智慧林业等领域，提供视频安防、AI视觉识别与视频分析、基础数据管理等解决方案。

华成智云是国家级高新技术企业、中科创新院理事单位、北安协会员单位；公司于2016年挂牌新三板，2020年晋升创新层，曾获得“新三板创新品牌价值100强”称号。

2021年8月17日，公司向全国股转公司提交了《北京华成智云软件股份有限公司关于终止本次精选层挂牌审查的申请》，申请撤回申请文件。北交所网站发布的原因如下：

（1）2021年6月30日，华成智云因财务报告到期补充审计事项申请中止审查，我司根据《全国中小企业股份转让系统精选层挂牌审查细则（试行）》第四十条的相关规定，中止其精选层挂牌审查。

（2）2021年3月25日，华成智云中止审查情形消除，我司根据《全国中小企业股份转让系统精选层挂牌审查细则（试行）》第四十二条的规定，恢复其精选层挂牌审查。

（3）2020年12月31日，华成智云因财务报告到期补充审计事项申请中止审查，我司根据《全国中小企业股份转让系统精选层挂牌审查细则

（试行）》第四十条的相关规定，中止其精选层挂牌审查。

我们查阅了《中国银河证券股份有限公司关于北京华成智云软件股份有限公司股票向不特定合格投资者公开发行并在精选层挂牌之发行保荐书》中就发行人存在的主要风险的表述：

一、经营风险

1. 市场拓展风险

公司主要面向城市公共安全、智能交通视频监控等既有优势领域进行产品应用并在民航机场飞行区安全、资产管理等领域创新发展。在城市公共安全、智能交通视频监控领域，庞大的市场规模吸引了大型安防企业以及人工智能“独角兽”企业投入较多资源参与竞争，公司虽然在北京市公共安全视频监控软件市场项目经验丰富，有稳定的集成商客户群，但在该领域的市场开拓面临一定的竞争压力。

公司顺应人工智能及视频监控行业向业务场景深化的趋势，创新发展民航机场飞行区安全和资产管理领域，这是公司未来收入的增长点。在民航机场飞行区安全领域，公司开发的飞机起降跟踪与跑滑智能监控系统等产品，已在首都机场集团、西部机场集团、广东省机场管理集团等多个机场应用，收入增长较快；在资产管理领域，公司开发的智慧资产信息管理平台已应用于政府资产管理领域，打造了示范项目。现阶段公司创新业务规模较小，如果未来不能在稳定发展公共安全、智能交通领域业务的同时加快推动创新业务发展，公司未来经营业绩将受到不利影响。

2. 客户相对集中的风险

公司主要客户为行业集成商，通过行业集成商向最终用户销售。报告期各期，公司向前四名客户销售收入占营业收入的比例分别为80.37%、67.11%、64.78%和83.88%，客户相对集中。随着公司业务的发展，客户数量逐渐增加，最近3年向前四名客户销售收入占营业收入的比例呈下滑趋势，但占比仍然较大。如果公司未来不能持续开拓新客户，一旦主要客户的生产经营发生重大不利变化或财务状况出现恶化，将会对公司的经营业绩造成不利影响。

二、财务风险

1. 应收账款数额较大的风险

报告期各期末，公司应收账款账面价值分别为5536.43万元、6575.45万元、8884.42万元和7176.17万元，占总资产的比例分别为48.27%、48.30%、51.62%和41.87%。公司业务主要面向公共安全、智能交通、民航机场飞行区安全等应用领域，最终用户主要为公安、交通等政府部门，国有企业等建设单位，由于最终用户资金支付有一定的周期以及个别项目财政资金支付缓慢，随着公司营业收入的增长，应收账款数额较大。如果公司应收账款不能及时收回，将对公司的资产质量、偿债能力和现金流产生不利影响。

2. 现金流状况不佳的风险

报告期各期，公司经营活动产生的现金流量净额分别为-2830.36万元、-160.61万元、-336.67万元和628.65万元，现金及现金等价物净增加额分别为-601.59万元、-1539.42万元、-159.49万元和680.84万元，受现阶段持续布局技术和产品体系而进行的研发投入较大等因素的影响，报告期内现金流状况不佳。如果未来公司不能有效发挥技术和产品体系的经济价值，实现高质量发展，将对公司现金流持续产生不利影响。

3. 收入季节性波动的风险

2017年、2018年、2019年，公司下半年营业收入占比分别为86.20%、68.91%、84.21%。受业务及最终用户特点的影响，公司营业收入存在明显的季节性特征。公司的最终用户通常在上半年进行立项审批和招标，项目的终验和结算大部分在年底进行。

受此影响，公司的直接客户对公司产品的验收也集中在下半年，导致公司营业收入季节性波动明显。

4. 固定资产闲置风险

公司固定资产主要为2012年为北京市通州区科技创安图像信息管理系统建设的光纤网络，该光纤网络自系统试运行开始5年内供系统使用，2017年使用期限届满后该光纤网络处于闲置状态。截至报告期末，该光纤网络账面价值724.29万元，尚未折旧年限2.5年。北京北方亚事资产评估事务所（特殊普通合伙）以2020年5月31日为基准日对光纤网络进行了以减值测试为目的的评估，评估值高于账面价值；公司2020年6月以部分光纤网络售后租回的方式融资548.30万元，融资额高于该部分光纤网络的账面价值。由于上述光纤网络有一定的专用性，如果公司未能通过开拓新用户运营或处置等方式实现效益，其后续的折旧将对公司未来经营业绩造成一定的不利影响。

5. 税收优惠政策变化的风险

报告期内，公司享受的主要税收优惠包括：软件产品增值税即征即退政策、公司为国家高新技术企业享受企业所得税15%的优惠税率、研发支出加计扣除、公司受托开发的软件产品著作权属于委托方或双方共同所有的不征收增值税。公司享受的税收优惠均与公司日常经营相关，具有一定的稳定性和持续性。如果公司未来不能持续保持较强的盈利能力或者国家税收政策发生变动，则可能对公司利润水平产生一定影响。

三、技术风险

公司定位于技术应用型公司，以视觉人工智能和大数据技术应用为核心，围绕公共安全、智能交通、民航机场飞行区安全、资产管理等应用领域，采用集成开发模式，初步构建了以视频应用为核心的技术和产品体系。报告期各期，公司研发投入分别为1537.72万元、588.71万元、2098.12万元和458.74万元，占同期营业收入的比例分别为18.18%、5.94%、17.83%和12.86%。以较高的研发投入构建的技术和产品体系，是公司持续发展的基石，扩大了公司的发展空间。如果公司未来不能持续、准确地研判技术发展和应用前景，在现有技术和产品体系的基础上，持续升级迭代技术和产品，并将其转化为销售收入，则不能充分发挥现有技术和产品体系的价值，将对公司发展产生不利影响。

四、人力资源风险

公司处于人工智能及视频监控行业，对技术和市场复合型人才有较高的需求。公司实际控制人带领的技术和市场团队对公司转型发展起到了十分重要的作用。随着公司业务规模的扩大，公司如果不能吸引更多的具有人工智能技术专业性和前瞻性以及行业应用经验的高素质人才加入，将对公司的战略实施及业务发展产生不利影响。

五、募集资金运用的风险

公司本次募集资金投资项目是以现有技术和产品体系为基础规划的，公司对项目的必要性、可行性进行了充分调研和论证，预计项目的建设将进一步巩固公司现有业务和培育新的利润增长点，提升公司的核心竞争力。但在项目实施过程中，公司可能面临技术开发的不确定性、技术替代、市场需求变化等诸多因素的影响，同时也可能受自身管理水平、市场开拓能力等因素的影响，导致项目预期经济效益存在不确定性。

六、发行失败的风险

根据《全国中小企业股份转让系统股票向不特定合格投资者公开发行与承销管理细则（试行)》的规定，公开发行股票，若采用询价方式的，有效报价的网下投资者数量不足10家或网下投资者有效申购数量低于网下初始发行量、预计发行后总市值不满足其在公开发行说明书中明确选择的市值与财务指标标准，或发行价格未在股东大会确定的发行价格区间内或低于股东大会确定的发行底价，应当中止发行。

公司本次发行将受到证券市场整体情况、经营业绩、投资者对本次发行方案的认可程度等多种内外部因素的影响，可能存在网下初始发行比例不足或预计发行后总市值不满足挂牌条件而导致发行失败的风险。

案例重点：

华成智云（836464）为什么会终止精选层（平移北交所）挂牌审查的申请，其实是存在因财务报告到期补充审计事项未完成的问题，从发行保荐书中也可以清楚地看到该公司尚存在各方面的风险因素。比如，如果公司未来不能持续开拓新客户，一旦主要客户的生产经营发生重大不利变化或财务状况出现恶化，将对公司的经营业绩造成不利影响；如果公司应收账款不能及时收回，将对公司的资产质量、偿债能力和现金流产生不利影响；公司如果不能吸引更多的具有人工智能技术专业性和前瞻性以及行业应用经验的高素质人才加入，将对公司的战略实施及业务发展产生不利影响……包括经营风险、技术风险、人才风险、发行失败风险在内的风险都会让企业融资受阻，进而影响企业与资本“拥抱”。这对于企业来讲就是面临严峻考验，除强练内功外，还得积极争取相关政策扶持渡难关。

作为创新层的专精特新企业，其融资能力相对于其他企业应该具有相当的优势，但是，如果被监管层关注到了其不满足公开发行融资条件的潜在风险，即便是近在咫尺的融资机会也会失去。

第三节 透视资本的逻辑

＊＊防止资本无序扩张。

按照马克思主义政治经济学的观点，资本是一种可以带来剩余价值的价值。那么资本追求剩余价值最大化，实现资本扩张就是资本内在的逻辑。因此，资本的逻辑是现代社会发展的深层动力。

但是，只把实现资本扩张作为唯一宗旨，就违背了科学发展观。因为一旦脱实向虚，资本无序扩张，就会冲击实体经济，还会不断由于这种资本扩张爆发出无穷无尽的危机。因此，通过宏观政策调控引导资本有序流入实体经济，尤其对于刚步入正轨的专精特新中小优质企业来说，才是保持资本常态化有序流动的逻辑。

按照资本的逻辑，可以把企业从不同维度去划分。

一、财富创造维度

从财富创造维度来看企业成长过程，我们把企业成长分为创造财富、守富（管理财富）、消耗财富、传承财富 4 个阶段，如图 2－1 所示，从图中我们可以发现企业是如何进行资本积累的。

改革开放后，我国“创一代”企业家的资本积累，大多经历了由创意创造到创业者、实业家、资本家、慈善家、艺术家，由“豪门”至“土豪”的演变过程，他们身上或多或少都标注有中国特色社会主义市场经济发展过程的历史印迹，实实在在地享受到了当时的政策红利，采取的是在发展中不断规范企业的治理模式；而“创二代”“创三代”大多是在规范中发展企业，更具新时代的特色，创新创造型企业颇具自主经济意识，对于资产管理及理财也会更加重视并理性对待，对大数据、AI 智能系统的运用会更多，并将其纳入常态企业管理模式。

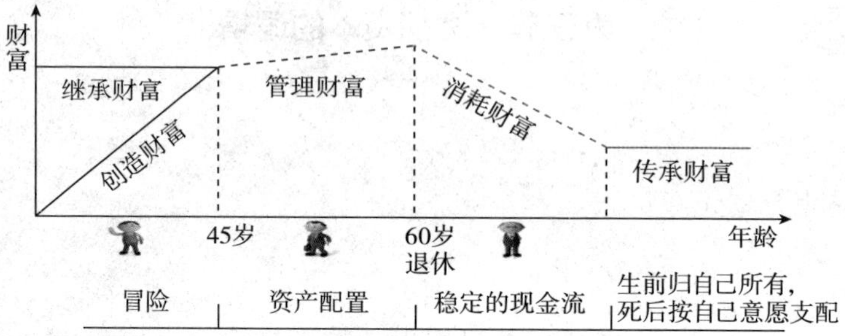

图 2－1　财富创造维度的企业成长过程

二、企业生命周期维度

根据企业的生命周期性，可以把企业成长过程划分为种子期（创业期）、发展期、扩张期、成熟期 4 个阶段，如图 2－2 所示。

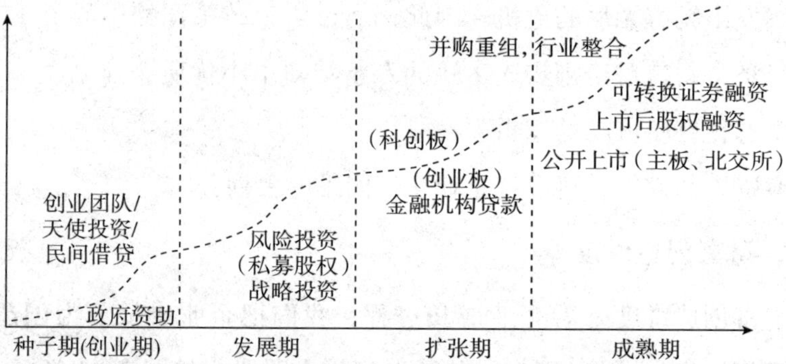

图 2－2　企业生命周期维度的企业成长过程

资料来源：赵梅阳《专家论坛》。

企业在成长过程的不同时期与资本融合的方式是不同的，其获利空间与风险承受也不相同。

（一）种子期（创业期）

企业在种子期（创业期），对大额资本的依赖度不算高，主要是发现市场、创意、产品设计思路、试验市场、人才储备、公司战略、尝试运行管理等，启动资金一般来自创业团队，或天使投资人、政府引导的创投基金等。由于处于种子期（创业期）的企业很少有抵押担保的价值资产，一般银行是不会对其放贷的。

种子期（创业期）的资本使用周期较长，收益率偏低，风险不确定，退出机制单一，如果没有良好的预期或硬核科技转化，对资本的吸引力不高，通过大浪淘沙、“挤出效应”后会留下部分精华，对于那些具有独特视角的专项基金或投资人来讲，正好是双向选择的投融资机会。

处于种子期（创业期）的企业，只要能保有生存的活力，引进孵化资本就具备了企业发展的关键性因素，资本可以迅速把企业创意变为现实成果，只要推向市场得以变现，就能实现商业价值，打造独特的商业模式，这是符合资本逻辑的。

（二）发展期

企业进入发展期，更重要的是创新商业模式，形成市场壁垒，迅速获得市场主动权并提高占有率，建立持久的黏性客户关系。此时企业对资本的需求增大，也是VC、PE进入的相对低点期，银行也会适当参与。资本面临的是高收益、高风险的预期，以IPO为最佳退出机制。衡量投入与产出是资本的基本逻辑。

（三）扩张期

企业要进行改制增资扩股，引进战投进入高速扩张期，重点是突破行业“瓶颈”，抢夺行业头部企业地位抑或实现完全产业链，进入跨越式发展阶段，这对Pre－IPO极具吸引力，1～2年内以IPO上市变现为退出机制，实现超额价值回报，资本风险相对前期小，主要风险为IPO上市失败。

（四）成熟期

成熟期的企业追求的是规模化、行业标杆、品牌价值、财富效应、内部价值最大化、市值管理、股东价值再造，公司治理结构以ESG为中心，资本的拥有者具有控制权和剩余价值索取权，从而形成资本特权。

企业的生存法则可能是扩张、融资、再扩张、再融资，通过发新股、并购基金、债券发行、信托产品等手段聚集更多金融资产，不断扩张、渗透其他行业与领域，打造自己的产业与金融帝国，进入企业蜕变期。

成熟企业一般都是有序发展的，资本的价值回报与风险原则上都是可控的，一旦资本失控或无序扩张，产生的后果一定是严重的，或将破产重整或将衰落出局。

三、企业成长模式

大多数企业的成长模式都是从依附发展到战略成长、从低成本扩张到创新成长、从简单增长到能力成长、从偶然机遇到持续成长、从个体奋斗到群体成长等。

我们不去评价企业成长模式的好与坏，因为适者生存。如果企业在成长过程中表现出比较稳定的，具有一定普遍性的特征、方式、路径等，就可以理解其为适合的企业成长模式。

从企业资源配置来看，我们把企业成长模式分为有机成长模式和无机成长模式。

有机成长模式，一般是指主要依托自身已有的资源，通过内部的调整和优化，进行价值的增值与创造，表现为以内部增长型为主的发展特征，几乎无外债负担的原始资本积累型运作。如陶华碧创建的“老干妈”企业。

无机成长模式，一般是指内生资源相对稳定的外延扩张型发展模式，如通过兼并、收购、资本运作手段，对资源进行整合消化、优化配置，实现企业跨越式发展目标。这种发展模式的底层基础就是资金支持，对资本的依赖度高，企业负债率大，常态化的表现就是扩张、融资、再扩张、再融资，只要资金链不断裂，循环往复的滚动发展也是可以的。如陈峰创建的老“海航集团”的发展模式。

＊＊不是所有企业都想上市融资，这是否符合资本的逻辑?

四、不同成长模式的企业对资本的理解不同

案例参考2－2：“老干妈”

创始人陶华碧于1996年创办了“老干妈”企业，公司名称为贵阳南明老干妈风味食品有限责任公司，经过多年的经营和发展，这家公司一步步从小作坊变成了中国知名品牌（见图2－3）。2014年，“老干妈”入选2014年中国最有价值品牌500强榜单，以160.59亿元的品牌价值名列第一百五十一位。同年，“老干妈”集团获得政府奖励的“A8888”车牌，原因是其创下了3年缴税18亿元、产值68亿元的成绩，直接或间接带动了800万农民致富。

图2－3 “老干妈”品牌产品

多年来，陶华碧一直坚持“不贷款、不融资、不上市，不让别人入股，也不去参股、控股别人”的原则，更提出“上市圈钱论”，认为“上市是欺骗人家的钱”，并为此多次拒绝了地方政府的上市提议。“老干妈”的股东结构也异常简单：只有陶华碧及其两个儿子。大儿子持49%股份，主管市场；小儿子持50%股份，主管生产；陶华碧本人仅持股1%。

“老干妈”的企业成长模式就是典型的有机成长模式，即完全靠自身内部原始积累增长来发展企业。

案例参考2－3：“老干爹”

号称“老干妈”的竞争对手，被股民戏称为“老干爹”的仲景食品（见图2－4），与“老干妈”的企业成长模式大不相同，其创始人孙耀志不仅擅长产业整合，还精通资本运作，借助资本的力量，让传统产业不“传统”，于2020年11月23日正式登陆了创业板。

图2－4　“老干爹”品牌产品

仲景食品成立于2002年，在河南省西峡县成立。仲景食品成立之初凭借自主研发的“花椒油120”迅速打开了市场，受到了市场的欢迎。随着市场的不断扩大，仲景食品开始将自己的产品扩展到了调味酱领域，而相比之前的花椒油来说，仲景食品的调味酱似乎更受市场欢迎。

其在2008年推出的仲景香菇酱更是掀起了国内市场香菇酱品类的热潮，受到了众多年轻消费者的喜爱。

其招股书显示，2017—2019年，仲景食品营业收入分别为5.17亿元、5.3亿元及6.28亿元，净利润分别为7899.67万元、8100.05万元及9145.87万元。2020年上半年，新冠肺炎疫情导致“宅经济”火爆，公司净利润达到6448.01万元，同比增长45.05%（见图2－5）。

资料显示，仲景食品控股股东为宛西控股，其持有公司52.57%的股份。实际控制人为董事长孙耀志、副董事长兼总经理朱新成。孙耀志持有宛西控股44.08%的股份，朱新成持有仲景食品52.57%的股份，两人为一致行动人。

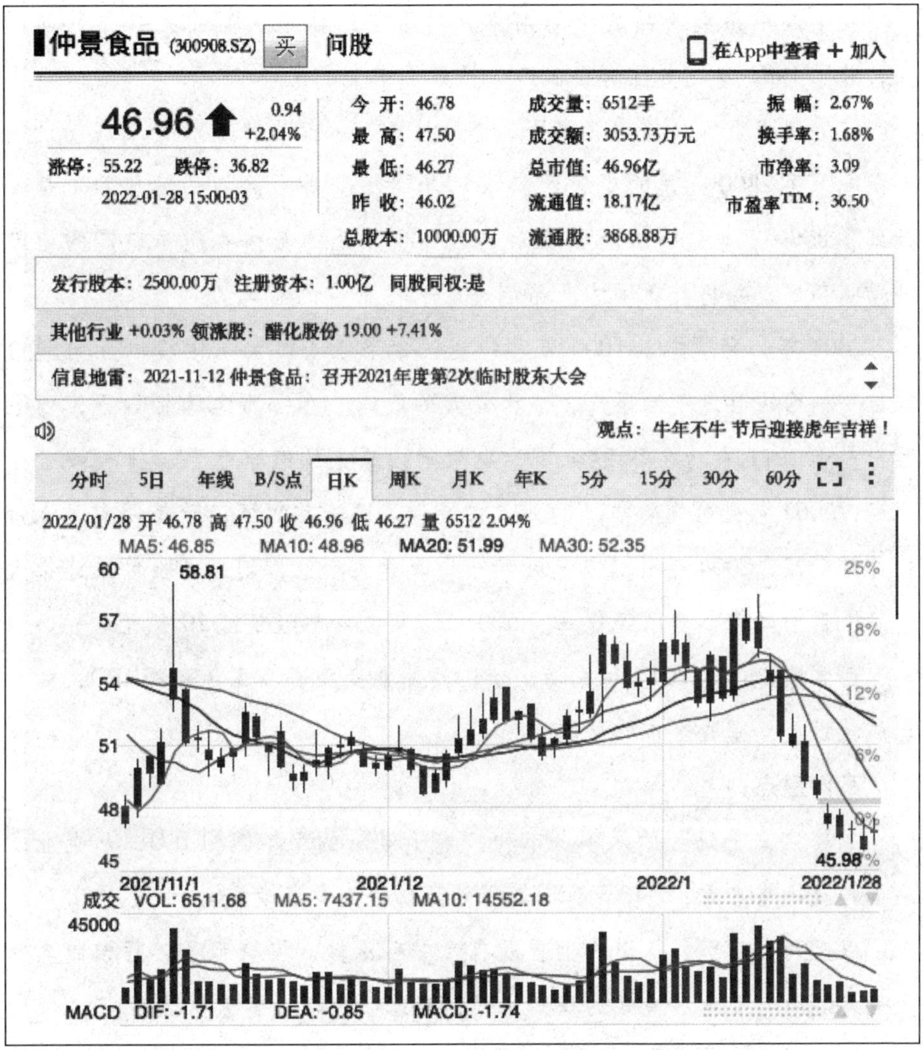

图2－5 仲景食品股价走势

孙耀志本人也是一位励志传奇人物，他不但善于经营企业，更精于整合资源，对资本运作也很擅长。他于1985年接手了一家两个月发不出工资、濒临倒闭的企业——宛西制药厂。经过孙耀志盘活，小药厂摇身一变，成为横跨中药、汽车、大健康等多板块的生态化集团。

宛西制药厂迅速崛起得益于一款著名产品——“月月舒”，孙耀志先是发现了这一品类药品的市场前景，然后与江苏中医研究院合作共同研发，并于1991年花费巨资将其广告投放于中央电视台。

在央视强大的公信力背书下，“月月舒”一经上市就获得了成功，当年便拿下了2800万元的销售额；到1996年，“月月舒”的销售额更是攀升到了8000万元！1999年，孙耀志以808万元的价格收购了破产的南阳仲景制药厂，并将其旗下的产品都冠以“仲景”的品牌。

2001年，孙耀志以1000万元投资，拿下了当时陷入困境的西泵股份前身——西峡县汽车水泵厂，成为最大的股东。在孙耀志的带领下，西泵股份也于2011成功在A股上市，成为国内最大的汽车水泵、排气歧管生产商；2002年孙耀志将自己的业务扩展到了调味品领域，于是便有了上市的仲景食品；2004年孙耀志又开始布局大健康产业，创立了张仲景连锁大药房，目前门店数量已经超越了500家，年收入已经超过20亿元。

西泵股份已于2011年成功上市，而仲景食品历经5年四闯IPO，如今已成功过会，完成上市的夙愿。

案例重点：

此较“老干妈”的永不上市和“老干爹”的5年四闯IPO，从企业发展模式及战略来看，“老干爹”属于外延扩张型发展模式。

以上两个案例，从模式上看没有太多可比性，但揭示了实际控制人对企业发展战略及发展模式的认知水平，能给读者带来参考和借鉴。

其实，有机成长和无机成长并非两种截然对立的成长模式，是可以兼而有之的，在今天更适合现代企业的发展路径选择。

有机成长更多的是靠挖掘本身的潜力，包括方向的调整、产品线的拉长、人员的扩张、项目的增加等。其好处是可以一以贯之，不存在文化差异，内耗相对较少。同时，这种方式也有弊端，那就是时间成本与机会成本的不确定性，也更考验实际控制人的耐性与团队稳定性，有可能“后浪推前浪”并“把前浪拍死在沙滩上”。

无机成长更多的是外借资本杠杆撬动更大的市场，把相关资源进行整合优化，消化吸收后变为内驱力，这种模式的优点是反应迅速，能实现跨越式发展。不足之处就是资本的力量一旦失衡就会导致资金链断裂，或者因为企业文化差异，内耗太大，进而阻碍企业发展。

吉利汽车、联想企业的发展模式为无机成长模式，并购沃尔沃、IBM都属于“蛇吞象”式的资本运作，它们一个是汽车领域民族品牌的代表，另一个是PC领域的世界级企业。

企业成长究竟以哪种模式为主，需要根据企业的发展阶段来确定，很难去统一标准和原则，那是不客观也是难以把控的。

但是，不论采用哪种发展模式，资本的力量都不可忽视，任何企业与资本打交道都是不可避免的，基本原则就是除了做好自己的企业，还必须符合资本的逻辑，因为资本会送你进天堂，也可能将你打进地狱，就在一念之间。

第四节　打造硬核企业

＊＊什么样的企业是硬核企业?

实行注册制的科创板，上市条件为是否是硬科技真公司，不是硬核企业就要回去继续修炼。按照《中华人民共和国公司法》《中华人民共和国证券法》以及上市规则的要求，能通过 IPO 审核的企业都是优秀企业，难道还没有进入 IPO 倒计时的成长中的企业，就不是好企业了吗？当然不是。它们可能是好企业，但不一定有硬核。

所谓真公司，即治理规范、能持续发展，且成长性较好的企业。所谓硬科技，强调的是科创属性，符合三项指标或五项列外条款。真正的硬科技企业是服务国家创新战略的企业。能进入新三板基础层挂牌的企业没有行业限制，也没有业绩要求。但是，申请挂牌企业必须是规范治理的，没有违规记录；同时企业能持续经营发展，具有潜力和成长性。只有达到了挂牌要求，主办券商才可能提供服务。

去北交所上市融资的企业又有哪些硬核要求呢？第一是盈利能力强，第二是研发强度高，第三必须是整体呈上升趋势的专精特新好企业。北交所有以下三个不同于或补充现有板块的明显特征：

（1）北交所是唯一明确提出服务中小企业的交易所；

（2）北交所的行业容忍度与主板差不多，不仅包括制造业，还包括其他行业，比如我们身边的生活服务业和生产性服务业；

（3）北交所培育的创新不仅包括技术创新，还包括更有利于中小企业的模式创新。

北交所的另一个显著特点是发行人必须为连续12个月在全国股份转让系统上市的创新型上市公司。需要注意的是，这里不是指“新三板在创新层上市12个月的公司”，而是指企业只要在新三板上市一年以上，即使刚进入创新层，也有在北交所申报上市的条件。

因此，我们把能登陆北交所的企业视为好企业。即真公司，经得起审核中心审核的硬核企业！

案例参考2-4：券商保荐好企业——威贸电子（833346）

上海威贸电子股份有限公司为国家级高新技术企业、上海市专精特新中小企业，其主要产品包括各类线束组件及注塑集成件，产品广泛应用于智能家电、工业自动化、POS机与计量衡器、新能源汽车/汽车、大型印刷机、高铁、医疗设备等领域。

公司积累了300多个系列3000多种型号产品的开发经验，与赛博集团、福维克、EBM等海外高端客户建立了长期稳定的合作关系。

2022年1月25日，中国证监会下发了《关于同意上海威贸电子股份有限公司向不特定合格投资者公开发行股票注册的批复》。

申万宏源证券承销保荐有限责任公司作为保荐机构在发行保荐书中表示：上海威贸电子股份有限公司向不特定合格投资者公开发行股票并在精选层挂牌发行符合《中华人民共和国证券法》规定的发行条件。

经核查，本次证券发行符合《中华人民共和国证券法》第十二条规定的发行条件，具体如下：

（1）发行人具备健全且运行良好的组织机构，符合《中华人民共和国证券法》第十二条第（一）项的规定。

（2）发行人具有持续经营能力，符合《中华人民共和国证券法》第十二条第（二）项的规定。

（3）报告期内，立信会计师事务所（特殊普通合伙）出具了信会师报字〔2021〕第 ZA10307 号无保留意见审计报告；瑞华会计师事务所（特殊普通合伙）出具了瑞华审字〔2020〕31180002 号无保留意见审计报告；瑞华会计师事务所（特殊普通合伙）出具了瑞华审字〔2019〕31290002 号无保留意见审计报告。发行人符合《中华人民共和国证券法》第十二条第（三）项的规定。

（4）发行人及其控股股东、实际控制人最近三年不存在贪污、贿赂、侵占财产、挪用财产或者破坏社会主义市场经济秩序的刑事犯罪，符合《中华人民共和国证券法》第十二条第（四）项的规定。

（5）发行人符合经国务院批准的国务院证券监督管理机构规定的其他条件，符合《中华人民共和国证券法》第十二条第（五）项的规定。

推荐结论：

本保荐机构经过全面的尽职调查和审慎核查，认为发行人的申请理由充分，发行方案合理，募集资金投向可行，公司具有较好的发展前景，符合《中华人民共和国公司法》《中华人民共和国证券法》《非上市公众公司监督管理办法》《全国中小企业股份转让系统股票向不特定合格投资者公开发行并在精选层挂牌规则（试行)》及其他规范性文件所规定的发行条件。为此，本保荐机构同意推荐上海威贸电子股份有限公司向不特定合格投资者公开发行股票并在精选层挂牌。

申万宏源证券承销保荐有限责任公司作为保荐机构，能作出保荐承诺，出具签名背书公告，就证明其保荐的是一家保荐机构认可的好企业（见图 2 –6)。

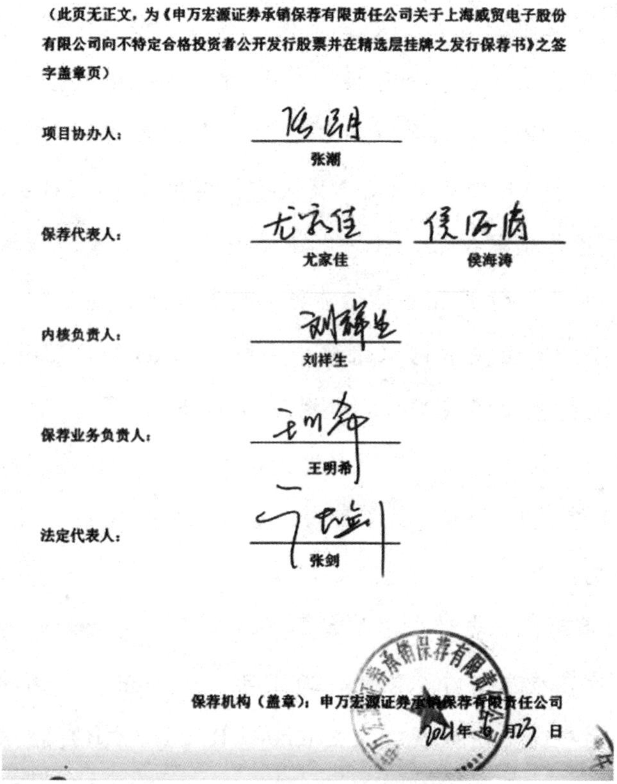

（此页无正文，为《申万宏源证券承销保荐有限责任公司关于上海威贸电子股份有限公司向不特定合格投资者公开发行股票并在精选层挂牌之发行保荐书》之签字盖章页）

项目协办人：张潮

保荐代表人：尤家佳 侯海涛

内核负责人：刘祥生

保荐业务负责人：王明希

法定代表人：张剑

保荐机构（盖章）：申万宏源证券承销保荐有限责任公司

2021年 月 日

图2-6 申万宏源证券保荐承诺书

案例参考2-5：张艺谋的XR公司当红齐天再获融资

——有硬核、有市场、强资本、强团队、强IP，为当红好公司

据公开信息披露，北京当红齐天国际文化科技发展集团有限公司（简称当红齐天）是国家级高新技术企业、北京市专精特新中小企业，也是2022年北京冬奥会XR体验提供方。集XR内容制作+载具研发+数字运营整体解决方案及产品落地于一体，致力于打造沉浸式体验。业务涉及“XR+乐园”“XR+科技秀”“XR+教育”“XR+博物馆”“XR+应急”“XR+电竞”“XR+体育”等。

当红齐天成立于2008年2月，法定代表人为齐笑，注册资本约7575万元人民币，经营范围包括承办展览展示活动、影视策划、企业策划等。创始股东为齐笑、张艺谋、马子涵，机构股东包含中航信托、联想创投、芒果基金、韦玥集团、英特尔（Intel）、小米、建银国际、野草创投。

技术布局围绕VR交互系统、VR大空间定位技术、5G+VR、5G云渲染、AI+、先进传感器技术、自动化建模生产方式等前沿技术。专攻人机交互领域的清华大学计算机系长江学者史元春教授是集团首席科学家。

XR是一个相对新兴的网络术语，全称为Extended Reality，即“拓展现实”。它包括增强现实（AR）、虚拟现实（VR）、混合现实（MR）等多种形式。其中，VR是能让人完全沉浸的虚拟环境；AR指代的是叠加在虚拟内容上的世界，但不能与真实环境交互；MR是虚拟与现实的混合体。XR则是它们的总称。

而XR技术为体验者带来虚拟世界与现实世界之间无缝转换的“沉浸感”，正是元宇宙成立的首要条件。2021年“元宇宙”一词蹿红，以AR/VR硬件设备为核心的扩展现实（Extended Reality，XR）技术被公认为元宇宙的入口。

2022年2月4日，北京冬奥会开幕式如约在国家体育中心拉开帷幕。这场精彩绝伦的开幕式，既向世界展示了中国式浪漫，又体现了中国黑科技水平。场馆中心铺的是世界上最大的8K LED地面屏，包含4.2万余个LED模块；重达3吨的LED异形屏构成了晶莹剔透的冰雪五环；全球首次对超600人集体实时AI动作捕捉，数据采集、传输及渲染总时长不超过0.1秒。

伴随开幕式的余韵，背后助力的一众高科技公司也走进了公众的视野。其中，由开幕式总导演张艺谋联合创办的XR沉浸式体验解决方案企业当红齐天赫然在列。

目前当红齐天已完成B+轮融资，投资方为由第三方数字移动支付公司拉卡拉和营销科技公司蓝色光标发起设立的蓝图海兴基金。所融资金将用于三方共同研发、探讨、推广 VR 相关技术、产品和内容，开拓元宇宙时代的生产和消费场景，探索线上虚拟空间和线下实体空间的融合，推动 XR 体验在重点行业的应用拓展及商业化项目落地。

据数据公司 Statista 预测，全球 XR 市场规模将从 2021 年的 310 亿美元增长到 2024 年的 3000 亿美元，2021—2024 年复合增长率将超 113%。调研机构 Counterpoint 则预测 2025 年，XR 头戴设备出产量将有望增加到 1.05 亿台，与 2020 年的 700 万台相比增加约 14 倍。

据公开数据统计，仅 2016 年 1 年我国 AR/VR 赛道就有 120 起融资事件，披露金额近 25 亿元。当红齐天成功斩获中航信托的种子轮和联想创投的天使轮融资（见图 2 –7）。

图 2 –7　近 10 年我国 AR/VR 企业投融资概况

资料来源：企查查，截至 2021 年 3 月 25 日。

第三章

03

企业融资模式与估值定价

第一节　企业融资需要理由吗

第二节　寻找相匹配的企业融资模式

第三节　融资准备与实施流程

第四节　企业估值与定价

“企业活着才是王道”，活下来的生存法则是什么？是“钱”，没钱的企业怎么活？企业要想生存和发展，就必须不断融资，没钱的企业找钱难，融资是头等大事。而拿什么去融资？投资人是需要融资理由的。不同的融资模式，对企业融资条件考量的标准也是不同的。投资人对融资规模的认可取决于对募投项目的评估与预期，企业融资成本的高低则取决于企业内在价值的估值与定价，包括给投资者带来的回报及退出机制。

什么是融资？企业从自身生产、研发、经营、扩张等现状及资金运用的实际情况出发，根据企业未来经营与发展策略的需要，进行内部集资或向外部投资者、债权人筹集资金的经济活动过程就叫融资。脱实向虚进行资金空转，玩儿虚拟资本的筹资，那是“圈钱”。表面上看融资与“圈钱”没有区别，但对于实体企业而言，其最终意义截然不同。因为资金就像企业体内的血液，是企业进行生产经营活动的必要条件，它要解决企业一切支付的问题，没有足够的资金支持，企业的生存和持续发展就没有保障。如果是玩儿虚拟资本，资金未进驻实业流动，没有产品与科研结果，一旦资金链断裂，所有的兑付瞬间暴雷，后果就是金融风险。为了防范融资风险，企业必须搞清楚融资动机与目的，既为何融资，拿什么去融资，选择怎样的融资模式与融资工具，如何给自己的企业进行合理的估值与定价，如何给投资人设计一个可实现的退出机制，这是本章的重点。

第一节 企业融资需要理由吗

现实中，很少有企业拒绝融资，企业都存在各种融资需求，企业融资是很正常的事情，不言而喻，融资不需要理由。但是，为什么有的企业能融到资，且过程很轻松，甚至被投资人追着给钱；而有的企业确实需要融资，但却两眼一抹黑，没有任何融资渠道。即使此时此刻正在忙于融资的企业，也不一定都能成功，是市场缺钱、出现了资金荒吗？不是。是没有值得投资的好项目吗？也不是。现实往往是揣着钱的人找出处，握着好项目的人找钱，两者擦肩而过。

道理很简单，融资与投资双方信息不对称，其中包括信用缺失。还有就是对国家政策理解不到位，享受不到政策红利，失去应有的低成本融资机会。一些非正规融资平台把规则搞乱了，造成融资难、融资贵问题，误导了部分急于融资的企业，它们付出高额的成本却解决不了企业持续发展的问题，即便融到了资，却因不能按时还本付息，因此只能让企业休克或摔在了半坡上。

企业为何要融资？这不是能简单回答的问题，它要符合资本的逻辑。

我们讲为何要融资，其实就是让企业在给出融资理由的同时展示企业的内在价值以及对资本的贡献。

讲产业与产品，其实讲的是能为社会提供怎样的服务或能给消费者带来什么样的满足，直接体现的是潜在市场空间有多大，应建立什么样的商业模式，会给投资人创造多大的价值空间及收益回报。

企业为什么要融资去做想做的事情，这是融资理由中最具价值的信息。首先，其反映的是宏观经济发展的大趋势，比如后疫情时期全球经济的重构与各国经济发展的差异化特点给企业带来的机遇；其次，其直接表达出我国产业政策的引导方向，比如，对专精特新中小企业的政策扶持与各级政府出台的具体措施，重点支持的产业范围；最后，对于金融机构及投资人而言，一定要给它们一个值得投资的理由，舍我其谁？投资什么样的企业是安全且有价值回报保证的，这是击中融资主题的命门，任何投资人最想要搞清楚的是自己投资的企业是否靠谱、最大风险有多大、能否把控、退出机制有无障碍等。要想知道答案，就要认真考察融资方企业团队及其实际控制人背景，包括企业发展的历史沿革等，这也是建立企业信用的基础，换言之，投资人投的是人和团队，后面的一切都是人的行为结果。

企业要把融资理由说得清楚，就得讲好故事，这是进入资本市场的第一步，只要表达的理由具有投资价值，而且属于政府扶持政策范围内的产业领域，那就会给融资方加分，反之则相反。

案例参考3－1：软件企业融资目的是投资酒店餐饮业

某软件公司，以提供报表管理软件、商业智能软件、ERP软件等管理软件产品及其服务为主营业务。

其财务数据显示，流动负债占负债总额的96.57%。流动负债中无银行借款，主要负债都是业务经营活动形成的。货币资金期末余额为4051.18万元，流动比率为1.18，速动比率为0.93，资产负债率为44.98%，几项指标显示该公司偿债能力良好。由于企业流动资金富裕，已购买了5000万元的理财产品。

本次融资1.5亿元的理由是，拟投资酒店及相关业务，因公司认为后疫情时期酒店及餐饮业、旅游业将会报复性反弹，现在是低位进入的较好时机。

讨论：

1. 此案例融资理由对哪类投资人最具吸引力？

(1) 银行;

(2) 产业投资基金;

(3) 机构投资者;

(4) IPO 上市;

(5) 员工集资。

答案: 融资失败。

＊＊问题出在哪儿?

2. 分析原因

(1) 银行尽调未通过贷款申请, 认为 1.5 亿元贷款风险不确定、不可控;

(2) 产业投资基金与机构投资者认为企业主营业务有可能转移, 进入一个新行业缺乏持续经营保证, 对后期预测不确定因素增多, 投资风险不可控, 主要是对新冠肺炎疫情结束时间不确定;

(3) IPO 核审, 该企业不缺钱, 募投项目与主营业务无关;

(4) 企业员工集资不现实, 从事软件业的员工对房地产、酒店行业不熟悉, 缺乏专业认知, 对投资没有积极性。

3. 结论

该软件企业的融资理由不是完全没有道理, 但是, 从事软件行业的公司想募资去做其他产业, 即使是看似很赚钱的行业, 但未必能驾驭得了, 一旦大环境不尽如人意, 这一投资可能就会血本无归。因此, 客观来讲, 资金持有人出于风险防范考虑而否定融资方的募资诉求也是对该软件企业的一种保护。

＊＊换个融资理由试试呢?

如果上述软件企业融资1.5亿元去投资元宇宙项目，又会怎样呢?

(1) 投资项目与主营项目相关；

(2) 元宇宙属于新兴产业项目，市场巨大，目前尚未形成“天花板”，各国都在争夺市场主控权，国外的脸书、微软、英伟达等科技公司也在争相布局，国内资本市场也是积极响应，华为、小米、腾讯、阿里巴巴等都进行了相关投入；

(3) 去科创板、创业板上市也可以，但是北交所最近；

(4) 银行也在积极推出扶持专精特新及科创企业的融资政策；

(5) 企业内部员工熟悉投资项目，具备潜在的参与热情。

可见，同一家软件企业的融资理由不同，其结果也是大相径庭的。

第二节 寻找相匹配的企业融资模式

我国是多层次资本市场结构，企业融资模式也是多元化的，没有哪一种模式是绝对的优秀和不可取代，只有与企业实际情况相适应和可操作的模式才是最佳匹配。

根据资金来源划分，企业融资模式可分为债权融资模式和股权融资模式；按融资组合形式划分，企业融资模式可分为金企合作模式、政企合作模式和军民融合模式，而且军民融合模式是当前重要的融资模式，如图3－1所示。

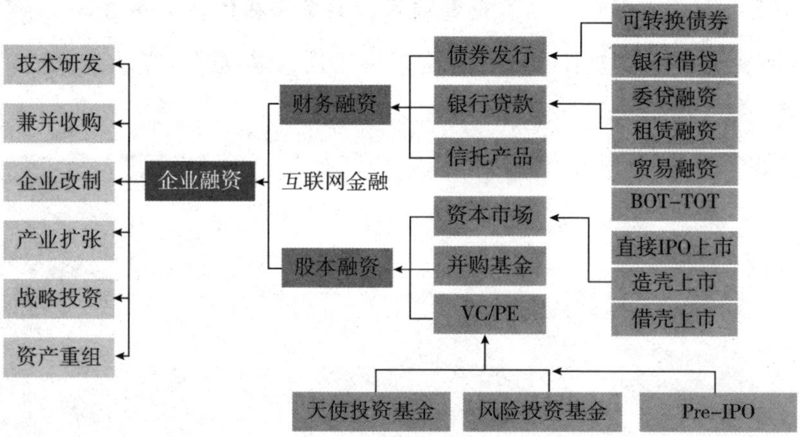

图3－1 企业融资模式

＊＊为什么股权融资容易为企业所接受？

一、债权融资

出资方与融资方形成的是债权债务关系，融资方获得的只是资金的使用权而不是所有权，负债资金的使用必须支付利息，承担财务成本，并且到期时要无条件归还本金。

债权融资除了在一些特定的情况下可能带来债权人对企业的控制和干预问题，一般不会产生对企业的控制权之争等问题。一般的中小企业是没有抵押担保能力进行债权融资的。

二、股权融资

股权融资，是指企业的股东愿意让出部分企业所有权，是一种通过企业增资的方式引进新的股东的融资方式，出资方与融资方形成的是股东关系。股权融资所获得的资金，企业无须还本付息，没有负债压力，但新股东将与老股东同样分享企业的盈利与增长，伴随企业成长而承担有限责任。

股权融资按融资的渠道来划分，主要有两大类，即公开市场发售和私募发售。

主要特点：

（1）长期性。股权融资筹措的资金具有永久性，无到期日，无须归还。

（2）不可逆性。企业采用股权融资无须还本，投资人欲收回本金，需借助流通市场。

（3）无负担性。股权融资没有固定的股利负担，股利的支付与否和支付多少视公司的经营需要而定。

对于中小企业来讲，这两种融资模式都能解决企业资金流动性的问题，往往民间投资更快捷、更高效。

习近平总书记在党的十九大报告中明确指出："要支持民营企业发展，激发各类市场主体活力，要努力实现更高质量、更有效率、更加公平、更可持续的发展。"我国民营经济是改革开放以来在党的方针政策指引下从无到有、从小到大、由弱到强发展起来的。

政府要着力解决当前反应比较强烈的几个问题，以进一步促进民间投资发展。

第一，不能投的问题，即门槛问题。要通过简政放权，进一步降低门槛，特别是制定负面清单，使市场更加透明，使民营企业自主决策权更大。

第二，不愿意投的问题。相关部门抓紧建设政务信息平台，特别是诚信体系，政府同样要讲诚信，签订了合同就要遵守合同，保护民营企业的合法权益。

第三，不敢投的问题。要加大这方面的督查，同时要保护知识产权，培育企业家。

第四，往哪儿投的问题。现在制造业投资增速相对较慢，原因就是在转型期确实需要找到新的增长点，要加强政策的引导。

中小企业发展离不开党的政策指引，认真学习、领悟中央经济工作会议精神非常重要，要正确认识和把握资本的特性和行为规律。政府要为资本设置“红绿灯”，完善市场准入负面清单管理制度，加强源头治理和行业监管，强化市场监管和反垄断、反不正当竞争规制，依法加强对资本的有效监管，防止资本野蛮生长，支持和引导资本规范健康发展。既要设置“红灯”，也要设置“绿灯”，“红灯”是为了划定边界、加强规范，“绿灯”是为了发挥资本作为生产要素的积极作用。防止资本无序扩张，不是不要资本，而是要让资本有序发展。统筹发展和安全、效率和公平、活力和秩序、国内和国际，坚持监管规范和促进发展两手并重、两手都要硬，明确规则，画出底线。

企业家要牢牢把握中国特色社会主义的市场经济规则，坚持底线意识，在规范治理企业的同时充分运用政策带给企业的商机，分享政策红利，如专精特新中小企业就有自己融资的主战场——北交所。

在寻找企业融资模式时，要因地制宜、因人而异，每一种模式的背后都有其内在的资本逻辑。

三、金企合作模式

通常企业进入资本市场都不是孤军奋战，总会有合作伙伴相随，首先选择与金融机构“牵手”是惯例，简称金企合作模式，如图 3 -2 所示。

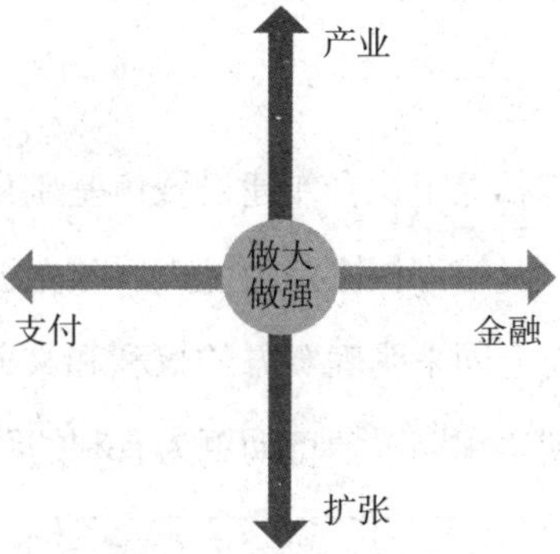

图 3 -2　金企合作模式

* * 企业发展要靠两条腿。

这种模式说明，企业发展要靠两条腿并行：一是产业优势，二是资本支持，两者配合适当，企业才能快速做大做强。因为产业是资本落地的抓手，新兴产业领域的优秀项目是资本追逐的热点，“卡脖子”工程是国家重点支持的方向，科创板、创业板、北交所等都是融资的主阵地，银行也会参与国家级重点投资项目。

四、政企合作模式

政府会鼓励社会资本参与城市更新等基础设施建设工程，构建政府合作模式，比如，政府与私人组织合作建设城市基础设施项目中的 PPP、BOT、BT、TOT、TBT 等模式。

许多企业认为与政府项目合作去融资是不现实的，由于不了解这种模式的意义，即使有机会也不重视。其实，能参与政府工程，对企业发展具有长远意义，不论产业市场、资本市场，还是资源整合，对于企业而言都是重要契机。

＊＊政企合作模式有哪些优势?

（一）PPP 模式

PPP 模式是指政府与私人组织合作建设城市基础设施项目，或政府为了提供某种公共物品和服务，以特许权协议为基础，政企彼此之间形成一种伙伴式的合作关系，并通过签署合同来明确双方的权利和义务，以确保合作的顺利完成，最终使合作各方达到比预期单独行动更为有利的结果（见图 3－3）。

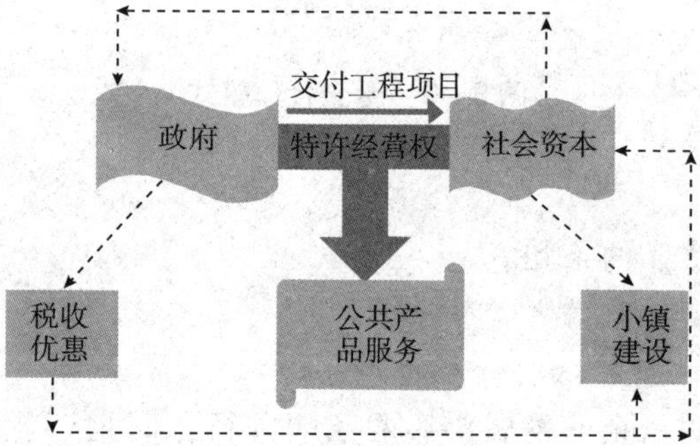

图 3－3　PPP 模式

例如，北京地铁 4 号线在国内首次采用 PPP 模式，将工程的所有投资建设任务以 7:3 的基础比例划分为 A、B 两部分，A 部分包括洞体、车站等土建工程的投资建设，由政府投资方负责；B 部分包括车辆、信号等设备资产的投资、运营和维护，由吸引社会投资组建的 PPP 项目公司来完成。政府部门与 PPP 公司签订特许经营协议，要根据 PPP 项目公司所提供服务的质量、效益等指标对企业进行考核。

在项目成长期，政府将其投资所形成的资产，以无偿或象征性的价格租赁给 PPP 项目公司，为其实现正常投资收益提供保障；在项目成熟期，政府为收回部分政府投资，同时避免 PPP 项目公司产生超额利润，将通过采用固定租金的方式令政府投资公司参与收益的分配；在项目特许期结束后，PPP项目公司无偿将项目全部资产移交给政府或续签经营合同（见图3-4）。

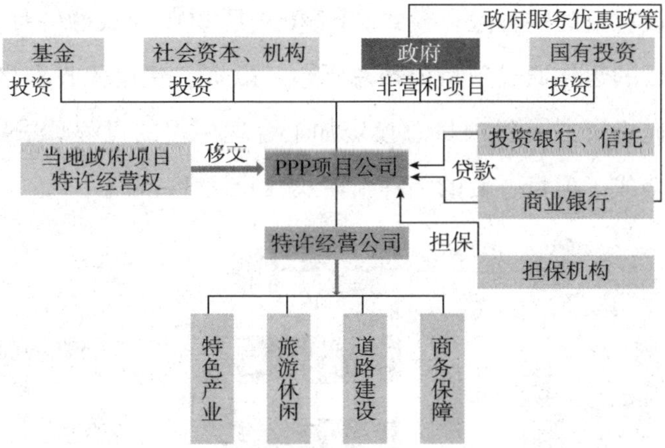

图3-4 PPP交易架构

（二）BOT模式

BOT模式，即“建设—经营—转让”，BOT实质上是基础设施投资、建设和经营的一种方式，以政府和私人机构之间达成协议为前提，由政府向私人机构颁布特许权，允许其在一定时期内筹集资金建设某一基础设施并管理和经营该设施及其相应的产品与服务（见图3-5）。

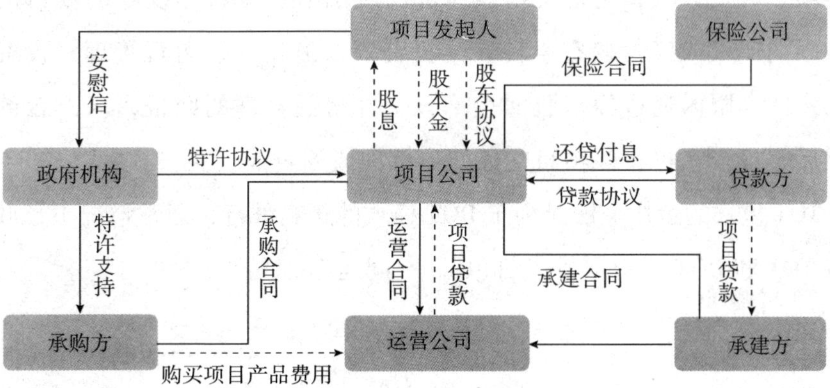

图3-5 BOT模式

（三）BT 模式

BT 模式，即“建设—移交”，是政府利用非政府资金来进行非经营性基础设施建设项目的一种融资模式。BT 模式是 BOT 模式的一种变换形式，是指一个项目的运作通过项目公司总承包，融资、建设验收合格后移交给业主，业主向投资方支付项目总投资加上合理回报的过程。采用 BT 模式筹集建设资金成了项目融资的一种新模式（见图 3－6）。

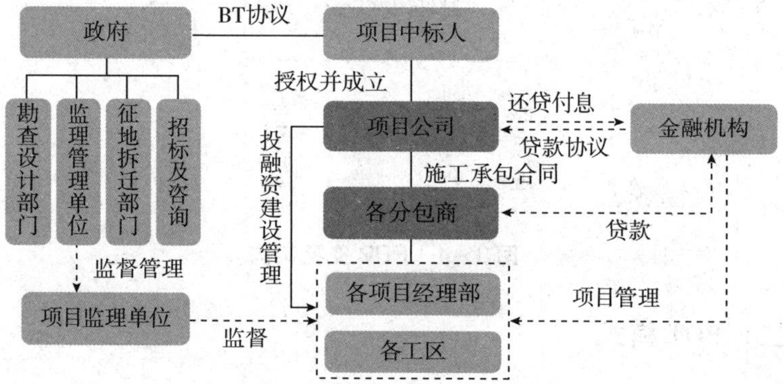

图 3－6　BT 模式

（四）TOT 模式

TOT 模式，即“移交—经营—移交”。TOT 模式是国际上较为流行的一种项目融资方式，通常是指政府部门或国有企业将建设好的项目的一定期限的产权或经营权有偿转让给投资人，由其进行运营管理；投资人在约定的期限内通过经营收回全部投资并得到合理的回报，双方合约期满之后，投资人再将该项目交还政府部门或原企业（见图 3－7）。

TOT 模式的运用一般是为了 BOT 模式的顺利进行，通常情况下，政府会将 TOT 和 BOT 两个项目“打包”，一起运作。

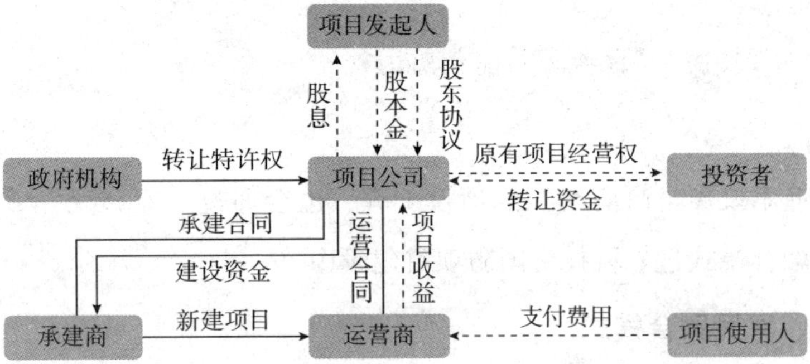

图 3－7　TOT 模式

（五）TBT 模式

TBT 模式，就是将 TOT 与 BOT 融资方式组合起来，以 BOT 为主的一种融资模式。在 TBT 模式中，TOT 的实施是辅助性的，采用它主要是为了促成 BOT、TBT 的实施。过程如下：政府通过招标将已经运营一段时间的项目及其未来若干年的经营权无偿转让给投资人；投资人负责组建项目公司去建设和经营待建项目；项目建成开始经营后，政府从 BOT 项目公司获得与项目经营权等值的收益；按照 TOT 和 BOT 协议，投资人相继将项目经营权归还给政府。实质上，其是政府将一个已建项目和一个待建项目“打包”处理，获得一个逐年增加的协议收入（来自待建项目），最终收回待建项目的所有权益（见图 3－8）。

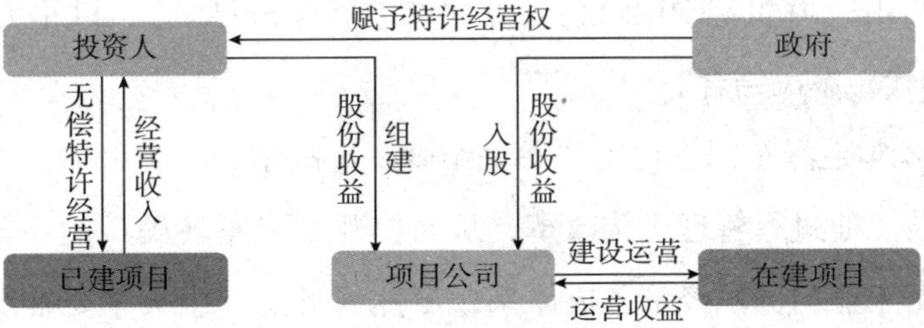

图 3－8　TBT 融资模式

＊＊“军转民”“民参军”有何魅力？

企业不仅参与政府组织的项目工程，也会通过“军转民”“民参军”的军民融合模式进入科技与国防项目建设中。

五、军民融合模式

军民融合模式给专精特新企业带来了无限增值空间，极大地提升了企业在资本市场的地位。

军民融合就是把国防和军队现代化建设深深融入经济社会发展体系之中，全面推进经济、科技、教育、人才等各个领域的军民融合，在更广范围、更高层次、更深程度上把国防和军队现代化建设与经济社会发展结合起来，为实现国防和军队现代化提供丰厚的资源和可持续发展的后劲。

美国建立的国防科技工业体系是“军民融合”的一个典型。美国国会的一份研究报告显示，军民融合给美国国防部每年节约300亿美元，相当于其采办费总额的20%以上。

我国的军民融合经历了以下几个阶段。

20世纪50年代以前：全民皆兵，军民一体；20世纪50年代中后期：重军民两用；20世纪60年代：“军民结合，平战结合”，以军为主；20世纪70年代，军民结合。

1958年毛泽东同志提出“军民结合，平战结合”方针后，国家开始对国防科技工业进行管理机构改革，从而拉开了“军转民”的序幕。这一时期，国防工业与国民经济各成体系，虽然国务院、中央军委批准国防工业实行中央与地方双重领导的管理体制，但军队、政府间职能不清，加上国家实行面向国防建设服务的战略，国防工业依然独立于民用，民用还是为军用服务，为发展武器装备业服务。

2017年8月1日，习近平总书记在庆祝中国人民解放军建军90周年大会上的讲话中提出“必须深入推进军民融合发展，构建军民一体化的国家战略体系和能力”。军民融合发展已上升为国家战略。

模式意义：

（1）通过军民深度融合，盘活存量资产，吸引各种渠道资源进入安全领域，促进创新，加快武器装备升级换代。

（2）解决原有中国军工资产的效率问题，构建中国国家主导、需求牵引、市场运作、军民深度融合的运行体系，由原来的“输血”转为“造血”，促进军工产业升级。

（3）把中国国防科技工业与民用科技工业相结合，形成一个统一的国家科技工业基础，实现军民两部门合作共赢的目标。

模式特点：

（1）“军转民”，是指把军事装备等军品的生产设备和人员向民用生产领域转移。

（2）“民参军”，即民营企业、民营资本或者以民品为主的国资进入军工行业。中国“民参军”尚处于起步阶段，兼具机制灵活、效费比高等诸多优点，拥有更为广阔的发展前景。

“民参军”模式：

（1）通过参加原总装备部、原总参谋部、原总后勤部、海军、空军等国家机关和十一大军工集团组织的项目招投标活动直接参与。

（2）与现有的军工企业合作研制或配套生产。

（3）收购或兼并现有的军工企业。

（4）参与军用高科技企业的股份制改造。

中国民营企业进入中国国防科技工业主要有以下三层含义：

（1）进入军用产品和技术市场，参与军品的研制和生产，或进行零部件的配套研制和生产。

(2) 进入军工资本市场，参与国有军工企业的股份制改造，或合资合作组建新的股份制项目公司。

(3) 进入军工人才市场，各类民营科技和经营管理人才应聘于军工企业。

据统计，截至2016年3月，中国已有1000多家民营企业获得武器装备科研生产许可证，比“十一五”末期增加了127%，而2010年中国“参军”的民用企业仅有700多家。

军民融合重点领域包括空天领域、海洋工程装备、智能化装备与无人系统、网络与信息安全、生命科学与生物技术等。这些领域既有广阔的民用应用价值，也有巨大的潜在军用价值。军民融合涉及的范围很广，实现国防建设和经济建设深度融合的目标非一朝一夕可以实现，因此推进军民融合一定要坚持“先易后难、稳扎稳打、标本兼治”的原则。近期的政策突破点预计包括引入社会资本参与一般军工企业的混合所有制改革、军工科研院所的分类改革、军标与民标统一范围的进一步扩展、国防科研与装备生产招投标范围的进一步开放等（见图3－9、图3－10）。

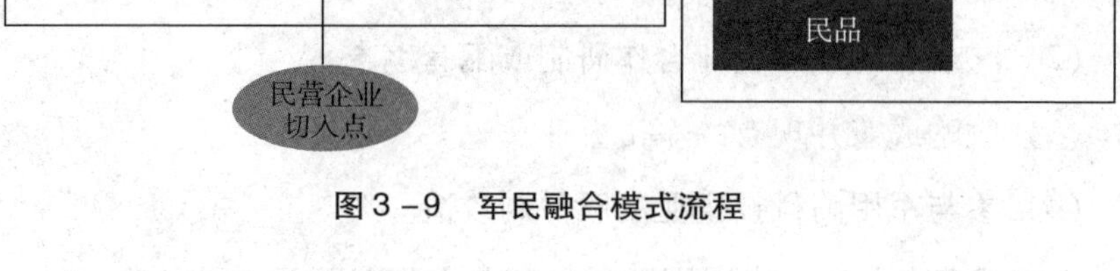

图3－9　军民融合模式流程

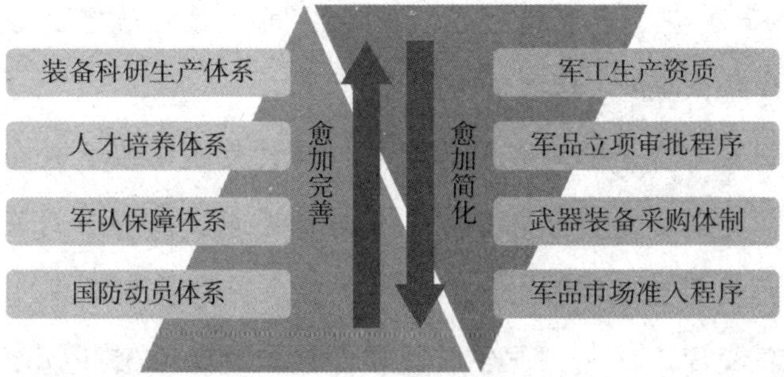

图3－10　军民融合模式结构

案例参考3－2：专精特新“小巨人”&军民融合企业航亚科技（SH：688510）

无锡航亚科技是工业和信息化部认证的专精特新“小巨人”、“单项冠军”、“领航”企业。航亚科技专注于航空发动机关键零部件及医疗骨科植入锻件的研发、生产及销售，主要产品包括航空发动机压气机叶片、转动件及结构件、医疗骨科植入锻件等高性能零部件。

无锡航亚科技股份有限公司及子公司自2020年12月31日至2021年12月31日，累计获得政府补助款项2742.89万元人民币，其中与收益相关的政府补助为1448.89万元人民币，收到与资产相关的政府补助为1294万元人民币。上述政府补助会对公司2021年度及之后年度的利润产生一定的积极影响。

点评：

拥有专精特新“小巨人”&军民融合等多重荣誉身份的航亚科技能获得政府补助款项，虽然资金规模不大，但这样的政府扶持发布是对航亚科技企业在当地产业发展与经济贡献的肯定。

案例参考3－3：航宇科技（SH：688239）

贵州航宇科技发展股份有限公司于2021年12月14日发布公告，第四届董事会第12次会议审议通过了《关于公司及德兰航宇向金融机构申请综合授信额度的议案》，具体情况如下：

鉴于公司及全资子公司四川德兰航宇科技发展有限责任公司经营规模进一步扩大，为满足生产经营和业务发展的需要，结合公司及德兰航宇实际情况，公司及德兰航宇拟向金融机构申请累计总金额不超过15亿元人民币的综合授信额度。其中，航宇科技存量授信额度4.65亿元，新增授信额度6.35亿元；德兰航宇存量授信额度2亿元，新增授信额度2亿元。

以上综合授信额度项下的授信业务包括但不限于贷款、贸易融资、票据贴现、承兑汇票、商业承兑汇票保贴、国际/国内保函、国际/国内信用证、海关税费支付担保等一种或多种融资业务、授信业务。授信额度不等于实际融资金额，实际融资金额应在授信额度内，具体融资金额及品种将根据公司及德兰航宇业务发展的实际需求来确定，融资金额以各家银行与公司及德兰航宇签订的借款协议为准。

授信期限内，授信额度在总额度范围内可循环使用，可以在不同银行间进行调整，公司及德兰航宇皆可以使用上述综合授信额度。授信申请工作中，金融机构如需要提供相关征信措施，公司可在上述额度内提供相应保证、质押、抵押或其他形式的担保，同时接受公司关联方无偿为公司及德兰航宇提供担保，也不需要公司及德兰航宇向其提供反担保。

点评：

航宇科技是贵州省创新型领军培育企业、贵州省技术创新示范企业、贵州省产学研结合示范基地、贵州省智能制造试点示范企业、贵州省诚信示范企业、全国中小企业创新100强、国家工业企业品牌培育示范企业、全国中小企业“十大”成长之星、国家智能制造试点示范企业、国家首批专精特新“小巨人”企业，具有获取授信额度支持的多重安全保障与企业信用。

虽然授信额度不等于实际融资金额，但只要企业需要资金，在授信额度内，具体融资金额及品种将根据企业业务发展的实际需求进行合理确定，融资金额的多少以各家银行与公司及德兰航宇签订的借款协议为准。有了15亿元的综合授信额度，企业持续发展的资金保障就不成问题。

案例参考3-4：中简科技（SZ：300777）

中简科技股份有限公司于2022年1月26日发布公告，收到中国证券监督管理委员会出具的《关于中简科技股份有限公司向特定对象发行股票注册的批复》（证监许可〔2022〕164号）。批复文件的主要内容如下：

一、同意公司向特定对象发行股票的注册申请。

二、公司本次发行应严格按照报送深圳证券交易所的申报文件和发行方案实施。

三、本批复自同意注册之日起12个月内有效。

点评：

中简科技是我国高端碳纤维领域的重要供应商，于2020年11月入选工业和信息化部第二批专精特新“小巨人”企业。公司ZT7系列产品已被批量稳定应用于我国航空航天八大型号，有望充分享受特种装备上量带来的红利。军工行业供应链系统稳定、客户黏性较强，一旦某一型号定型以后，后续一般不会更换供应商。这说明了其收入的稳定性。

本次募投项目主要涉及建筑工程费用、设备购置费用、安装工程费用。

第三节　融资准备与实施流程

＊＊知道，但不一定做得到。

企业融资前一定要做好充分准备，才可进入操作流程，切不可心中无数办法多、信口开河、急于求成、挖坑自跳。

对于股权融资而言，企业一般要经历以下过程：募投项目筛选、融资准备阶段、咨询与交流、融资谈判、签订对赌协议以及签署投资协议及实施。

一、募投项目筛选阶段

如果以企业为融资主体，准备为某些价值项目融资，那么筛选募投项目就是关键，项目好，成功率就高。如何评价好项目呢？与企业主营业务相关的原创项目、具有自主知识产权属于新兴产业的项目优先。确定融资项目就等于告诉投资人企业的未来，这是企业融资的基础，也是吸引资本的敲门砖。

如何筛选募投项目？一是产业政策导向；二是项目主体资格；三是项目可行性；四是项目价值评估；五是市场测试；六是竞争力与市场壁垒；七是投资风险；八是投资回报率；九是投资策略。

二、融资准备阶段

融资准备阶段最重要的是撰写商业计划书、企业价值评估报告，以及附件准备，包括募投项目的科研成果及知识产权证书、客户体验报告或临床试验报告，以及政府授予的各种荣誉证，包括专精特新“小巨人”、“独角兽”、“瞪羚企业”、“雏鹰企业”等。

＊＊会写商业计划书的人都是企业融资功臣！

（一）商业计划书包含的主要内容

（1）摘要：核心要点，传递核心内容；

（2）公司介绍：公司基本情况、股权结构、股东背景、关联企业、历史沿革、公司大事记；

（3）管理团队及人力资源：组织构架、高级管理人员简介、内部管理控制、人员结构和分布；

（4）行业与市场：市场环境分析、市场机会、竞争者、未来趋势；

（5）产品/服务、商业模式：产品（服务）介绍、独特性、市场定位、目标市场、目标客户、市场反应、市场占有率、新产品开发、知识产权；

（6）财务数据：近3年的审计报告、财务分析报告、主要资产债务清单等；

（7）发展规划与盈利预测：短中长期计划、盈利水平及增长率；

（8）融资计划：资金需求及使用计划、投资风险、投资退出计划及可能投资回报；

（9）退出机制：股份转让，上市变现。

＊＊怎样做才不贱卖自己的企业?

（二）企业价值评估报告

企业应聘请具有国家备案资质的资产评估机构或注册资产评估师进场评估并出具企业价值评估报告。

评估涉及的主要内容及撰写格式（摘要）如下：

（1）委托方及企业名称；

（2）评估目的；

（3）价值类型及其定义；

（4）评估范围和对象；

（5）评估基准日；

（6）评估原则；

（7）评估依据；

（8）评估方法；

（9）评估过程；

（10）评估假设与限制条件；

（11）评估结论；

（12）特别事项说明；

（13）评估报告法律效力；

（14）评估报告提出日期；

（15）评估报告备查文件。

（三）附件（含PPT、纸质证件及图片、视频）

（1）募投项目的科研成果及知识产权证书；

（2）客户体验报告或临床试验报告；

（3）政府授予的各种荣誉证，包括专精特新“小巨人”、“独角兽”、“瞪羚企业”、“雏鹰企业”等资质证书。

三、咨询与交流

融资方与投资者进行初步接触，重点是了解投资者的具体要求，预估股权转让比例和出让价格区间。通常融资方与投资方的前期沟通其实是互相考察的过程，融资方把准备充分的融资材料有的放矢地展示，有问有答，用直接、简单的交流方式激发对方的兴趣点，双方观点愉快地碰撞，就一些有分歧的事项展开讨论，求同存异，尽可能用实证说话，达成双方共识再进行下一流程。如果双方不认同彼此提供的信息，可以暂时中止交流，给对方缓冲和思考的机会，及时调整状态，腾出时间寻求新的合作伙伴。切不可初次交流时就抖个底儿朝天，一眼望穿，毫无亮点；一触及关键问题就卡顿后退；或者夸大其词；或者急于求成，降低融资预期，提高融资成本，让投资方决定企业的命运。这样的融资心态不可取。

在咨询与交流阶段，双方能否抓住共同关注的话题，相互尊重，平等互利，激发双方继续探索下去的兴趣，取决于双方心态。融资方自信、坦诚、胸有成竹，投资方不卑不亢、举重若轻，这是融资时应有的心理素养。

＊＊如何做一名合格的谈判专家?

四、融资谈判

融资谈判是企业融资的关键环节，融资方与意向投资者进行初步谈判之前，应安排现场考察，收集、分析投资者反馈，配合投资者进行尽职调查、核证，如果没有原则性问题，双方就可以坐下来进行商务谈判，此阶段双方关注的焦点一般是估值与定价以及相关投资协议条款，包括对赌协议，谈判桌上能解决的问题都可以敞开协商，遇有特殊情况，可请相关人员进场协调。一旦达成共识，双方拟订股权转让相关法律文件，签字生效后就意味着双方握手结盟为利益共同体了。

如果出让价格谈不拢，投后管理等细则不能约定，投资方的财务、人事、市场等具体事宜要求不能在融资方那里得以满足，会导致谈判中止或结束。

在融资谈判桌上，双方应遵循平等互利、相互尊重原则，有钱就是老大，随意否定融资方提供的事实证据，恶意贬低企业估值，单方面修改企业发展战略，让融资方无条件接受对赌协议条款，违背“三公”原则，这些都是不可取的。融资方选择投资方，除保证投资方有投资能力外，还要考察其信用及对企业主营业务的资源贡献，包括管理水平、背景资源、投资历史、成功案例等。一个投资人可以投资多个项目或企业，但一家企业能锁定的适合的投资方并不多，找对了，1+1≥3，反之则浪费机会成本或贻误战机。

＊＊为什么要签对赌协议?

五、签订对赌协议

投融资谈判桌上除了出让价格，很重要的事情就是确定投资条款，其中包括对赌协议。

在资本市场，对赌已被广泛地运用于股权投融资、兼并收购等资本运作领域。对赌，从形式上可以分为两种：一是单向对赌，就是只对一方有约束条件；二是双向对赌，就是对双方都有约束条件。

在中国风险投资案例中，著名的成功案例有蒙牛和摩根士丹利的对赌协议、冯小刚与华谊兄弟的对赌协议等；失败的案例则较多，比如，陈晓与摩根士丹利及鼎辉创投对赌输掉永乐电器、张兰对赌鼎辉创投输掉俏江南、吴长江引入软银赛富和施耐德后被逼出雷士照明等。

对赌协议，又叫价值调整协议，它实际上是一种带有附加条件的价值评估方式，“是 PE、VC 投资的潜规则”，是投资方与融资方在达成协议时，双方对未来不确定情况的一种约定。如果触发约定的条件，投资方可以行使一种权利；如果约定的条件不出现，融资方则行使一种权利。所以对赌协议实际上就是期权的一种形式，也是融资方给投资方服用的一剂“安慰剂”，有助于争取到更多的投资入场。

正是由于期权属性，从上市审核角度出发，对赌协议对上市主体的影响体现在以下几个方面：

（1）影响股权的稳定性。由于对赌协议中包含投资方行权的可能，而行权的价格往往较低甚至免费，因此会损害原有股东的权利，从而影响股权的稳定性。

（2）影响公司的控制权。触发对赌协议后投资方有可能要求获取更多的股权，也有可能要求增加董事的席位，无论如何，都有可能影响公司原有股权架构下的控制权。

（3）影响公司的现金流量。在股权回购的对赌条款下，回购资金的需求往往会诱发原股东的违法违规行为，从而影响公司的现金流。

无论是出现上述哪种情况，还是为了避免触发对赌条款，从而追求企业的超常规发展，都有可能损害公司的健康发展，影响公司的持续经营能力。因此，证监会对于拟上市公司的对赌协议是限制的。

一般的对赌协议具有如下条款：

（一）业绩对赌

业绩对赌是对赌协议的核心要义，是指被投公司在约定期间能否实现承诺的财务业绩。因为业绩是估值的直接依据，被投公司想获得高估值，就必须以高业绩为保障，通常以“净利润”为对赌标的。

比如，2020 年 5 月撤回上市申请的公司 A，在 2021 年年初引入 PE 机构签订协议时，大股东承诺 2021 年净利润不低于 5500 万元，且 2022 年度和 2023 年度净利润同比增长率均达到 25% 以上。结果是，A 公司在 2021 年年底向证监会提交上市申请，PE 机构在 2021 年 11 月就以 A 公司预测 2021 年业绩未兑现承诺为由要求大股东进行业绩赔偿。

另一家日前刚拿到发行批文的公司 B，曾于 2019 年引进 PE 机构，承诺 2019—2021 年净利润分别达到 4200 万元、5800 万元和 8000 万元。最终 B 公司 2020 年和 2021 年归属母公司股东净利润仅为 1680 万元、3600 万元。

业绩赔偿的方式通常有两种：一种是赔股份，另一种是赔钱，后者较为普遍。

业绩赔偿公式：

T1 年度补偿款金额 = 投资方投资总额 ×（1 - 公司 T1 年度实际净利润/公司 T1 年度承诺净利润）

T2 年度补偿款金额 =（投资方投资总额 - 投资方 T1 年度已实际获得的补偿款金额）×［1 - 公司 T2 年度实际净利润/公司 T1 年度实际净利润 ×（1 + 公司承诺 T2 年度同比增长率）］

T3 年度补偿款金额 =（投资方投资总额 - 投资方 T1 年度和 T2 年度已实际获得的补偿款金额合计数）×［1 - 公司 T3 年度实际净利润/公司 T2 年度实际净利润 ×（1 + 公司承诺 T3 年度同比增长率）］

案例参考 3 -5：华谊兄弟收购浙江东阳美拉

2015 年 11 月，上市公司华谊兄弟以 10.5 亿元现金收购浙江东阳美拉 70% 的股权，双方签署 5 年总计 6.75 亿元业绩承诺的对赌协议。

当时东阳美拉刚成立 2 个月，一直没有好作品，除了“冯小刚”这笔无形资产，其实就是“空壳公司”。东阳美拉设立时的股权结构：冯小刚 99%，陆国强 1%；华谊兄弟收购后的股权构成：华谊兄弟 70%，冯小刚 30%。

对赌内容是，股权转让后（2015 年 11 月）至 2020 年 12 月 31 日，东阳美拉要完成业绩目标，否则冯小刚等两名股东要用现金补足差额。

据此协议，东阳美拉 2017 年净利润要达到 1.15 亿元，而其 2017 年上半年净利润仅 2700 多万元，所以才有媒体称，《芳华》至少 7 亿票房才能过关。

实际上，该协议本质是用 10.5 亿元代价绑定“冯小刚 IP” 5 年，因为按照协议，就算东阳美拉 5 年 0 净利润，冯小刚方也稳赚 3.75 亿元。

协议签订后，冯小刚连续拍了《我不是潘金莲》《芳华》……票房达到预期。

（二）上市时间

关于上市时间的约定，即赌的是被投公司在约定时间内能否上市，上市时间的约定一般是股份回购的约定，比如约定好2~3年上市，如果不能上市，就回购股份，或者赔一笔钱，通常以回购的方式。但现在人们对这种方式持谨慎态度，因为上市时间通常不是公司大股东所能决定的。

公司一旦进入上市程序，监管层认为对赌协议中影响公司股权稳定和经营业绩等方面的协议须解除。但是，解除对赌协议对于PE、VC来说不保险（放心保），公司现在只是报了材料，万一不能通过证监会审核怎么办？所以很多PE、VC又会想办法，表面上递一份材料给证监会表示对赌解除，私下又会跟公司再签一份有条件恢复协议，如果将来没有成功上市，那之前的对赌协议要继续完成。

案例参考3-6：俏江南与鼎晖创投对赌协议

2008年9月30日，俏江南与鼎晖创投签署增资协议，鼎晖创投注资约2亿元人民币，占有俏江南10.526%的股权。

俏江南与鼎晖创投签署的投资条款中也有“上市时间”的对赌协议：如果非鼎晖方面原因，造成俏江南无法在2012年年底上市，鼎晖创投则有权以回购方式退出俏江南。2012年年底是当初双方约定上市的最后期限。俏江南如果无法在2012年年底上市，其结果是创始人张兰将面临失去控制权的风险。

2012年年底，证监会披露IPO申请终止的审查名单中俏江南在其中，A股上市之路止步了。虽然俏江南被迫又转战港股，但仍未修成正果，按照对赌协议，张兰最终失去俏江南控制权。

（三）非财务业绩

与财务业绩相对，对赌标的还可以是非财务业绩，包括KPI、用户人数、产量、产品销售量、技术研发等。

一般来说，对赌标的不宜太细，也不宜太过准确，最好能有一定的弹性空间，否则公司会为达成业绩做一些短视行为。所以公司可以要求在对赌协议中加入更多柔性条款，而多方面的非财务业绩标的可以让协议更加均衡可控，如财务绩效、企业行为、管理层等多方面指标。

（四）关联交易

该条款是指被投公司在约定期间若发生不符合章程规定的关联交易，公司或大股东须按关联交易额的一定比例向投资方赔偿损失。若公司发生不符合公司章程规定的关联交易，大股东需按关联交易额的10%向PE、VC赔偿损失。

其实关联交易限制主要是防止利益输送、财务造假，但是对赌协议中的业绩补偿行为也存在利益输送的可能。

（五）债权和债务

该条款是指若公司未向投资方披露对外担保、债务等，在实际发生赔付后，投资方有权要求公司或大股东赔偿。债权债务赔偿 = 公司承担债务和责任的实际赔付总额 × 投资方持股比例。

（六）竞业限制

公司上市或被并购前，大股东不得通过其他公司或其关联方以其他任何方式从事与公司业务相竞争的业务。

“竞业限制”是100%要签订的条款。竞业限制除规定创始人不能在公司外以其他任何方式从事与公司业务相竞争的业务外，还规定了另外两种情况：一是投资方会要求创始人几年不能离职，如果离职，几年内不能做同业的工作，这是对中高管的限制；二是投资方要考察被投公司创始人之前是否有未到期的竞业禁止条款。

（七）股权转让限制

该条款是对约定任一方的股权转让设置一定条件，当条件达到时方可进行股权转让。如果大股东要卖股份，这是很敏感的事情，或者不看好公司，或者想转移某些利益，这是很严重的事情。当然也有可能是公司要被收购了，大家一起卖。还有一种情况是公司要被收购了，出价很高，投资人和创始人都很满意，但创始人有好几个人，其中有一个就是不想卖，这时就涉及另外一个条款——领售权，会约定大部分股东如果同意卖是可以卖的。

但这里应注意的是，投资协议中的股权转让限制约定对于被限制方而言仅为合同义务，被限制方擅自转让其股权后承担的是违约责任，并不能避免被投公司股东变更的事实。因此，通常会将股权转让限制条款写入公司章程，使其具有对抗第三方的效力。实践中，亦有案例通过原股东向投资人质押其股权的方式实现对原股东的股权转让限制。

（八）引进新投资者限制

将来新投资者认购公司股份的每股价格不能低于投资方认购时的价格，若低于之前的认购价格，投资方的认购价格将自动调整为新投资者认购价格，溢价部分折成公司相应股份。

（九）反稀释权

该条款是指在投资方之后进入的新投资者的等额投资所拥有的权益不得超过投资方，投资方的股权比例不会因为新投资者进入而降低。“反稀释权”与“引进新投资者限制”相似。这一条也是签订投资协议时的标准条款。但这里需要注意的是，在签订涉及股权变动的条款时，应审慎分析法律法规对股份变动的限制性规定。

（十）优先分红权

公司或大股东签订此条约后，每年公司的净利润要按 PE、VC 投资金额的一定比例，优先于其他股东分给 PE、VC 红利。

（十一）优先购股权

公司上市前若要增发股份，PE、VC 优先于其他股东认购增发的股份。

（十二）优先清算权

公司进行清算时，投资人有权优先于其他股东分配剩余财产。前述 A 公司的 PE、VC 机构就要求，若自己的优先清偿权因任何原因无法实际履行的，有权要求 A 公司大股东以现金补偿差价。此外，如果 A 公司被并购，且并购前的公司股东直接或间接持有并购后公司的表决权合计少于 50%；或者公司全部或超过其最近一期经审计净资产的 50% 被转让给第三方，这两种情况都被视为 A 公司清算、解散或结束营业。

上述三种优先权，均是将 PE、VC 所享有的权利放在了公司大股东之前，目的是让 PE、VC 的利益得到保障。

（十三）共同售股权

公司原股东向第三方出售其股权时，PE、VC 以同等条件根据其与原股东的股权比例向该第三方出售其股权，否则原股东不得向该第三方出售其股权。

此条款除限制了公司原股东的自由外，也为 PE、VC 增加了一条退出路径。

（十四）强卖权

即投资方在卖出其持有公司的股权时，要求原股东一同卖出股权。尤其需要警惕强卖权，因为其很可能导致公司大股东的控股权旁落他人。

（十五）一票否决权

投资方要求在公司股东会或董事会对特定决议事项享有一票否决权。这一权利只能在有限责任公司中实施，《中华人民共和国公司法》第四十二条规定，“有限责任公司的股东会会议由股东按照出资比例行使表决权，公司章程另有规定的除外”。股份有限公司则要求股东所持每一股份有一表决权，也就是“同股同权”。

（十六）管理层对赌

在某一对赌目标达不到时，由投资方获得被投公司的多数席位，增加其对公司经营管理的控制权。

（十七）回购承诺

公司在约定期间若违反约定相关内容，投资方可要求公司回购股份。

股份回购公式：

大股东支付的股份收购款项＝（投资方认购公司股份的总投资金额－投资方已获得的现金补偿）×（1＋投资天数/365×10%）－投资方已实际获得的公司分红

（十八）违约责任

任一方违约，违约方向守约方支付占实际投资额一定比例的违约金，并赔偿因其违约而造成的损失。上述A公司及其大股东同投资方签订的协议规定，若有任一方违约，违约方应向守约方支付实际投资额（股权认购款减去已补偿现金金额）10%的违约金，并赔偿因其违约而给守约方造成的实际损失。

六、签署正式投资协议及实施阶段

企业作为融资方一旦与投资方签署投资协议，接下来就是按相关协议执行，资金到位，启动运行，接受财务监督，保证资证安全，向投资方披露相关信息，如因突发事件或不可抗力因素导致不确定性风险，应第一时间通报投资方，共同协商解决具体问题，尽可能把风险降到最低。切不可有隐报、虚报甚至欺诈行为，以免影响合作关系导致终止投资等事件发生。

案例参考3－7：合肥又赌赢了，蔚来怎么赌输了呢?①

蔚来汽车是一家立足全球的智能电动汽车公司，致力于通过提供高性能的智能电动汽车与用户体验，为用户创造愉悦的生活方式，打造全球范围内的用户企业。2014年11月，蔚来汽车由李斌、刘强东、李想、腾讯、高瓴资本、顺为资本等深刻理解用户的顶尖互联网企业家与企业联合发起创立，并获得淡马锡、百度资本、红杉、厚朴、联想集团、华平、TPG、GIC、IDG、愉悦资本等数十家知名机构投资。蔚来汽车是立足全球的初创品牌，已在圣何塞、慕尼黑、伦敦、上海等13座城市设立了研发、设计、生产和商务机构，会聚了数千名世界顶级的汽车、软件和用户体验的行业人才。2016年11月21日，蔚来汽车在伦敦发布了英文品牌“NIO”、全新Logo、全球最快电动汽车EP9。2017年4月19日，蔚来汽车携11辆车亮相2017上海国际车展，这是蔚来品牌的中国首秀。

能完成从A轮到D轮的融资，说明资本对蔚来汽车是认可的，尽管创办8年没有实现盈利，并且已经亏掉了超过300亿元人民币（见图3－11、图3－12）。

2019年，蔚来汽车内外交困，让很多人开始质疑蔚来汽车是否还有未来。2020年，一度走投无路的蔚来汽车得到了合肥市政府抛出的“橄榄枝”。

2020年4月，合肥市政府向蔚来（中国）投资70亿元人民币，同时蔚来汽车也会将整车研发、供应链与制造、销售与服务、能源服务等核心业务放到合肥进行。但是，这70亿元投资不是合肥市政府白给蔚来汽车的，除股权以外，合肥市政府还和蔚来汽车签订了对赌协议。

根据IPO说明书披露的对赌条款，蔚来（中国）必须在2024年7月启动内地上市，如果2025年7月没有上市成功，就要回购。不过，此前披

① 来源：新浪财经网。

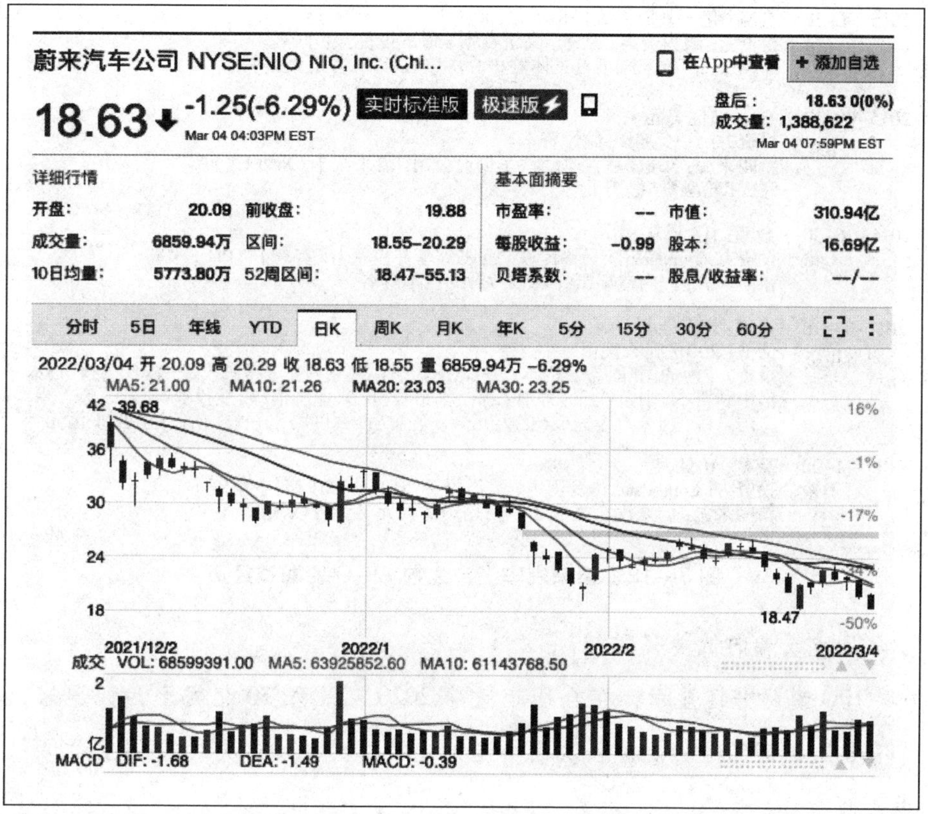

图 3－11 蔚来汽车的股价走势

露的对赌条款更加严格，要求“蔚来（中国）2020 年营收 148 亿元，2024 年营收 1200 亿元（上市 6～8 款车型），2020—2025 年总营收 4200 亿元，总税收 78 亿元，并且 2025 年前在科创板上市”。

按照蔚来汽车的实际情况，要完成营收 4200 亿元几乎是不可能的。蔚来汽车创始人李斌将面临的是，与合肥市政府的对赌基本输定了，到 2024 年 7 月只能给合肥市政府 40 亿元或者再赌合肥市政府不会退出。更关键的是，蔚来现在手头有 600 亿元左右可以用，但突然发现自己已经在中国电动车市场掉队，特斯拉已经一骑绝尘，后面从雷军到余承东，从丰田到上汽，对手一个比一个狠。如果继续这样下去，李斌只有两个选择：做一个

2015-06-17 A轮
· 金额：亿元及以上人民币
投资方：顺为资本、京东、高瓴资本、腾讯投资、易车网
新闻来源：蔚来汽车首家体验中心落户王府井，曾是奥迪展厅

2015-09-17 B轮
· 金额：5亿美元
投资方：红杉资本、愉悦资本
新闻来源：36氪短信-电动汽车创业公司“蔚来汽车（Next EV）”完成B轮融资5亿美元

2016-06-30 C轮
· 金额：1亿元人民币
投资方：Temasek(淡马锡)、联想创投、厚朴投资、汉富资本 TPG
新闻来源：国内造车疯狂烧钱背后的资本阵容

2017-03-16 战略投资
· 金额：6亿美元
估值：200亿元人民币
投资方：海通国际、今日资本、PSG IDG资本、高瓴资本、腾讯投资、TPG、君联资本、信中利资本、中金佳成、厚朴投资、华平投资、兴业国信、百度投资部
新闻来源：蔚来汽车完成6亿美元新一轮融资，百度腾讯领投，估值达到200亿元

2017-11-08 D轮
· 金额：10亿美元
投资方：Lone Pine 华夏资本、腾讯投资、Baillie Gifford、中信资本
新闻来源：蔚来汽车完成新一轮超10亿美元融资腾讯领投

图3－12　蔚来汽车上市之前A～D轮融资经历

小众品牌或者向低端突围。

IPO说明书还显示，在合肥市政府2020年注入70亿元之后，蔚来汽车分3次赎回了股份。第一次没有溢价，第二次、第三次共以70亿元人民币买回。

而现在合肥国资方面还有7.886%的股份。按照现在蔚来汽车363亿美元左右的市值，也可净赚180亿元。

公开数据显示，2016—2021年，蔚来汽车在资本市场的融资分别为22.64亿元、122.3亿元、76.10亿元、0亿元、346.1亿元、127亿元，共融资694.14亿元，加上2020年合肥市政府的70亿元以及上市之前的24亿美元，总共融资大约800亿元。

2016—2020年，蔚来汽车亏损额分别为25.73亿元、50.21亿元、96.39亿元、113亿元和53.04亿元，而2021年亏损20亿元左右，也就是说，蔚来汽车共亏损了358亿元。

蔚来汽车融资800亿元，亏损358亿元，曾经支付合肥国资70亿元赎回股份，手中握有600亿元左右的现金及等价物。

据港交所披露，蔚来汽车（NIO. N）宣布已通过香港交易所聆讯，蔚来集团申请一联席保荐人“介绍方式”上市登陆港交所，并发布了相关上市文件，A类普通股计划于2022年3月10日开始挂牌交易，股票代码为“9866”，联席保荐人为摩根士丹利、瑞信和中金公司。

所谓介绍上市，是指公司在上市前不需要实质上拿出股票向社会公众销售，而直接申请上市，只是申请获得将其证券在市场上挂牌买卖的资格，本身并不涉及即时资金的筹集，故无须在证券的销售方面作出任何安排。所以从本质上看，介绍上市和发行新股的不同之处在于：前者不会发行新股，也不涉及融资，自然也不会筹资新的资金，股东份额也不会被稀释。

根据港交所的规定，介绍上市分为三种形式：

第一种是申请上市的证券已在一家证券交易所上市，争取在另一家交易所上市，或为同一交易所的“转板上市”。

第二种是“分拆上市”，即发行人的证券由一名上市发行人以实物方式分派给其股东或另一上市发行人的股东。

第三种方式则为换股上市，即由海外发行人发行证券，以交换一名或多名香港上市发行人的证券，而该等香港发行人的上市地位在海外发行人的证券上市的同时将被撤销。

介绍上市的优点：

介绍上市可以将企业融资和证券上市在时间上分开，给企业以更大的灵活性。比如，有些企业有分拆上市的需求，但暂时没有融资需求。因为按照不同的业务分拆上市有利于减少关联交易，使单个业务获得独立发展的平台，这样对原有股东是有利的。因为它避免了发行新股时产生的摊薄效应，也方便投资者对公司证券进行准确估值。

尽管企业有融资需求，但上市时可能融资环境相当恶劣，此时有条件的企业可先介绍上市，等市场环境好转时再进行融资。实际上，境内资本市场也曾出现过类似的模式。

介绍上市的缺点：

对于公司来说，集资是上市的一大目的。通过介绍形式上市，并不能为公司带来新资金，并且由于没有公开集资，媒体报道消息没有 IPO 那么积极，使得公司受到的市场关注度较低，宣传效果较弱。

既然介绍上市不能为企业带来新资金，那么，蔚来汽车与合肥市政府签订的对赌协议又有何意义呢？这种对赌协议所带来的后遗症是很难消除的。

第四节 企业估值与定价

市场即战场，做生意难免讨价还价，我们讲企业估值与定价，其实就是问你的企业值不值钱，值多少钱，也就是交易出手价格，投资人是否接受这个价格，有没有附带条件，价格战从来没有想象的那么绅士和含蓄。谈判桌上谈什么？谈价格。

企业在融资时，如果是以企业为融资主体，需要做的一件重要事情就是弄清楚自己的企业值多少钱，只有心中有数才能在谈判桌上游刃有余、进退自如。企业估值与定价是谈判时彼此手中掂量的筹码，高或低是谈判艺术。企业事前可以聘请专业的财务机构来完成企业价值评估，也可以先自我评估一个基础值再请专业机构加以修正。

* * 企业估值是有技术含量的，别把算法搞错了。

一、估值方法

从企业资产结构分析选择什么样的估值方法比较适合，企业家并不一定都明白，有许多估值方法，如图 3 – 13 所示。

从表面上看，图 3 – 13 中的估值方法都是有道理的，但是我们该如何去量化这些指标，得到一个价值数据呢？大多数人可能并不清楚。

按照企业资产结构，我们把它分为货币、固定资产、无形资产、在途资金等，企业价值评估模式分为重置成本法（资产基础法）、收益法、现行市价法（市场比较法）、现金净现值法、市销率法等。

（一）重置成本法（资产基础法）

所谓重置成本法（资产基础法），就是在现实条件下重新购置或建造一个全新状态的评估对象，是将所需的全部成本减去评估对象的实体性陈旧贬值、功能性陈旧贬值和经济性陈旧贬值后得到的差额，作为评估对象现实价值的一种评估方法。

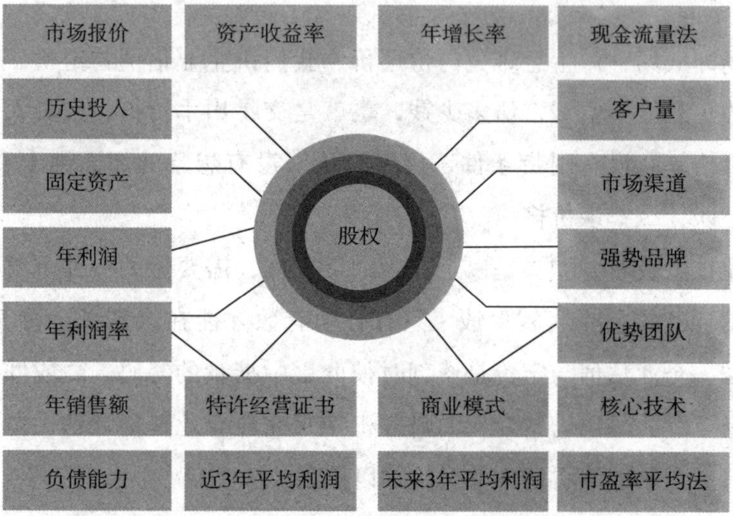

图 3－13　20 种常见的估值方法

重置成本法的基本公式为：

评估价值＝重置成本－实体性贬值－功能性贬值－经济性贬值

（二）收益法

收益法也称收益资本化法、收益还原法，是房地产评估中常用的方法之一。收益法是预计估价对象未来的正常净收益，选择适当的报酬率或资本化率、收益乘数将其折现到估价时点后累加，以此估算估价对象的客观合理价格或价值，预测估价对象的未来收益，然后利用报酬率或资本化率、收益乘数将其转换为价值来求取估价对象的价值的方法。

收益法的本质是以房地产的预期收益能力为导向求取估价对象的价值。

收益法的雏形是用若干年的年地租（或若干倍的土地年收益）来表示

土地价值的早期购买年法。

企业价值评估中的收益法，是指通过将被评估企业预期收益资本化或折现以确定评估对象价值的评估思路。

收益法中常用的两种具体方法是收益资本化法和未来收益折现法。

净收益每年不变，收益为有限年期的公式为：

$$V=\frac{a}{r}\left[1-\frac{1}{(1+r)^{n}}\right]$$

其中，V——房地产价格；

a——房地产年净收益；

r——折现率；

n——剩余收益年期。

（三）现行市价法（市场比较法）

现行市价法也称市场比较法，是指根据目前公开市场上与被评估资产相似的或可比的参照物的价格来确定被评估资产的价格。

现行市价法是一种简单、有效的方法，这是因为评估过程中的资料来源于市场，同时又是为即将发生的资产行为估价。

基本公式为：

用比较法评估土地价格用以下公式：

$$V=\mathrm{VB}\times A\times B\times D\times E$$

其中，V——待估宗地价格；

VB——比较实例价格；

A——待估宗地情况指数/比较实例宗地情况指数＝正常情况指数/比较实例宗地情况指数；

B——待估宗地估价期日地价指数/比较实例宗地交易日期地价指数；

D——待估宗地区域因素条件指数/比较实例宗地区域因素条件指数；

E——待估宗地个别因素条件指数/比较实例宗地个别因素条件指数。

（四）现金净现值法

现金净现值法是指把项目在整个寿命期内的净现金流量按预定的目标收益率全部换算为等值的现值之和。净现值之和等于所有现金流入的现值与所有现金流出的现值的代数和。

现金净现值法是评价投资方案的一种方法。该方法是利用净现金效益量的总现值与净现金投资量算出净现值，然后根据净现值的大小来评价投资方案。净现值为正值，投资方案是可以接受的；净现值是负值，投资方案就是不可接受的。净现值越大，投资方案越好。现金净现值法是一种既科学又简便的投资方案评价方法。

基本公式为：

净现值 = 未来报酬总现值 - 建设投资总额

$$NPV = \sum_{t=1}^{n} \frac{NFC(t)}{(1+K)^t} - I$$

其中，NPV——净现值；

NFC（t）——第 t 年的现金净流量；

K——折现率；

I——初始投资额；

n——项目预计使用年限。

（五）市销率（PS）法

总市值 = 主营业务收入 × PS，或者 PS = 股价除以每股销售额。市销率越低，说明该公司股票目前的投资价值越大。

收入分析是评估企业经营前景至关重要的一步。没有销售，就不可能有收益。这也是近 2 年在国际资本市场新兴起来的市场比率，主要用于创业板的企业或高科技企业。在纳斯达克市场上市的公司不要求有盈利业绩，因此无法用市盈率对股票投资的价值或风险进行判断，但是用该指标可以进行评判。同时，在国内证券市场运用这一指标来选股可以剔除那些市盈率较低但主营又没有核心竞争力而主要是依靠非经常性损益而增加利润的股票（上市公司）。因此，该项指标既有助于考察公司收益基础的稳定性和可靠性，又能有效把握其收益的质量水平。

市销率法主要适用于销售成本率较低的服务类企业，或者销售成本率趋同的传统行业的企业。

优点：

（1）它不会出现负值，对于亏损企业和资不抵债的企业，也可以计算出一个有意义的价值乘数；

（2）它比较稳定、可靠，不容易被操纵；

（3）收入乘数对价格政策和企业战略变化较敏感，可以反映这种变化的后果。

缺点：

（1）不能反映成本的变化，而成本是影响企业现金流量和价值的重要因素之一；

（2）只能用于同行业对比，不同行业的市销率对比没有意义；

（3）目前上市公司关联销售较多，该指标也不能剔除关联销售的影响。

* * 互联网公司到底该如何估值?

梅特卡夫定律告诉我们互联网企业的价值与用户数的平方成正比，用户数越多，企业的价值越大。Facebook、腾讯的营业收入和 MAU 已经验证了梅特卡夫定律的有效性。

互联网企业的价值取决于其用户数、节点距离、变现能力和垄断溢价。其中，用户数的影响力最大。

网络的价值不仅和节点数有关，也和节点之间的距离有关。网络节点之间的距离由科技进步和基础设施建设外生因素和网络的内容、商业模式等内生因素共同决定。

互联网是开放的，但并不平等。互联网的一个重要特征就是“赢者通吃”。梅特卡夫定律告诉我们，网络的价值与用户数的平方成正比，这意味着用户数相差不多会导致网络价值相差很多。进一步地，落后者未来获得新用户、新资源的机会都比领先者要小。梅特卡夫定律加剧了互联网的马太效应。因此，投资者往往会极为重视互联网企业的行业地位，他们会愿意付出高溢价来购买领先者的股权。

根据梅特卡夫定律，国泰君安推出了互联网公司估值框架：$V=K\times P\times N^2/R^2$。$V$ 是互联网企业的价值，K 是变现因子，P 是溢价率系数（取决于企业在行业中的地位），N 是网络的用户数，R 是网络节点之间的距离。

在对互联网企业进行分析时，需要进一步对其成长空间进行评判。太过狭小的市场（利基市场）很难兑现投资者对成长股的高预期。

一个用户的价值与其所属网络的用户数成正比。我们发现电商的单用户价值最高，平均约 486 美元/人。国内的电商中展现出明显的“赢者通吃”倾向。电商企业的价值验证了每个用户的价值与其网络的用户数呈正相关。从社交、电商及金融企业的情况来看，中国互联网企业单用户价值仍有较大的提升空间。

＊＊定价是有讲究的，其中有哪些技巧?

二、定价方法

通常我们选择市盈率定价法、净资产定价法、现金流折现法定价。

（一）市盈率（PE）定价法

$P=E\times \mathrm{PE}$，E 是净利润，PE 是市盈率倍数，PE 决定价值。

市盈率定价法是目前常用的方法。

（二）净资产定价（PB）法

$P = BV \times PB$，BV 是账面净资产，PB 是市净率倍数。

净资产定价法是估值时的一个参照指标，尤其是针对重资产型的公司。

（三）现金流折现（DCF）法

预测公司未来自由现金流、资本成本，对公司未来自由现金流进行贴现，公司价值即未来现金流的现值。

此方法适用于较为成熟、偏后期的私有公司或上市公司。

任何估值方法都要考虑投资人的收益空间。任何估值结果都是双方商谈的结果。

三、案例参考

某公司注册资本1000 万元，净资产3000 万元，2021 年净利润1500 万元。按照5 倍市盈率融资，融资金额1000 万元。

问：公司融资1000 万元后：

1. 公司的价值是多少？

2. 注入的1000 万元所占股份比例是多少？

答案：

1. 5 倍市盈率是投资前的价值标准：

投资前价值：$1500 \times 5 = 7500$（万元）

投资后价值：$7500 + 1000 = 8500$（万元）

投资人投资1000 万元的股权比例为11.76%。

投资后 PE 是5.67 倍。

2. 5 倍市盈率是投资后的价值标准：

投资后价值：$1500 \times 5 = 7500$（万元）

投资前价值：7500 - 1000 = 6500（万元）

投资人投资 1000 万元的股权比例是 15.38%。

投资前 PE 是 4.33 倍。

投资人一般采用投资后价值，即投资多少，获得多少股权比例。

案例分析：

问题的关键是：5 倍市盈率是投资前还是投资后？

重点理解：

投资前价值（Pre - Money），即投资的资金进入前，公司的价值。

投资后价值（Post - Money），即投资的资金进入后，公司的价值。

投资后价值 = 投资前价值 + 投资金额。

＊＊价值修正方法对谁重要?

四、企业价值修正方法

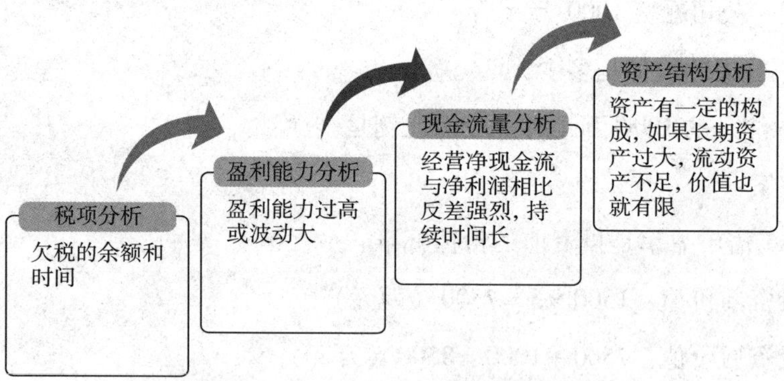

图 3-14　各分析方法的差异

（一）税项分析

运用税项分析法可了解企业收入与利润造假的可能性，如其是否有欠税的违规行为。

按照国务院部署，税务系统组织开展助力中小企业发展主题服务月活动。推进专精特新中小企业和“小巨人”企业“一户一档”服务措施落实，助力企业高质量发展。深化规范“银税互动”合作，试点在税务和银保监部门间实现数据直联，安全高效助力小微企业缓解融资难、融资贵问题。

（二）盈利能力分析

通过盈利能力分析可以判断企业是否具有持续经营能力，根据其收入的稳定性及主营业务收入的占比，预测给投资人带来的回报空间。

（三）现金流量分析

通过现金流量分析，可以判断企业利润结构及现金流状况，包括其偿债能力与资金安全。

（四）资产结构分析

从资产结构分析中，可以看出企业流动可变现的优质资产与存量闲置资产的比重，判断企业价值，如果有必要，也可以先进行资产重组，再考虑投融资。

以上四种方法，是企业价值修正方法中不可忽视的部分。

第四章

04

企业融资工具

按照传统的理论解释，融资工具，是指企业在融资过程中产生的证明债权债务关系的凭证。这种书面凭证反映了一定的信用关系，融通了贷借双方的货币余缺，因此融资工具也可称为信用工具或金融工具，它具有偿还期、流动性、安全性、收益性等特点。

专精特新中小企业进入高速发展期，资金短缺是常有的事情。上市融资固然好，但不是快钱。企业在上市前的融资途径和使用的融资工具也是多种多样的，有些机构投资者还专门盯着上市前的优质企业进行股权投资，希望一年左右能够获得上市公司股票而变现退出，实现超额回报。

即使暂时没有战略投资者进场，企业仍然可以通过信用工具或发行可转换债券或寻找私募股权投资基金等方式实现企业融资。

在第三章，我们了解了企业融资模式，本章探讨什么样的融资模式与融资工具相匹配，如图 4 –1 所示。

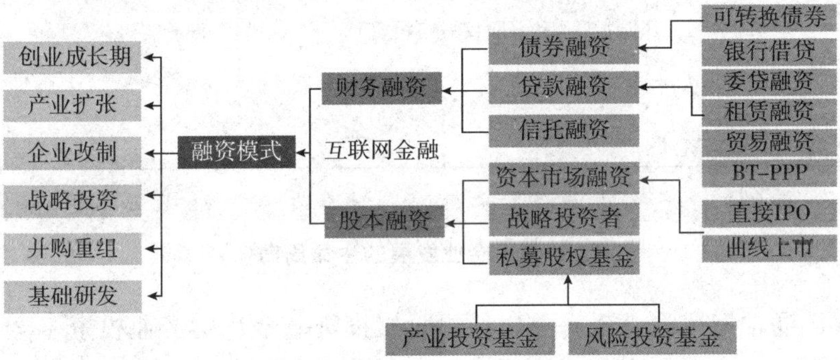

图 4 –1　企业融资模式与融资工具

从应用角度来看，上市前、上市后的融资工具并无本质区别，多数是共用的，只是融资方的企业身份不同，信用评级不同，在融资工具的选择上是存在差异的，上市公司与非上市公司在资本市场的吸引力、资本品牌价值是不同的，其风险控制、信息披露等方面的规范管理与要求也不同，所以我们有必要分析不同条件下融资工具的使用。

第一节　股权融资

从资金来源的角度划分，融资工具可分为股权融资与债权融资，根据企业发展的生命周期，在不同发展阶段要选择不同的融资工具与之相匹配。企业发展的生命周期如图4－2所示。

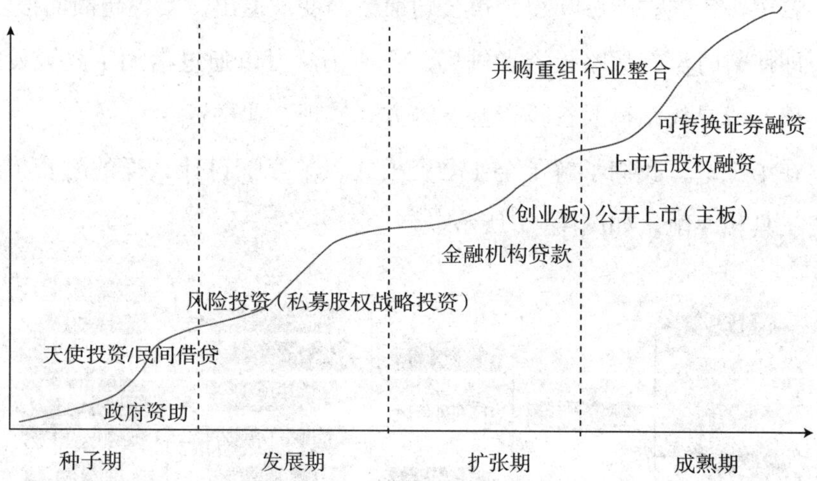

图4－2　企业发展的生命周期

我们通常把风险投资基金和私募股权投资基金称为产业投资基金，一般是指对具有高增长潜力的未上市企业进行股权或准股权投资，或者只投资不参与被投企业的经营管理，或者投资并参与投后管理，以期在所投资企业发育成熟后通过股权转让实现资本增值。

图4－3是基金分类架构，我们在此只讨论私募股权投资基金系列部分。

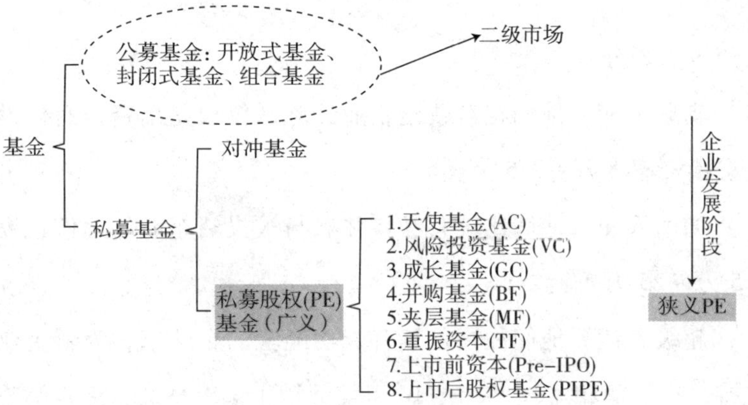

图4－3　基金分类架构

一、天使基金（AC）

天使投资（Angel Capital，AC），是投资于早期项目的包括种子期与孵化期引进的私募股权投资形式，一般是指富有的个人、亲戚、朋友出资帮助具有专门技术或独特概念的原创项目或小型初创企业的前期投资。

“天使投资”一词源于纽约百老汇，特指富人出资资助一些具有社会意义演出的公益行为。对于那些充满理想的演员来说，这些赞助者就像天使一样从天而降，使他们的美好理想变为现实。后来，天使投资被引申为一种对高风险、高收益的新兴企业的早期投资。相应地，这些进行投资的富人就被称为投资天使、商业天使、天使投资者或天使投资家，那些用于投资的资本就叫天使资本。

天使投资的特点：

（1）天使投资的金额一般较小（30万～300万元人民币），通常是一次性投入，是基于投资人的主观判断或者由个人的好恶决定。

（2）很多天使投资人本身是企业家，了解创业者面对的处境与困难。

（3）天使投资人不一定是亲人、朋友和其他投资人。

（4）天使投资人不但可以带来资金，还可以带来更多资源（包括网络资源）。

天使级别划分：

（1）支票天使。他们相对缺乏企业经验，仅仅是出资，而且投资额较小，每个投资案1万～2.5万美元；

（2）增值天使。他们比较有经验并参与被投资企业的运作，投资额也较大，5万～25万美元；

（3）超级天使。他们往往是具有成功经验的企业家，为新企业提供独到的支持，投资额相对较大，在10万美元以上。

在我国，为了支持创新创业的中小微企业发展，尤其是专精特新企业发展，政府主导发行的产业投资基金就包含有天使投资基金。

案例参考4－1：真格基金

真格基金创始人为徐小平，他是中国著名天使投资人，其在投资领域的骄人业绩包括：聚美优品、世纪佳缘、蜜芽、51talk、找钢网、野兽骑行、优客工场等，不少创业者因为天使徐小平改变命运，真格基金也成为他最闪亮的招牌。在投资方面，徐小平一直坚持早期风险投资，而且喜欢投一些冷门的项目。

二、风险投资基金（VC）

风险投资（Venture Capital，VC）。广义的风险投资泛指一切具有高风险、高潜在收益的投资；狭义的风险投资是指以高新技术为基础，生产与经营技术密集型产品的投资。根据美国全美风险投资协会的定义，风险投资是由职业金融家投入新兴的、迅速发展的、具有巨大竞争潜力的企业中的一种权益资本。

企业进入发展期、扩张期就会与风险投资基金打交道，因为这是吸引风险投资机构进场的最佳时期。

案例参考4-2：IDG资本

熊晓鸽，IDG资本全球董事长。

谁要是被熊晓鸽“看上”，谁就可能取得创业的第一步胜利，这位被誉为“中国引入高科技产业风险基金第一人”，以其独具慧眼的能力投资了百度、搜狐、腾讯和搜房等众多高科技企业。熊晓鸽成为最早将西方技术投资实践引入中国的人，由此拉开中国互联网辉煌的序幕，百度、搜狐、易趣、携程、当当、腾讯的背后，都有IDG的身影。

三、成长基金（GC）

成长型资本（Growth Capital，GC）比较偏向于已形成一定规模和产生稳定现金流的成型企业，这一点与VC有明显区别，企业通常需要有2~3年的经营记录，其商业模式、盈利模式和营销模式已经成型，有巨大的潜在市场和潜在的成长空间，并有令人信服的发展战略计划，成长基金投资期限较长，一般可达3~5年或更长，属于中长期投资。

案例参考4-3：鼎晖、中邮、嘉实成长基金

1. 鼎晖创新与成长基金

鼎晖创新与成长基金（VGC）是鼎晖投资旗下专注于创新与成长投资的基金，兼具创投（VC）的创新视野和成长（Growth）型投资的专业严谨，主要覆盖医疗健康、ToC新消费、ToB企业服务以及硬科技创新四大投资领域。创新与成长基金募资58亿元，投资了超过60家创新头部企业，代表项目包括先导药物、康立明、灵动科技、中通快运、京东物流、丰巢、小电科技、壹米滴答等，医疗健康是鼎晖VGC尤其倚重的板块。

2. 中邮成长基金

该基金定位于追求长期资本增值，通过重点投资于具有核心竞争力且能保持持续成长的行业和企业，在充分控制风险的前提下，分享我国经济

快速增长的成果，实现基金资产的长期稳定增值。

3. 嘉实成长基金

基金的投资目标和投资理念决定了该基金属于中低风险证券投资基金，该基金长期系统性风险控制目标为单位基金资产净值相对于基金业绩基准的β值不超过0.75。在此前提下，该基金通过合理配置基金在成长型资产类、收益型资产类和现金等大类资产之间的比例，努力实现股票市场上涨期间基金资产净值涨幅不低于上证A股指数涨幅的65%，股票市场下跌期间基金资产净值下跌幅度不超过上证A股指数跌幅的55%。

四、并购基金（BF）

并购资本包括投资与兼并（Merger）和收购（Acquisition）的资本。

兼并泛指两家或两家以上公司的合并，原公司的权利和义务由存续（或新设）公司承担，兼并具有两种形式：吸收合并和新设合并。

收购，是指一家企业购买另一家企业的资产、营业部门或股票，从而居于控制地位的交易行为，收购可分为资产收购和股份收购。根据并购的不同功能或并购涉及的产业组织特征，可以将并购分为三种基本类型（见图4-4）。

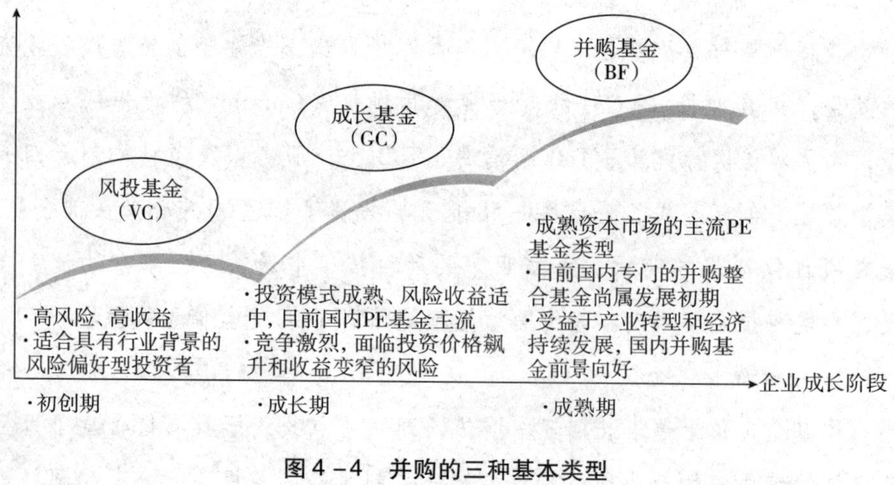

图4-4　并购的三种基本类型

并购基金（Buy out Fund，BF）属于私募股权基金（PE 基金）的一种，主要投资于成长期或成熟期的企业，有时也会选择投资于已上市的公司，并购基金的退出往往发生在企业完成一系列并购重组交易之后。

在成熟的资本市场，无论是上市公司还是非上市公司，每天都在发生并购事件，并购方几乎不会用自有资金去解决支付问题，一般都会借助第三方支付手段其中主要是并购基金来支付，上市公司既可以用并购基金，也可以通过发新股、定向增发或者发可转债等方式，用别人的钱解决自己的问题。

案例参考4－4：厚朴基金、KKR 和弘毅投资

1. 厚朴基金

厚朴基金是由高盛集团（Goldman Sachs Group Inc.）的中国合伙人方风雷创立的一家私募股权公司，管理着25 亿美元的资产，高盛集团和新加坡淡马锡控股（Temasek Holdings Pte. Ltd.）为该基金提供支持。

厚朴基金曾经投资了阿根廷最大的一家石油公司，购买了这家公司50%的股权，转手把这笔股份卖给了中海油，获利 215 亿元人民币。厚朴基金在中国著名的案例有：中粮集团收购蒙牛乳业，厚朴基金拿出 61 亿港元并购基金完成收购，并入股蒙牛企业；厚朴基金投资了 74 亿元人民币给雷军创建的小米科技。早期的厚朴基金从苏格兰皇家银行集团手中收购了价值约 4 亿美元的中国银行股份，这是厚朴基金首次投资上市公司。

2. KKR

世界上老牌的并购基金有“杠杆收购天王”——KKR 集团，中文译名为“科尔伯格·克拉维斯·罗伯茨”，它是世界金融史上最成功的产业投资机构之一，是全球历史最悠久、经验最丰富的私募股权投资机构之一。其巅峰之作是收购 RJR. Nabisco（当时美国的巨型公司之一），业务范围为烟草和食品，此案的成功让 KKR 为全世界所瞩目。

3. 弘毅投资

弘毅投资是一家以做并购投资为主的公司，其著名案例包括锦江、巨石、新奥、比萨玛尚诺等。弘毅投资专注于中国市场，围绕城镇化、消费升级两大主题，已在医疗健康、消费通路、文化传媒、高端制造、新能源等领域投资80多家企业。

五、夹层基金（MF）

"Mezzanine"一词在英文里的意思是"底楼与二楼之间的夹层楼面"，"夹层"的概念最早在华尔街被用于指代投资级债券与垃圾债券之间的债券等级。夹层融资（Mezzanine Finance，MF），是指在风险和回报方面介于是否确定于优先债务和股本融资之间的一种融资形式。目前主要应用于房地产企业融资、矿产资源类企业融资、大型企业并购方面。

夹层资本（Mezzanine Fund，MF）本质是长期无担保的债权类风险资本。当企业进行破产清算时，优先债务提供者首先得到清偿，其次是夹层资本提供者，最后是公司股东。

夹层基金是杠杆收购特别是管理层收购（MBO）中的一种融资来源，它提供的是介于股权与债权之间的资金，它的作用是填补一项收购在考虑了股权资金、普通债权资金之后仍然不足的收购资金缺口，其结构如图4－5所示。

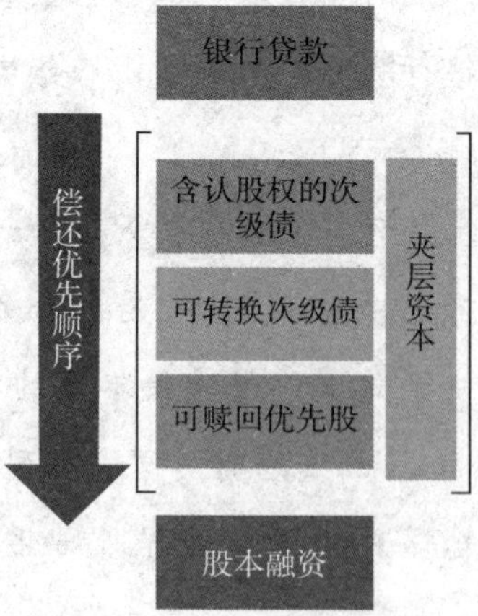

图4－5 夹层基金的结构

夹层资本的收益与回报如图 4-6 所示。

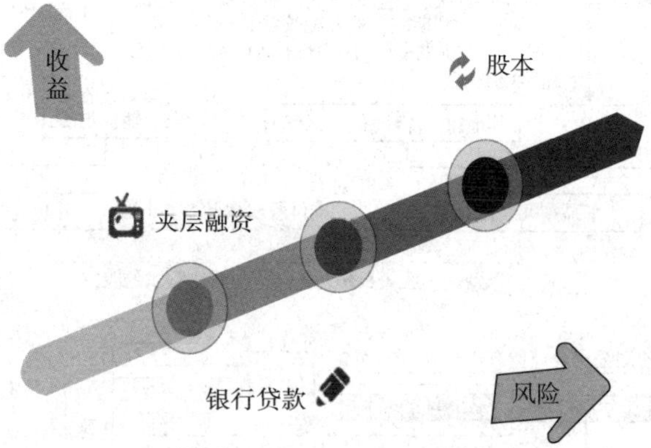

图 4-6 夹层资本的收益与回报

案例参考 4-5：开封制药、光大安石

1. 医药行业——开封制药并购

2. 地产行业——光大安石并购

图 4-7、图 4-8 是并购夹层基金收购案例，管理层收购的支付方式是全现金收购而非换股收购，所以收购融资至关重要。典型的 MBO 融资结构中，资金来源包括三个部分：

（1）购买价格的 10% 由管理层提供，这是并购完成后重组企业股本的资本。

（2）购买价格的 50% ~60% 由银行贷款提供，这是高级债权，以企业资产作抵押，由多家银行组成的银团贷款。

（3）购买价格的 30% ~40% 由夹层基金提供。

夹层基金本质是一种借贷资金，它提供资金和收回资金的方式与普通贷款是一致的，但在企业偿债顺序中位于银行贷款之后。因此在并购融资中，银行贷款等有抵押的融资方式属于高级债权，夹层基金属于次级债权。

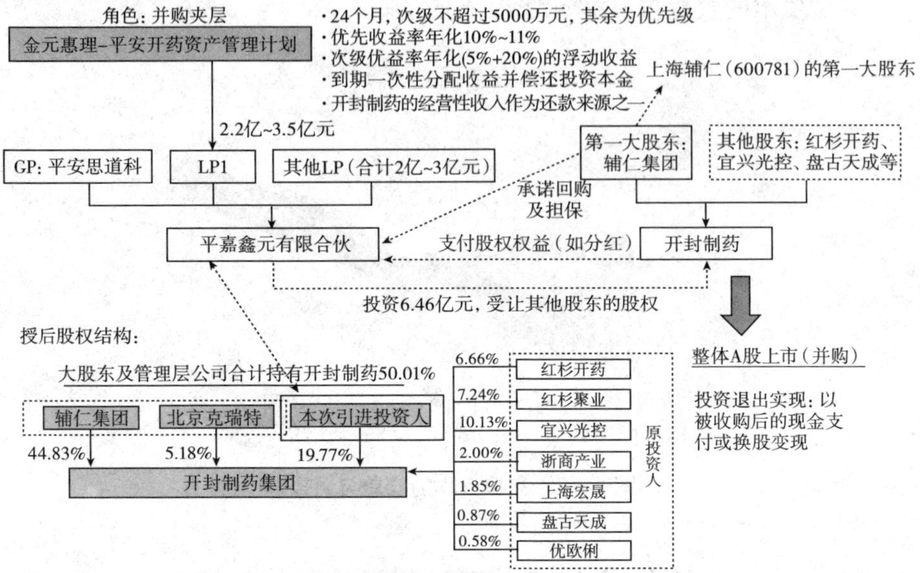

图 4－7　开封制药并购

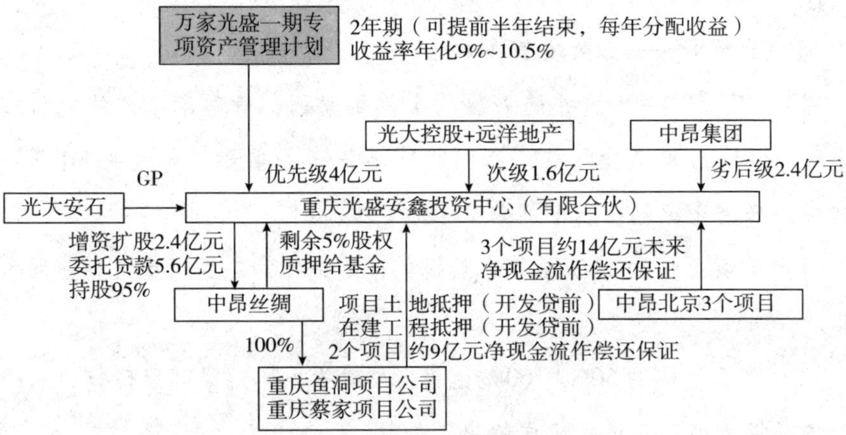

图 4－8　光大安石并购

六、重振资本（TF）

重振资本（Turnaround Financing，TF），是指向业绩不佳的企业投资，旨在改善企业的经营状况。这类企业一般属于传统行业，出现财务危机或者处于重组当中，但仍具有长期的市场生存能力重振资本的成功要素：

（1）企业具有核心的生存能力；

（2）重组的技巧和经验；

（3）重振的财务支持；

（4）重振的经营管理。

当金融危机来临时，很多质地很好的企业被冲击，甚至面临破产，这时引进重振资本来渡过难关是常用的手段，如海航集团的故事背后，就是政府在接管时加入重振资本，很快就让企业恢复生机。

案例参考 4－6：黑石集团收购蓝星集团

黑石集团出资 6 亿美元购入蓝星集团 20% 的股权，这是黑石集团对中国企业的首笔投资，也是早期私募股权投资基金在中国非金融类企业的最大一笔单笔投资。

七、上市前资本（Pre－IPO）

上市前资本（Pre－IPO），是指投资于企业上市之前，或预期企业可近期上市时，其退出方式一般为企业上市后，从公开资本市场出售股票退出。

该基金的投资具有风险小、回收快的优点，并且在企业股票受到投资者追崇的情况下，可以获得较高的投资回报。在美国、欧洲、中国香港等成熟资本市场上，已经有基金管理专注投资于上市前期企业规模较大的投资基金，如高盛、摩根士丹利等，在其投资组合中，Pre－IPO 投资也是重要的组成部分。

案例参考 4－7：腾旋科技、微崇半导体

1. 腾旋科技（430602）

腾旋科技是一家旋转接头生产制造商。已完成数千万元战略融资，由北京国发航空发动机产业投资基金中心独家投资。该轮融资顺利完成后，腾旋科技将在航空航天市场持续发力，重点发展航空航天与新能源市场，

并同步启动 Pre－IPO 轮融资，助推公司在资本市场实现跨越式发展。

腾旋科技是江苏省专精特新“小巨人”企业，行业地位突出。公司长期致力于密封与传动技术的研究，主持或参与国家（行业）产品标准 3 项，拥有有效专利 149 项，其中发明专利 20 项，近年获得全国机械密封行业、中国航空学会等科技进步奖。

2. 微崇半导体

微崇半导体已完成 Pre－A 轮融资，是一家半导体检测设备制造商，致力于研发先进的材料检测技术，生产先进的半导体前道检测设备。已完成数千万元 Pre－A 轮融资，由云启资本领投。

八、上市后股权基金（PIPE）

上市后股权基金（Private Investment in Public Equity，PIPE），是指投资于已上市公司股份的私募股权投资，是以市场价格的一定折价率购买上市公司股份以扩大公司资本的一种投资方式。

PIPE 投资分为传统型和结构型两种形式。

（1）传统型 PIPE 由发行人以设定价格向 PIPE 投资人发行优先股或普通股。

（2）结构型 PIPE 则是发行可转换为普通股或者优先股的可转债。

相较于二次发行等传统的融资手段，PIPE 的融资成本和融资效率相对较高，监管机构的审查较简单，而且不需要昂贵的路演成本，这使得获得资本的成本和时间都大大降低。PIPE 比较适合一些不希望应付传统股权融资复杂程序的、快速成长为中型企业的上市公司。国内主流的 PIPE 交易类型包括竞价定增、定价定增、协议转让等。

案例参考4-8：PIPE案例

（1）弘毅投资旗下北京弘毅贰零壹零股权投资中心（有限合伙）以12亿元认购苏宁电器溢价发行的非公开发行股票，价格为12.30元，认购数量9756万股。

（2）深国商公告拟向皇庭金融控股、皇庭投资、和瑞九鼎非公开发行股票，其中皇庭金融控股、皇庭投资为公司实际控制人控制的公司，和瑞九鼎属九鼎投资旗下，以战略投资者身份参与定增。

（3）秀强股份的控股股东——新星投资拟通过协议转让股份方式引进战略投资合作伙伴——蝶彩资管。预计在未来3个月内向蝶彩资管转让不超过其持有的秀强股份股票1000万股。蝶彩资管指定如意宝证券投资基金协议受让该部分股权。

第二节　债权融资

非上市企业经常使用的融资工具多为债权类，主要是受银行信贷或者民间金融机构支持，其融资渠道及融资成本相对不确定，所以企业会想尽一切办法去解决融资难、融资贵的问题，我们在此介绍几种企业通常可用的债权融资工具。

一、企业债券

企业债券一般是由中国具有法人资格的企业发行的债券。重点企业债券是由电力、冶金、有色金属、石油、化工等国家重点企业部门向企业、事业单位发行的债券；附息票企业债券是附有息票，期限为 5 年左右的中期债券；利随本清的存单式企业债券是平价发行，期限为 1 ~5 年，到期一次还本付息的债券。

各地企业发行的大多为产品配额企业债券，是由发行企业以本企业产品等价支付利息，到期偿还本金的债券；企业短期融资券是期限为 3 ~9 个月的短期债券，面向社会发行，以缓和银根抽紧造成的企业流动资金短缺的形势，这种债券发行后可以转让（见图 4 –9）。

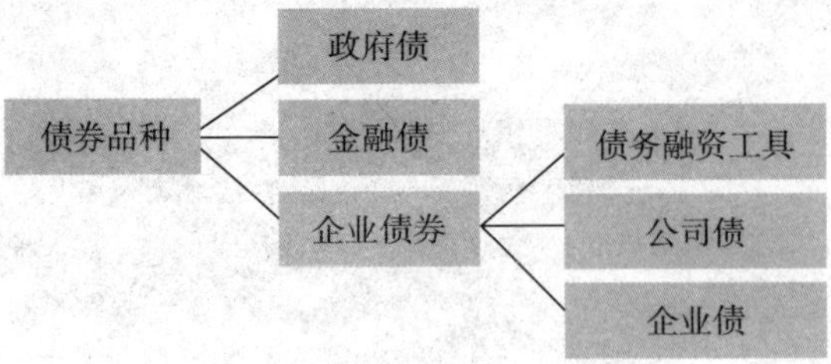

图 4 –9　企业债券融资种类

二、公司债券

公司债券，是指股份公司在一定时期内（如10年或20年）为追加资本而发行的借款凭证。对于持有人来说，它只是向公司提供贷款的证书，反映的只是一种普通的债权债务关系。持有人虽无权参与股份公司的管理活动，但每年可根据票面的规定向公司收取固定的利息，且收息顺序要先于股东分红，股份公司破产清理时亦可优先收回本金。公司债券期限较长，一般在10年以上，债券一旦到期，股份公司必须偿还本金，赎回债券。

《中华人民共和国公司法》第二条规定，“公司是指依照本法在中国境内设立的有限责任公司和股份有限公司”，第一百五十四条规定，“公司债券，是指公司依照法定程序发行、约定在一定期限还本付息的有价证券”。简单地说，公司债券就是有限责任公司和股份有限公司发行的债券。公司债券是公司外部融资的一种重要手段，是企业融资的重要来源，同时也是金融市场上的重要金融工具之一。公司债券按照债券本身情况来区分，就有是否记名、是否参加利润分配、是否可以提前赎回等方面的不同；按照发行目的划分，公司债券可以分为普通公司债券、改组公司债券、利息公司债券、延期公司债券；按照发行人是否给予持有人选择权的条件划分，就有附权和不附权的区别。公司债券可以转让，转让价格由转让人与受让人共同约定。公司债券在证券交易所上市交易的，按照证券交易所的交易规则转让。

《公司债券发行与交易管理办法》将原来限于境内证券交易所上市公司、发行境外上市外资股的境内股份有限公司的发行范围扩大至所有公司制法人。

三、短期融资券（短融，CP）

短期融资券（Commercial Paper，CP），是指企业在银行间债券市场发行（由国内各家银行购买，不向社会发行）和交易，并约定在1年期限内还本付息的有价证券。

申请条件：

（1）在中华人民共和国境内依法设立的企业法人；

（2）具有稳定的偿债资金来源，最近一个会计年度盈利；

（3）流动性良好，具有较强的到期偿债能力；

（4）发行融资券募集的资金用于该企业生产经营；

（5）近3年没有违法和重大违规行为；

（6）近3年发行的融资券没有延迟支付本息的情形；

（7）具有健全的内部管理体系和募集资金的使用偿付管理制度；

（8）中国人民银行规定的其他条件。

四、中期票据（中票，MTN）

中期票据（Medium - term Notes，MTN）通常是指期限在5～10年的票据。公司发行中期票据，通常会通过承办经理安排一种灵活的发行机制，通过单一发行计划，多次发行期限不同的票据，这样更能切合公司的融资需求。在欧洲货币（Eurocurrency）市场发行的中期票据，称为欧洲中期票据（EMTNs）。

特点与功能：

（1）中期票据可用于中长期流动资金、置换银行借款、项目建设等；

（2）中期票据的发行期限在1年以上；

（3）中期票据最大注册额度为企业净资产的40%；

（4）中期票据主要是信用发行，接受担保增信；

（5）发行体制比较市场化，发行审核方式为注册制，一次注册通过，在2年内可分次发行；

（6）发行定价比较市场化，中期票据的发行利率由当期市场利率水平决定。

五、中小企业集合票据（SMECN）

中小企业集合票据（Small and Medium - sized Enterprises Collect Notes，SMECN），是指2个（含）以上、10个（含）以下具有法人资格的企业，在银行间债券市场以统一产品设计、统一券种冠名、统一信用增进、统一发行注册方式共同发行的，约定在一定期限还本付息的债务融资工具。

其融资方式特点：

（1）注册：集合票据需在中国银行间市场交易商协会注册。

（2）金额：任一企业集合票据待偿还余额不得超过该企业净资产的40%；任一企业集合票据募集资金额不得超过2亿元人民币，单支集合票据注册金额不得超过10亿元人民币。

（3）期限：集合短期融资券期限不超过1年，集合中期票据期限不超过3年。

（4）担保：可采取多种担保方式，包括由主体信用评级为AA级及以上的担保公司承担连带保证责任、企业以其自有资产向担保机构提供抵押或质押等反担保。

六、超级短期融资券（超短融，SCP）

所谓超级短期融资券（Super & Short - term Commercial Paper，SCP），是指具有法人资格、信用评级较高（一般为中央AAA级企业）的非金融企业在银行间债券市场发行的，期限在270天（9个月）以内的短期融资券。

超级短期融资券试点范围包括9家大型国有企业，即国家电网公司、中国南方电网有限责任公司、中国石油天然气集团公司、中国石油化工股份有限公司、中国海洋石油总公司、神华集团有限责任公司、中国电信集团公司、中国联通集团及中国移动有限公司。

七、非公开定向发行债务融资工具（PPN）

非公开定向发行债务融资工具（Private Placement Notes，PPN），是指具有法人资格的非金融企业，向银行间市场特定机构投资人发行债务融资工具，并在特定机构投资人范围内流通转让的行为。

在银行间债券市场以非公开定向发行方式发行的债务融资工具称为非公开定向发行债务融资工具。

非公开定向发行债务融资工具是向特定数量的投资人发行的债务融资工具，并限定在特定投资人范围内流通转让。其发行方式具有灵活性强、发行相对便利、信息披露要求相对简化、适合投资者个性化需求、有限度流通等特点。

八、资产支持票据（ABN）

资产支持票据（Asset - Backed medium Notes，ABN），是指由银行业金融机构作为发起机构，将信贷资产信托给受托机构，由受托机构发行的、以该财产所产生的现金支付其收益的受益证券。资产支持证券就是由特定目的信托受托机构发行的、代表特定目的的信托的信托受益权份额，其实际上是一种融资手段。

发起机构应具备以下条件：

（1）信贷资产证券化发起机构，是指通过设立特定目的信托转让信托资产的金融机构。

（2）银行业金融机构作为信贷资产证券化发起机构，通过设立特定目的信托转让信贷资产，应具备以下条件：

一是具有良好的社会信誉和经营业绩，最近 3 年内没有重大违法、违规行为；二是具有良好的公司治理、风险管理体系和内部控制。

九、绿色债券

所谓绿色债券，是以环保为主题的债券，是专门为风力发电场和净水系统等气候友好项目融资的金融工具。首批5亿美元绿色债券一上市，投资者们便趋之若鹜，需求量是供应量的3倍之多，达到18亿美元。中国农业银行在伦敦证券交易所发行中资金融机构首单绿色债券，并与伦敦证券交易所集团签署《绿色金融合作备忘录》，开启中英绿色金融合作。随着中国金融市场日渐成熟，债券将成为重要的融资工具，这对于金融和经济政策问题以及环境问题都具有深远意义，因为它增加了利用债券市场使中国向低碳/绿色经济转型的融资机会。其特点如下：

（1）明确绿色项目的界定；

（2）限定绿色债券募集资金用途；

（3）加强绿色债券的款项管理；

（4）增加绿色债券的第三方认证；

（5）灵活设计绿色债券的结构。

绿色债券是指募集资金主要用于支持节能减排技术改造、绿色城镇化、能源清洁高效利用、新能源开发利用、循环经济发展、水资源节约和非常规水资源开发利用、污染防治、生态农林业、节能环保产业、低碳产业、生态文明先行示范实验、低碳试点示范等绿色循环低碳发展项目的企业债券。现阶段支持重点为：

（1）节能减排技术改造项目。包括燃煤电厂超低排放和节能改造，以及余热暖民等余热余压利用、燃煤锅炉节能环保提升改造、电机系统能效提升、企业能效综合提升、绿色照明等项目。

（2）绿色城镇化项目。包括绿色建筑发展、建筑工业化、既有建筑节能改造、海绵城市建设、智慧城市建设、智能电网建设等项目。

（3）能源清洁高效利用项目。包括煤炭、石油等能源的高效清洁化利用等项目。

（4）新能源开发利用项目。包括水能、风能、核能、太阳能、生物质能、地热、浅层地温能、海洋能、空气能等开发利用项目。

（5）循环经济发展项目。包括产业园区循环化改造、废弃物资源化利用、农业循环经济、再制造产业等项目。

（6）水资源节约和非常规水资源开发利用项目。包括节水改造、海水（苦咸水）淡化、中水利用等项目。

（7）污染防治项目。包括污水、垃圾等环境基础设施建设，大气、水、土壤等突出环境问题治理，危险废物、医疗废物、工业尾矿等处理处置。

（8）生态农林业项目。包括发展有机农业、生态农业以及特色经济林、林下经济、森林旅游等林产业。

（9）节能环保产业项目。包括节能环保重大装备、技术产业化，合同能源管理，节能环保产业基地（园区）建设等项目。

（10）低碳产业项目。包括国家重点推广的低碳技术及相关装备的产业化，低碳产品生产项目，低碳服务相关建设项目等。

（11）生态文明先行示范实验项目。包括生态文明先行示范区的资源节约、循环经济发展、环境保护、生态建设等项目。

（12）低碳试点示范等绿色循环低碳发展项目。包括低碳省（市）试点、低碳城（镇）试点、低碳社区试点、低碳园区试点的低碳能源、低碳工业、低碳交通、低碳建筑等低碳基础设施建设及碳管理平台建设项目。

根据实际情况，适时调整可采用市场化方式融资的绿色项目和绿色债券支持的范围，并继续创新推出绿色发展领域新的债券品种。

十、可转换债券

可转换债券是债券的一种，可以转换为债券发行公司的股票，通常具有较低的票面利率。从本质上讲，可转换债券是在发行公司债券的基础上附加了一份期权，允许购买人在规定的时间范围内将其购买的债券转换成指定公司的股票。

十一、ABS 融资模式

ABS 融资模式（Asset Backed Securitization，ABS）以项目所属资产为支撑的证券化融资方式，即以项目所拥有的资产为基础，以项目资产可以带来的预期收益为保证，通过在资本市场发行债券来募集资金的一种项目融资方式。

ABS 融资模式的特点：

（1）ABS 融资模式的最大优势是通过在国际市场上发行债券筹集资金，债券利率一般较低，筹资成本较低。

（2）通过证券市场发行债券筹集资金，是 ABS 不同于其他项目融资方式的一个显著特点。

（3）ABS 融资模式隔断了项目原始权益人自身的风险，使其清偿债券本息的资金仅与项目资产的未来现金收入有关，加之在国际市场上发行债券是由众多的投资者购买，从而分散了投资风险。

（4）ABS 融资模式是通过 SPV 发行高档债券筹集资金，这种负债不反映在原始权益人自身的资产负债表上，从而避免了原始权益人资产质量的限制。

（5）作为证券化项目融资方式的 ABS，由于采取了利用 SPV 增加信用等级的措施，能够进入国际高档证券市场，发行那些易于销售、转让以及贴现能力强的高档债券。

（6）由于 ABS 融资模式是在高档证券市场上筹资，其接触的多为国际一流的证券机构，因此有利于培养东道国在国际项目融资方面的专门人才，也有利于国内证券市场的规范。

十二、不动产投资信托基金（REITs）

不动产投资信托基金（Real Estate Investment Trust，REITs），其实际上是一种证券化的产业投资基金，通过发行股票（基金单位），集合公众投资者资金，由专门机构经营管理，通过多元化的投资，选择不同地区、不同类型的房地产项目进行投资组合，在有效降低风险的同时将出租不动产所产生的收入以派息的方式分配给股东，从而使投资人获取长期稳定的投资收益。

REITs 有以下特点：

（1）收益主要来源于租金收入和房地产升值；

（2）收益的大部分将用于发放分红；

（3）REITs 长期回报率较高，与股市、债市的相关性较低。

截至2020年年末，美国 REITs 总规模达3.5万亿美元，其中公募 REITs 规模达2.5万亿美元，REITs 的潜在市场非常大。未来10年内，我国信贷资产证券化、企业 ABS/ABN、REITs 的总规模预计将会增至5万亿～100万亿元。

国内试点的基础设施公募 REITs，是指依法向社会投资者公开募集资金形成基金财产，通过基础设施资产支持证券等特殊目的载体持有基础设施项目，由基金管理人等主动管理、运营上述基础设施项目，并将产生的绝大部分收益分配给投资者的标准化金融产品。首批基础设施公募 REITs 底层资产包括产业园区、仓储物流、桥梁公路、污染治理及水电气热。

（一）设立公募 REITs 的意义何在？

1. REITs 直接融资可以促进基础设施建设和房地产行业结构优化

传统的基础设施建设和房地产开发以信贷、债券融资为主，在较高的负债成本之下，不动产企业通常采取高周转率的开发—销售模式，通过提高资产周转效率来维持利润率。这种“短平快”的经营模式难以提高项目的运营水平，而且无法获得长期运营持有物业所获得的资产升值。在市场发展初期，这种模式可以快速扩大公司的规模。但是在存量市场结构优化的时期，不动产企业需要向长期的持有—运营模式转型。

REITs 的出现，可以解决不动产企业长期持有运营所需要的资金。同时企业融资由债务融资转变为权益融资，可以减少企业债务融资所带来的财务成本。不动产企业向持有—运营模式转型将提升不动产运营水平。长期资金的导入也可促使企业不再关注短期行为，而是将注意力转移到经营模式和投资结构的优化，提升企业的整体竞争力。

2. REITs 有助于盘活海量存量资产，为基础设施投资提供退出渠道，降低宏观杠杆率

我国基础设施建设和房地产投资长期依赖债务融资，地方政府和房地产企业的高杠杆行为加剧了债务风险的聚集。基础设施 REITs 的推出，可以为海量存量资产提供交易市场。通过市场化的方式为基础设施资产进行定价。一方面可以提升存量资产的流动性，盘活存量资产。为地方政府和不动产运营商提供退出渠道，降低其杠杆水平。通过公开募集，实现风险在整个经济体系的分散。另一方面可以通过市场化定价，为投资提供参考，提升资金的利用效率。

3. REITs 将作为大类资产，为资产管理市场提供新的供给

随着我国居民收入的增多，我国资产管理市场规模也随之持续扩容，2008—2017 年增长近 19 倍。2017 年，我国资产管理市场规模达 109 亿元。2018 年以后受监管政策压缩非标产品规模的影响，资产管理市场规模有所收缩。从投资标的来看，资产管理市场现在已经形成了覆盖权益、债券、货币市场、黄金、商品等主要大类资产的产品体系。但是不动产作为大类资产中极为重要的一类，中国普通投资者却无法通过资产管理市场对其进行直接投资。

REITs 的推出将降低不动产投资的门槛，有助于普通投资者参与到不动产投资中来，分享不动产长期稳定的租金收益和资产增值，体现资产管理的普惠性。同时不动产与其他大类资产收益的低相关性，也使投资者分

散风险、实现资产配置成为可能。另外，基于优质底层资产的 REITs 拥有长期、稳定的回报。这与保险、养老金等长期稳健资金的需求非常契合，可以为这些机构提供大量优质可投资资产。

（二）类 REITs 与公募 REITs 的异同——基本属性

类 REITs 与公募 REITs 的比较如表 4 -1 所示。

表 4 -1　类 REITs 与公募 REITs 的比较

	类 REITs	公募 REITs
组织形式	专项计划	以公募基金为契约型载体
产品结构	优先 + 劣后	平层
基础资产	固定	可以不断收购新的资产
公募/私募性质	资产支持证券载体，投资人不超过 200 人，不可公开推介，项目信息不公开披露	公募基金载体，投资人数量不得少于 1000 人，公开推介，项目信息公开
流动性及产品期限	产品流动性不佳，通常包含固定期限条款，或匹配以 3 年为周期的开放赎回安排，保障投资人退出	上市交易、集中竞价、个人投资者参与、产品预计具备较好的流动性
定价机制	申报环节确定发行规模及产品分层，发行环节通过簿记定价确定优先级预期收益率	产品无预期收益率，份额认购价格通过向网下投资者询价的方式确定
回报属性	固定票息	分红 + 资产增值收益（以股份或基金净值来体现）
参与机构	主要参与机构包括计划管理人、私募基金管理人（或信托公司）	在类 REITs 基础上，增加了公募基金管理人，以及有保荐资格的证券公司（作为财务顾问）
资产要求	对基础资产要求相对较为宽泛，仅要求权属清晰，有稳定现金流，对业态、区域无硬性约束	基础资产限定为基础设施领域，对业态、鼓励区域（针对试点项目）有更为明确的要求
杠杆要求	标的物层级不可加杠杆，优先级作为专项计划杠杆，无比例要求	基础设施基金直接或间接对外借入款项，借款用途限于基础设施项目日常运营、维修改造、项目收购等，且基金总资产不得超过基金净资产的 140%

续表

	类 REITs	公募 REITs
自持要求	对原始权益人自持无硬性要求	要求原始权益人参与战略配售比例不低于20%，锁定期为60个月
权责划分	类 REITs 框架下，计划管理人与私募基金管理人通常不对底层资产进行运营管理，原始权益人通常以“资产运营机构+优先收购权人”的身份，保持对标的物实质运营及控制权	公募 REITs 框架下，基础资产的购入或出售都需要持有人大会表决通过。涉及关联交易的，关联基金份额持有人应回避表决。基础资产运营的职责主体为公募基金管理公司。公募基金管理公司可委托第三方负责上述事宜，但不因此免除责任

（三）我国公募 REITs 行业范围

其中包括：仓储物流项目；收费公路、铁路、机场、港口项目；城镇污水、垃圾处理及资源化利用，固体废物、危险废物、医疗废物处理，大宗固体废物综合利用项目；城镇供水、供电、供气、供热项目；数据中心、人工智能、智能计算中心项目；5G、通信铁塔、物联网、工业互联网、宽带网络、有线电视网络项目；智能交通、智慧能源、智慧城市项目等（见表4-2）。

表4-2　2021年首批9只公募REITs基金名单

简称	2021年预计现金分派率/%	2022年预计现金分派率/%	认购价格/（元/份）	发行时间
华安张江光大园 REIT	4.74	4.11	2.99	5月31日至6月1日
东吴苏州工业园区产业园 REIT	4.50	4.54	3.88	5月31日至6月2日
中金普洛斯仓储物流 REIT	4.45	4.48	3.89	5月31日至6月2日
红土创新盐田港仓储物流 REIT	4.47	4.75	2.3	5月31日至6月1日
博时招商蛇口产业园 REIT	4.10	4.16	2.31	5月31日至6月1日
浙商证券沪杭甬高速 REIT	12.40	10.50	8.72	5月31日至6月2日
中航首钢生物质 REIT	9.13	8.17	13.38	5月31日至6月1日
富国首创水务 REIT	8.74	9.15	3.7	5月31日至6月2日
平安广州交投广河高速公路 REIT	6.19	7.20	13.02	5月31日至6月1日

需要注意的是，酒店、商场、写字楼、公寓、住宅等房地产项目不属于试点范围。

（四）公募 REITs 主要交易结构

公募 REITs 主要交易结构如图 4－10 所示。

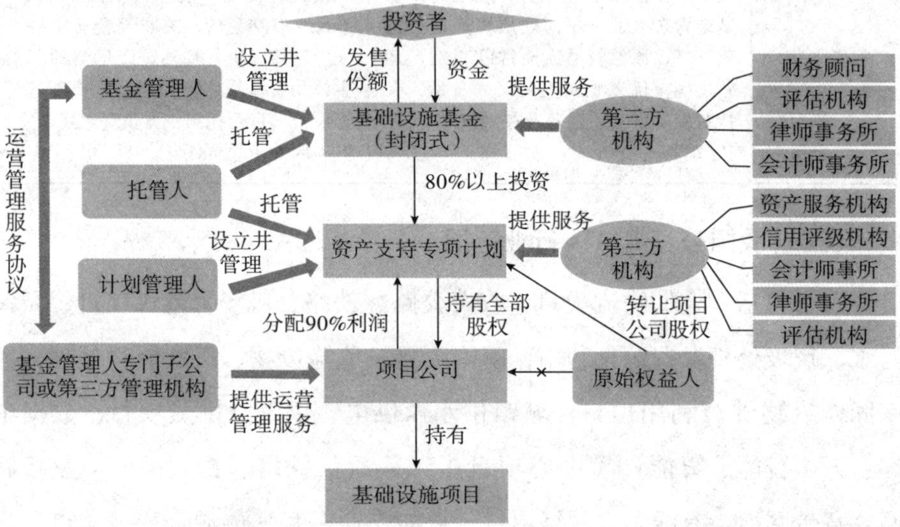

图 4－10　公募 REITs 主要交易结构

（五）相关政策制度及审批流程

相关政策制度及审批流程如表 4－3、图 4－11 所示。

表 4－3　相关政策制度

发布机构	发布日期	政策文件
中国证监会、国家发展改革委	2020 年 4 月 30 日	《关于推进基础设施领域不动产投资信托基金（REITs）试点相关工作的通知》
国家发展改革委	2020 年 8 月 3 日	《关于做好基础设施领域不动产投资信托基金（REITs）试点项目申报工作的通知》
中国证监会	2020 年 8 月 7 日	《公开募集基础设施证券投资基金指引（试行）》
上海交易所	2020 年 9 月 4 日	《上海证券交易所公开募集基础设施证券投资基金（REITs）业务办法（试行）》（征求意见稿）
		《上海证券交易所基础设施证券投资基金（REITs）发售业务指引（试行）》（征求意见稿）

续表

发布机构	发布日期	政策文件
深圳交易所	2020 年 9 月 4 日	《深圳证券交易所公开募集基础设施证券投资基金发售业务指引（试行）》（征求意见稿）
		《深圳证券交易所公开募集基础设施证券投资基金业务办法（试行）》（征求意见稿）
		《深圳证券交易所公开募集基础设施证券投资基金业务审核指引（试行）》（征求意见稿）
国家发展改革委投资司	2020 年 9 月 8 日	《关于做好第一批基础设施 REITs 试点项目申报工作的通知》
中国证券业协会	2020 年 9 月 22 日	《公开募集基础设施证券投资基金网下投资者管理细则》（征求意见稿）
中国证券投资基金业协会	2020 年 9 月 23 日	《公开募集基础设施证券投资基金尽职调查工作指引（试行）》（征求意见稿）
		《公开募集基础设施证券投资基金运营操作指引（试行）》（征求意见稿）
国家发展改革委	2020 年 9 月 29 日	《关于印发基础设施领域不动产投资信托基金（REITs）试点项目申报材料格式文本的通知》
		《关于抓紧报送基础设施领域不动产投资信托基金（REITs）试点项目申报材料的通知》

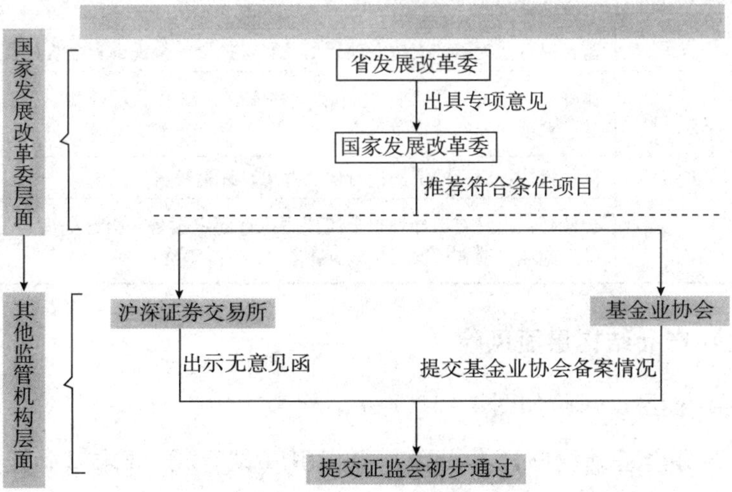

图 4－11 审批流程

（六）参与主体及其主要职责

参与主体及其主要职责如表4－4所示。

表4－4　参与主体及其主要职责

参与主体	主要职责
原始权益人	作为基础设施项目的原所有人，负责项目报批决策，组织项目实施，按照指引要求参与战略配售
基金管理人	负责管理基础设施证券投资基金，以基础资产进行尽职调查，并按照指引要求直接或委托第三方对基础资产进行运营维护。负责信息披露等公募基金日常运营管理工作，组织REITs持有人大会对重大事项进行审议决议，监督专项计划管理人履行各项职责。须与专项计划管理人存在实际控制关系或受同一控制人控制
专项计划管理人	负责管理资产支持专项计划。须与基金管理人存在实际控制关系或受同一控制人控制
财务顾问（如有）	负责对基础设施项目进行全面的尽职调查，并出具财务顾问报告，负责在基金管理人的委托下办理基础设施基金份额发售的路演推介、询价、定价、配售等相关业务活动。须由取得保荐机构资格的证券公司担任
外部管理机构（如有）	在基金管理人的聘请下负责基础设施日常运营维护、档案归集管理等工作，该管理机构需要具备5年以上基础设施项目运营管理经验，配备充足的具有基础设施项目运营经验的专业人员
托管银行/监管银行	托管银行：为公募基金、资产支持专项计划及私募投资基金提供资金保管服务（应为同一机构）
	监管银行：为资产支持专项计划及私募投资基金提供资金监管服务
其他参与中介机构	律师：对相关交易文件进行起草和完善，出具底层项目、公募基金产品、专项计划的法律意见书
	评估机构：对标的资产进行评估并出具评估报告
	会计师：出具专项计划现金流预测执行商定报告、会计处理意见，对基础设施项目财务情况出具审计报告

（七）产品结构层面风险

产品结构层面风险如图4－12所示。

《公开募集基础设施证券投资基金指引（试行）》要求基础设施公募REITs采取“公募基金＋ABS”交易结构，REITs基金通过资产支持证券

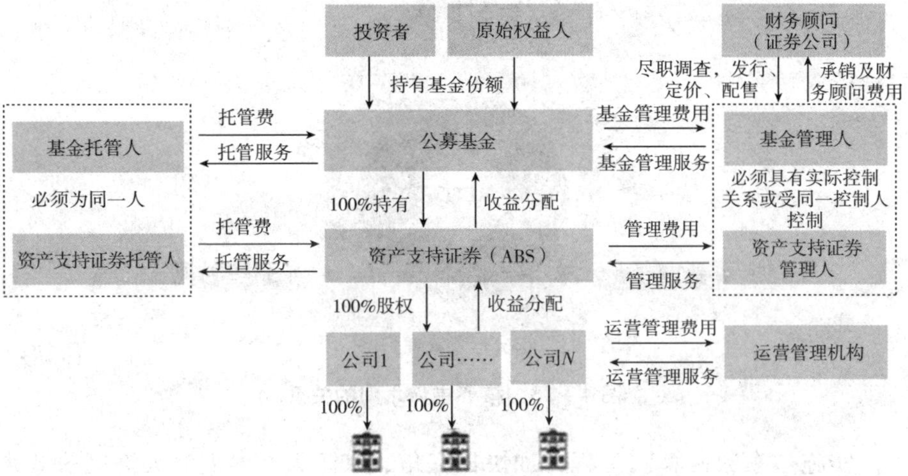

图4－12　产品结构层面风险

穿透持有项目公司股权。作为基础设施REITs的载体，监管规定公募REITs基金需将80%以上的基金资产投资于基础设施ABS并持有其全部份额，再通过ABS持有底层项目公司全部股权、债权以穿透取得基础设施项目所有权或经营权。

结合我国首批9单基础设施REITs项目的产品结构设计，我们可以从资产投资、资本管理、资产管理3个维度理解和探究基础设施REITs产品的运行逻辑及风险点。结合各参与主体权责利设定关系，可以对核心主体之间的关系进行简化（见图4－13）。

基础设施REITs表现出的金融资产和不动产资产的双重属性，涉及一二级市场、多层级、多主体，故其风险管控复杂程度较高。

2022年年初，我国多地重大项目集中开工，截至2月10日，全国一季度集中开工重大项目数近8000个，涉及项目总投资超5万亿元，且部分省份年度重大项目投资同比有所增加。

新基建在这些项目里占据了绝大部分比重。5G、数据中心、北斗是高端产业的“明珠”，解决了新基建的方向问题。

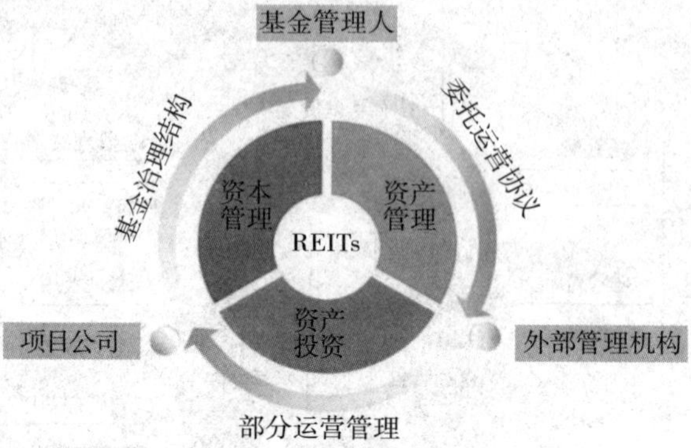

图 4－13　核心主体之间的关系

实施“东数西算”工程，加快长三角、京津冀、粤港澳大湾区等 8 个国家级数据中心枢纽节点建设。推动 REITs 发展，盘活现有基础设施。REITs，加上专项债，解决了这些项目的资金问题。有了方向，有了资金，剩下的就是“撸起袖子加油干”，专精特新企业必将获得前所未有的发展机遇与政策红利。

第三节 知识产权证券化

知识产权证券化是我国近几年的金融创新产品，是科技企业融资的重要工具。

2020 年 9 月，浦东科创 1 期、2 期知识产权资产支持证券挂牌仪式在上海证券大厦举行，实现上海知识产权证券化项目零的突破，这也是全国首个专利知识产权储架 ABS（资产证券化）项目。该金融产品合计发行金额 1.05 亿元，涉及 102 件已授权专利，共支持 17 家中小型高新技术企业获得低成本融资。

知识产权证券化最早起源于美国，它最大的优点是不但能够通过发行债券的方式在资本市场上获得所需的资金，而且可以保留对知识产权的自主性。知识产权证券化是资产证券化的一种，具体是指以知识产权的未来许可使用费为支撑，发行资产支持证券进行融资。

对于我国的高新技术企业尤其是专精特新企业，它们手中拥有大量的知识产权，但很少去资本市场融资，其实知识产权证券化是科技企业很实用的重要融资手段。

为什么说知识产权证券化是专精特新企业实用的融资工具?

一、专精特新企业“专”在哪里?

专，即专业化与专项技术，如何体现专精特新“小巨人”企业的科技含量及创新能力，主要是从以下几个方面考察：

（1）近 2 年企业研发经费支出占营业收入比重在同行业中名列前茅。

（2）从事研发和相关技术创新活动的科技人员占企业职工总数的比例不低于 15%，至少获得 5 项与主要产品相关的发明专利，或 15 项及以上实用新型专利、外观设计专利。

（3）近2年企业主持或者参与制（修）订至少1项相关业务领域国际标准、国家标准或行业标准。

（4）企业具有自主知识产权的核心技术和科技成果，具备良好的科技成果转化能力。

（5）企业设立研发机构，具备完成技术创新任务所必需的技术开发仪器设备条件或环境（设立技术研究院、企业技术中心、企业工程中心、院士专家工作站、博士后工作站等）。

二、资本市场对知识产权的价值判断

1. 北交所4套财务指标上市条件的第3套标准

市值不低于8亿元，最近1年营业收入不低于2亿元，最近2年研发投入合计占最近2年营业收入合计比例不低于8%。

“最近2年研发投入合计占最近2年营业收入合计比例不低于8%”，说明企业研发投入的比例越高，拥有的科研成果及知识产权就越多，尤其是对于专精特新“小巨人”企业而言，高新技术企业本身就具有核心技术及知识产权作为创新驱动力，在发展初期投入大，收入少或几乎没有收益，这就需要持续的融资支持，才能继续投入研发，取得最终的成果。

北交所的定位就是服务新三板，优质的创新层公司不用转板到沪深市场上市交易，可以直接登陆北交所，成为专精特新“小巨人”融资的主战场。上市规则中就专门设置了包容性条例，即不把盈利作为上市主要条件，而是主要考查企业科创能力的持续性及成果价值，判断未来预期给投资者带来的回报，通过北交所直接融资推动企业的持续发展。

2. 科创板的5套以市值为核心的差异化标准中也有包容性原则，即第5套

预计市值不低于40亿元人民币，主要业务或产品需经国家有关部门批准，市场空间大，目前已取得阶段性成果。医药行业企业需至少有1项核

心产品获准开展二期临床试验，其他符合科创板定位的企业需具备明显的技术优势并满足相应条件。

3. 证监会细化科创属性评价体系中的3项常规指标或5项例外条款

（1）3项常规指标

支持和鼓励科创板定位规定的相关行业领域中，同时符合下列3项指标的企业申报科创板上市：

第一，最近3年研发投入占营业收入比例5%以上，或最近3年研发投入金额累计在6000万元以上；

第二，形成主营业务收入的发明专利5项以上；软件行业不适用该项，要求研发占比应在10%以上。

第三，最近3年营业收入复合增长率达到20%，或最近1年营业收入金额达到3亿元。

采用《上海证券交易所科创板股票发行上市审核规则》第二十二条第五款规定的“上市标准申报科创板的企业，可不适用营业收入”的规定。

（2）5项例外条款

即使没有达到上述3项指标，在科创板定位规定的相关行业领域中，企业如果符合以下5种情况，其科创板上市申报同样可以获得支持和鼓励。这就是科创属性评价指标体系中的5项例外条款：

一是发行人拥有的核心技术经国家主管部门认定具有国际领先、引领作用或者对国家战略具有重大意义。

二是发行人作为主要参与单位或者发行人的核心技术人员作为主要参与人员，获得国家科技进步奖、国家自然科学奖、国家技术发明奖，并将相关技术运用于公司主营业务。

三是发行人独立或者牵头承担与主营业务和核心技术相关的“国家重大科技专项”项目。

四是发行人依靠核心技术形成的主要产品（服务），属于国家鼓励、支持和推动的关键设备、关键产品、关键零部件、关键材料等，并实现了进口替代。

五是形成核心技术和主营业务收入的发明专利（含国防专利）合计50项以上。

三、北京市首单专利许可知识产权资产证券化项目

图4－14　北京市首单专利许可知识产权资产证券化项目

2021年5月，中国技术交易所（北京知识产权交易中心）披露，“中技所—中关村担保—长江－1－10期知识产权资产支持专项计划”在深圳证券交易所审核通过，总规模不超过10亿元人民币，这也是北京市首单专利许可知识产权资产证券化项目（见图4－14）。

根据《中共中央 国务院关于构建更加完善的要素市场化配置体制机制的意见》中关于“探索通过知识产权证券化等方式推动科技成果资本化”文件精神，进一步落实《中国（北京）自由贸易试验区总体方案》中关于“审慎规范探索开展知识产权证券化”，以及开展知识产权资产证券化等金融服务创新的要求，这次在国家知识产权局、科技部等部门的指导和支持下，中国技术交易所的首只储架式知识产权证券化产品成功获批。

这一系列专项计划由中国技术交易所作为原始权益人，北京中关村科技融资担保有限公司作为增信和担保机构，长江资管和长江证券作为计划

管理人和销售机构，在深圳证券交易所发行。

截至2020年年底，北京市有效发明专利量已达33.56万件，占我国国内（不含港澳台）发明专利拥有量的15.2%；北京市每万人发明专利拥有量155.8件，高居全国第一位，也是全国平均数量的近10倍。

知识产权证券化的意义在于，通过知识产权证券化等创新融资产品，推动解决企业知识产权融资难题，为科技型企业创新发展提供更多融资机会。

四、知识产权证券化的操作思路

知识产权证券化的参与主体包括发起人（原始权益人）、特设载体（SPV）、投资者、受托管理人、服务机构、信用评级机构、信用增强机构、流动性提供机构等。其中，原始知识产权权利人将自己拥有的知识产权资产以“真实出售”方式过户给特设机构，特设机构获取了知识产权的唯一转让权，以知识产权将会产生的现金收入为基础发行证券。唯一转让权可以保证将来产生的收入会被用于还付投资者的本息，多余的收入为增值收益（见图4－15）。

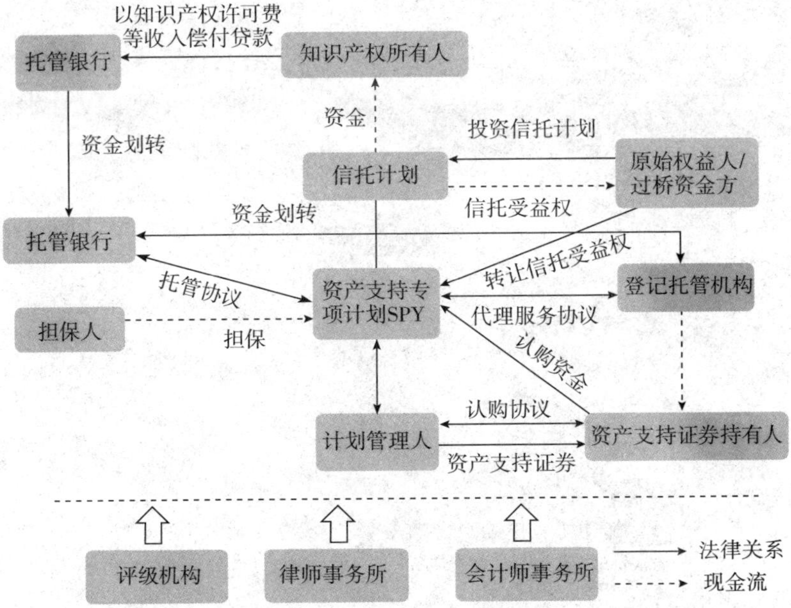

图4－15 知识产权交易架构

五、知识产权证券化是成熟资本市场的产物

知识产权证券化在我国起步较晚，而在美国市场已经相对成熟，美国已出现了专门为知识产权资产证券化服务的专业机构帮助企业将自己的无形资产融资变现。在一些先进科技领域，如生化科技和医药科技，已经将知识产权作为重要融资手段。其他产业可以进行证券化的价值资产也非常广泛，半导体、芯片、大数据、新基建更受追捧，电子游戏、音乐、电影、休闲娱乐、演艺、主题公园等与文化产业关联的知识产权，包括时装品牌，甚至专利诉讼的胜诉金，都已成为知识产权证券化的标的。

第四节　境外融资与上市

对于中小企业而言，去境外融资是有门槛的，尽管有政策鼓励，但其挑战难度系数较大。

境外融资其实主要是通过资本市场和货币市场进行，最常见的是发行股票和债权进行融资。

根据我国相关政策，外资企业举借外债的管理政策较内资企业松，外资企业可以被允许在批准的投资总额和注册资本差额内自由举借外债。为了方便从境外融资，很多内资企业通过各种方式实现外资化。

目前，境外几个离岸金融中心如英属维尔京群岛（The British Virgin Islands，BVI）、巴拿马、开曼群岛、百慕大等，中国澳门、中国香港等地是内地企业融资的主要场所。

一、境外非金融企业债务融资工具

境外非金融企业发行债务融资工具应在交易商协会注册，并按照《非金融企业债务融资工具注册发行规则》中规定的发行方式发行债务融资工具。

境外非金融企业发行债务融资工具，应通过交易商协会认可的网站公布当期发行文件。

境外非金融企业定向发行债务融资工具的，应通过中国银行间市场交易商协会综合业务和信息服务平台对定向投资人披露当期发行文件。

境外非金融企业应定期披露相关财务信息。存续期信息披露参照《银行间债券市场非金融企业债务融资工具信息披露规则》在注册发行文件约定。境外非金融企业在其他证券市场披露的财务信息，应在全国银行间债券市场披露。

二、基金

基金的种类很多，按品种可划分为：

（1）封闭式基金和开放式基金；

（2）公司型基金和契约型基金；

（3）股票基金、债券基金、货币市场基金、混合基金；

（4）成长型基金、价值型基金和平衡型基金；

（5）主动型基金和被动（指数）型基金；

（6）特殊类型的基金。

国际市场上的基金大体分为共同基金、私募基金、封闭式基金、交易基金等，它们在不同程度上运用金融衍生品进行交易。

三、指数基金

根据指数基金本身的投资操作方式，可以把指数基金分为完全被动跟踪指数的指数基金和增强型指数基金两类。

目前的指数基金以股票基金为主，根据基金所跟踪的股价指数的特点，可以进一步细分为以下几种类型：

（1）综合型的指数基金；

（2）按照板块分类的局部型指数基金；

（3）行业指数基金；

（4）混合型指数基金。

四、资产证券化

资产证券化，是指以基础资产未来所产生的现金流为偿付支持，通过结构化设计进行信用增级，在此基础上发行资产支持证券的过程。

广义的资产证券化，是指某一资产或资产组合采取证券资产这一价值形态的资产运营方式，包括以下 4 类：

（1）实体资产证券化；

（2）信贷资产证券化；

（3）证券资产证券化；

（4）现金资产证券化。

五、熊猫债券

“熊猫债券”，是指外国政府、境外金融机构、外资工商企业或国际组织在我国境内发行的以人民币计值的债券。与点心债相对应，是我国债券市场双向扩张的一部分，这是推进人民币国际化的题中之义。

“熊猫债券”是境外机构在中国发行的以人民币计价的债券，它与日本的“武士债券”、美国的“扬基债券”均属于外国债券的一种。由于此前境内发行成本较高，且债市开放度有限，“熊猫债券”在过去长达10年的时间处于“遇冷状态”。然而，随着境内债市的不断开放，离岸和在岸利差收窄，“熊猫债券”有望迈向新的阶段。

六、点心债

“点心债”，是指近年兴起的中国香港离岸人民币债券。

很多中国香港人有饮午茶的习惯，而点心则是午茶的最佳伴侣。点心的特点是，好吃，但量少，不能当大餐，这就是中国香港人对待点心的态度。把“点心”的概念运用到金融市场上，就创造出了“点心债”这一专有名词。

国家发展改革委公布发行“点心债”的新审批规定，其中包括对发行人、债券结构、监管机构以及所得款项用途等方面的要求。总而言之，拟在本港发行人民币离岸债券的任何内地非金融机构，仍须向国家发展改革委申请，盈利能力强及信贷状况良好的发行商会获得批准。

七、《境外非金融企业债务融资工具业务指引（2020版）》

境外非金融企业债务融资工具，是指在中华人民共和国境外合法注册成立、具有独立法人资格的非金融企业在交易商协会注册发行的债务融资工具。中国香港特别行政区、中国澳门特别行政区及中国台湾地区企业发行债务融资工具的，参照中国银行间市场交易商协会发布的《境外非金融企业债务融资工具业务指引（2020版）》执行。

境外非金融企业发行债务融资工具，应向中国银行间市场交易商协会提交以下注册文件：

（1）注册报告（附境外合法注册成立的证明文件、章程性文件、有权机构决议或其他证明文件）；

（2）主承销商推荐函；

（3）募集说明书；

（4）近三个会计年度经审计的财务报告及最近一期会计报表（若有）；

（5）信用评级报告及跟踪评级安排（若有）；

（6）境内律师事务所和发行人所在国家（地区）具有相关法域执业资质的律师事务所分别出具的法律意见书；

（7）境外会计师同意函（如适用）；

（8）交易商协会要求的其他文件。

境外非金融企业定向发行债务融资工具，应向中国银行间市场交易商协会提交以下注册文件：

（1）注册报告（附境外合法注册成立的证明文件、章程性文件、有权机构决议或其他证明文件）；

（2）主承销商推荐函；

（3）定向发行协议或定向募集说明书；

（4）近两个会计年度经审计的财务报告及最近一个半年度会计报表；

（5）境内律师事务所和发行人所在国家（地区）具有相关法域执业资质的律师事务所分别出具的法律意见书；

（6）境外会计师同意函（如适用）；

（7）交易商协会要求的其他文件。

采用定向协议模式注册，仅需提供最近一个会计年度经审计的财务报告。

境外非金融企业发行债务融资工具的，募集资金的账户开立、跨境汇拨及信息报送等事宜，应符合中国人民银行及国家外汇管理局的有关规定。

八、境外投资与 IPO 融资

境内企业也可以选择去中国香港、新加坡、美国、加拿大、欧洲等境外资本市场 IPO 融资。截至 2021 年年底，在中国香港上市的内地企业已达到 1222 家，占中国香港上市公司总数的 47%。

2021 年 12 月 24 日，中国证监会公布了《国务院关于境内企业境外发行证券和上市的管理规定（草案征求意见稿）》和《境内企业境外发行证券和上市备案管理办法（征求意见稿）》，合称“境外上市备案新规”，《境外上市与外商投资负面清单（2021 版）》如下：

（一）外商投资负面清单（2021 版）

为进一步提高对外开放水平，健全外商投资准入前国民待遇加负面清单管理制度，推进投资自由化、便利化，国家发展和改革委员会、商务部于 2021 年 12 月 27 日发布第 47 号令，发布了《外商投资准入特别管理措施（负面清单）（2021 版）》（以下简称《外商投资负面清单（2021 版）》），自 2022 年 1 月 1 日起施行。

《外商投资负面清单（2021 版）》统一列出股权要求、高管要求等外商投资准入方面的特别管理措施。《外商投资负面清单（2021 版）》之外的领域，按照内外资一致原则实施管理。外商投资企业在中国境内投资，应符合《外商投资负面清单（2021 版）》的有关规定，有关主管部门在依法履行职责过程中，对境外投资者拟投资《外商投资负面清单（2021 版）》内领域，但不符合《外商投资负面清单（2021 版）》规定的，不予办理许可，企业登记、注册等相关事项；涉及固定资产投资项目核准的，不予办理相关核准事项。投资有股权要求的领域，不得设立外商投资合伙企业。

根据《外商投资负面清单（2021 版)》，外商限制投资领域及禁止外商投资领域内容如下：

1. 限制外商投资领域

（1）小麦新品种选育和种子生产的中方股比不低于 34%，玉米新品种选育和种子生产须由中方控股。

（2）出版物印刷须由中方控股。

（3）核电站的建设、经营须由中方控股。

（4）国内水上运输公司须由中方控股。

（5）公共航空运输公司须由中方控股，且一家外商及其关联企业投资比例不得超过 25%，法定代表人须由中国籍公民担任。通用航空公司的法定代表人须由中国籍公民担任，其中，农、林、渔业通用航空公司限于合资，其他通用航空公司限于中方控股。

（6）民用机场的建设、经营须由中方相对控股。外方不得参与建设、运营机场塔台。

（7）电信公司：限于中国入世承诺开放的电信业务，增值电信业务的外资股比不超过 50%（电子商务、国内多方通信、存储转发类、呼叫中心除外)，基础电信业务须由中方控股。

（8）市场调查限于合资，其中，广播电视收听、收视调查须由中方控股。

（9）学前、普通高中和高等教育机构限于中外合作办学，须由中方主导（校长或者主要行政负责人应当具有中国国籍，理事会、董事会或者联合管理委员会的中方组成人员不得少于 1/2)。

（10）医疗机构限于合资。

2. 禁止外商投资领域

（1）禁止投资中国稀有和特有的珍贵优良品种的研发、养殖、种植以及相关繁殖材料的生产（包括种植业、畜牧业、水产业的优良基因）。

（2）禁止投资农作物、种畜禽、水产苗种转基因品种选育及转基因种子（苗）生产。

（3）禁止投资中国管辖海域及内陆水域水产品捕捞。

（4）禁止投资稀土、放射性矿产、钨勘查、开采及选矿。

（5）禁止投资中药饮片的蒸、炒、炙、煅等炮制技术的应用及中成药保密处方产品的生产。

（6）禁止投资烟叶、卷烟、复烤烟叶及其他烟草制品的批发、零售。

（7）禁止投资邮政公司、信件的国内快递业务。

（8）禁止投资互联网新闻信息服务、网络出版服务、网络视听节目服务、互联网文化经营（音乐除外）、互联网公众发布信息服务（上述服务中，中国入世承诺中已开放的内容除外）。

（9）禁止投资中国法律事务（提供有关中国法律环境影响的信息除外），不得成为国内律师事务所合伙人。

（10）禁止投资社会调查。

（11）禁止投资人体干细胞、基因诊断与治疗技术开发和应用。

（12）禁止投资人文社会科学研究机构。

（13）禁止投资大地测量、海洋测绘、测绘航空摄影、地面移动测量、行政区域界线测绘，地形图、世界政区地图、全国政区地图、省级及以下政区地图、全国性教学地图、地方性教学地图、真三维地图和导航电子地图编制，区域性的地质填图、矿产地质、地球物理、地球化学、水文地质、环境地质、地质灾害、遥感地质等调查（矿业权人在其矿业权范围内开展工作不受此特别管理措施限制）。

（14）禁止投资义务教育机构、宗教教育机构。

（15）禁止投资新闻机构（包括但不限于通讯社）。

（16）禁止投资图书、报纸、期刊、音像制品和电子出版物的编辑、出版、制作业务。

（17）禁止投资各级广播电台（站）、电视台（站）、广播电视频道（率）、广播电视传输覆盖网（发射台、转播台、广播电视卫星、卫星上行站、卫星收转站、微波站、监测台及有线广播电视传输覆盖网等），禁止从事广播电视视频点播业务和卫星电视广播地面接收设施安装服务。

（18）禁止投资广播电视节目制作经营（含引进业务）公司。

（19）禁止投资电影制作公司、发行公司、院线公司以及电影引进业务。

（20）禁止投资文物拍卖的拍卖公司、文物商店和国有文物博物馆。

（21）禁止投资文艺表演团体。

（二）从事负面清单禁止外商投资领域业务的境内企业到境外上市融资实行精准化管理

《外商投资负面清单（2021 版）》对禁止外商投资领域业务的境内企业到境外上市融资实行精准化管理作了原则性规定，规定如下：

从事外资准入负面清单禁止投资领域业务的境内企业到境外发行股份并上市交易的，应该：

（1）经国家有关主管部门审核同意。

（2）境外投资者不得参与企业经营管理。

（3）境外投资者持股比例参照境外投资者境内证券投资管理有关规定执行。

（4）境内企业境外发行上市监管由证监会牵头。境内企业向证监会提交境外上市申请材料后，如涉及外资准入负面清单禁止领域等事项，证监会将征求行业或相关领域主管部门的意见，依规推进相关监管程序。有关具体情况，企业可以向证监会进一步了解。

（三）境外上市选择

中国企业选择境外融资上市一般容易选择中国香港、新加坡、英国、美国、日本、韩国等地市场，主要考虑因素包括企业行业偏好、上市标准、发行效果、股票流通性、上市费用和维持费用、法定信息披露的基本要求以及中介机构的匹配、政策风险、财务风险、企业决策风险等。

2020 年全年，共计 166 家中国企业在港股、美股市场成功上市，其中，34 家中概股在美股市场上市，分别有 9 家在美国纽约证券交易所上市，25 家在纳斯达克上市。较 2019 年的 32 家中企增加了 2 家。132 家中国企业在港股上市，较 2019 年的 139 家减少了 7 家。

2021 年上半年，共有 38 家中国企业在美国 IPO 上市（不考虑 SPAC、OTC 上市），共募资 135. 37 亿美元，其中，24 家在纳斯达克上市，14 家在美国纽约证券交易所上市。

根据《中华人民共和国证券法》第二百二十四条规定："境内企业直接或者间接到境外发行证券或者将其证券在境外上市交易，应当符合国务院的有关规定。"

国务院批复证监会请示，同意在中国境内注册并在境外上市的股份有限公司（以下简称 H 股公司）召开股东大会的通知期限、股东提案权和召开程序的要求统一适用《中华人民共和国公司法》的相关规定，不再适用《国务院关于股份有限公司境外募集股份及上市的特别规定》第二十条至第二十二条的规定。

1. 境外上市办理流程

境外上市办理流程如图 4－16 所示。

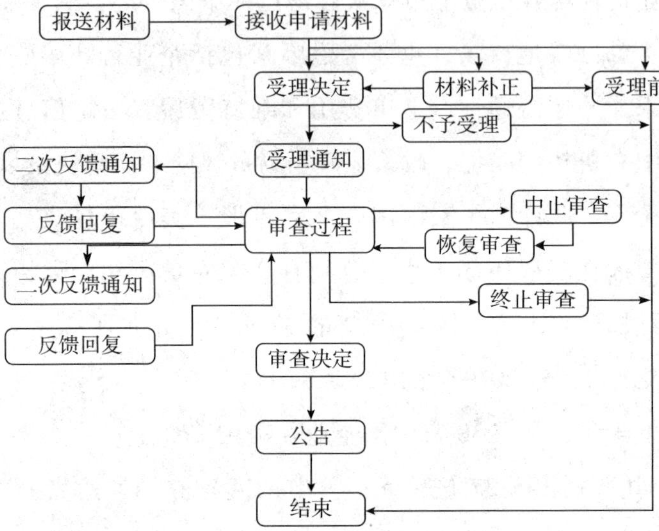

图 4－16　境外上市办理流程

2. 上市地比较

上市地比较如表 4－5 所示。

表 4－5　上市地比较

上市地	中国香港	美国	新加坡
基金量	多	多	一般
当地证监会监管力度	大	极大	大
对企业品牌号召力	强	较强	较强
变现能力	强	最强	强
媒介推介力度	强	一般	一般
对策略基金的吸引	有力	有力	较有力
股价上行空间	一般	大	一般
对国内企业欢迎程度	好	较好	较好
中国政策影响力	强（裕兴之后）	一般	一般
上市费用	一般	较高	较低

3. 香港联交所认可的司法地区

香港联交所认可的司法地区有：奥地利、澳大利亚、百慕大、巴西、英属维尔京群岛（BVI）、加拿大、开曼群岛、中国、塞浦路斯、英国、法国、德国、格恩西、中国香港、印度、马恩岛、以色列、意大利、日本、泽西岛、韩国、纳闽、卢森堡、荷兰、俄罗斯、新加坡、美国。

案例参考 4-9：金川集团成功发行 2.8 亿美元境外债券

金川集团是一家特大型采、选、冶、化、深加工联合企业，主要生产镍、铜、钴、铂族贵金属及有色金属压延加工产品、化工产品、有色金属化学品、有色金属新材料等。公司在全球 30 多个国家和地区开展有色金属矿产资源开发合作，拥有世界第三大硫化铜镍矿床，是中国最大、世界领先的镍钴生产基地和铂族金属提炼中心，镍产量居世界第三位，钴产量居世界第四位，铜产量居国内第四位，铂族金属产量居国内第一位，在全球同行业中具有较强的影响力。

金川集团通过下属子公司 Jinchuan Golden Ocean Capital Limited（2019 年 9 月 11 日在中国香港成立）于 2021 年 2 月 11 日成功发行 2.8 亿美元 3 年期美元境外债券并完成资金清分交割。本期发行债券期限 3 年，票面利率 4.0%；定价当天最终订单过 10 亿美元，超额认购超过 3 倍；受益于强劲的订单规模，债券最终定价较初始价格指引收窄 50 个基点。

本期境外美元债券发行由摩根士丹利、交银国际作为全球协调人，浦发银行、兴业银行、建银国际等联席承销。

债券产品信息如下：

发行人：Jinchuan Golden Ocean Capital Limited

担保人：金川集团

担保人评级：惠誉：BBB - 稳定

预期发行评级：BBB -（惠誉）

状况：高级无抵押、固定利率债券

发行规则：Reg S

规模：2.8亿美元

期限：3年

初始指导价：4.5%区域

最终指导价：4.00%

息票率：4.00%

收益率：4.00%

发行价格：100美元

交割日：2021年2月10日（T+4）

到期日：2024年2月10日

控制权变更回售：101%

资金用途：偿还离岸借款和补充离岸营运资本

其他条款：香港交易所上市；最小面值/增量为20万美元/1000美元；适用英国法

清算系统：欧洲清算银行/明讯银行

联席全球协调人、联席账簿管理人和联席牵头经办人：摩根士丹利（B&D）和交银国际

联席账簿管理人和联席牵头经办人：法国巴黎银行、建银国际、民生银行香港分行、中信建投国际、信银资本、兴业银行香港分行、浦发银行香港分行、浦银国际、渣打银行和中泰国际

第五章

05

直击北交所

* * 北交所：专精特新“小巨人”企业上市融资主战场。

北交所开市 100 天里，就有 84 只股票上市。其中，专精特新企业占 50% 以上，国家级专精特新“小巨人”企业数量占 20%。

专精特新企业及单项冠军企业是资本市场的“宠儿”，到新三板挂牌，或去沪深交易所 IPO，或登陆北交所上市融资都是不错的选择，因为我国具有多层次资本市场结构，如图 5－1 所示。

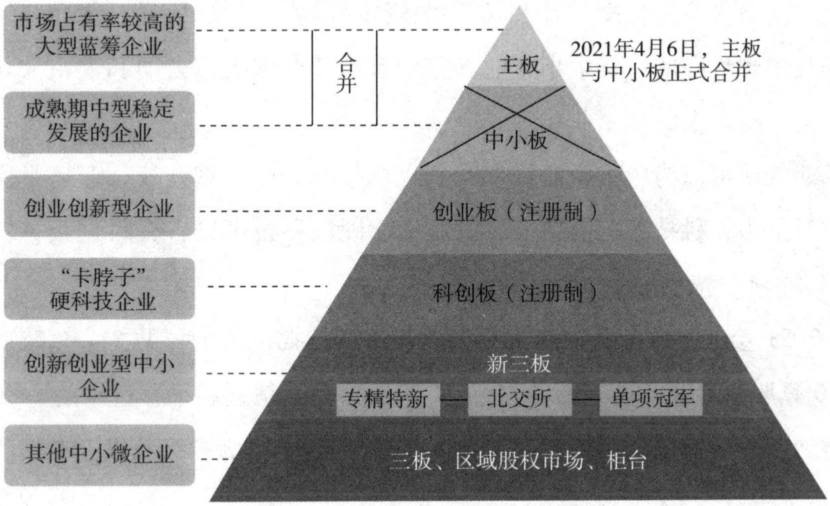

图 5－1　我国多层次资本市场结构

但是，从政策支持层面来看，中共中央政治局会议首次将发展专精特新中小企业上升至国家层面，强调加快解决“卡脖子”难题，引发资本市场高度关注。北交所的定位就是服务创新型中小企业，尤其是对专精特新“小巨人”、单项冠军企业。必须坚守“一个定位”，处理好“两个关系”，实现“三个目标”，如图 5－2 所示。

北交所的具体服务方向：

一是服务新三板，主要是优质的创新层公司不用转板到沪深市场上市

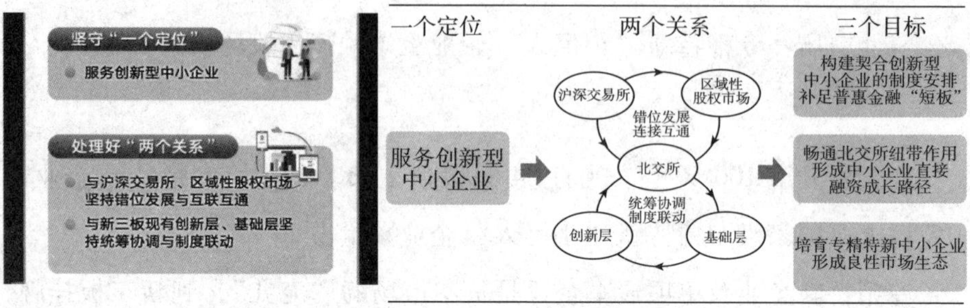

图5－2 北交所定位与原则

交易，可以直接登陆北交所。

二是成为专精特新"小巨人"融资主战场，筛选出来的近5000家企业都是中国最好的一批中小企业。其中有近300家上市公司和上市公司的子公司分拆出来的好企业在等候审核。

北交所可以为中小企业错位竞争提供便利，让大型蓝筹企业还是去沪深主板上市，科技型、消费型、工业型，硬核科技可以直奔科创板，符合"三创四新"特色的去创业板。

2021年11月15日，北交所正式开市，首批上市公司共81家，其中，有10只股票为北交所新股，另外71只股票是从精选层平移过来的。有16家被认定为国家级专精特新"小巨人"企业，31家为省级及以上专精特新"小巨人"企业。

北交所的设立为进一步深化新三板改革、完善资本市场对中小企业的金融支持体系指明了方向，提供了资本市场大舞台，让中小企业能办大事，在推动经济增长、促进科技创新、增加就业等方面发挥了重要作用。

自2019年以来，新三板市场已经形成了由基础层、创新层、精选层依次递进的市场结构。

按照证监会计划安排设立的北交所，将总体平移精选层的各项基础制度推出，坚持北交所上市公司由创新层公司产生，维持新三板基础层、创新层与北交所的市场结构，并同步试点证券发行注册制。

截至2022年3月20日，全国共有528家企业进入辅导，其中，辅导验收通过212家，已受理204家，已核准/注册90家（其中，北交所上市88家）。被审核中止20家，等待补充相关资料继续审核，但也有51家被审核终止。虽然北交所是中小企业尤其是专精特新企业上市融资的主战场，但也不是“躺平”就可以进去的。这说明在北交所上市还是有门槛的，要达到相关要求、符合上市条件才行。

＊＊北交所的设立，谁是受益者?

北交所的受益者:

一是利好新三板。一方面，因为有了北交所，直接利好新三板，沉寂已久的市场被激活。

对于企业层面，专精特新“小巨人”企业、制造业单项冠军企业及创新型中小企业有了更加便利融资与助推快速发展的专有平台，4000多万家中小企业迎来了春天。

北京制造业单项冠军39家，专精特新企业已超2000家。2022年1月10日，北京经信局发布《关于对北京市2022年度第一批拟认定“专精特新”中小企业名单进行公示的通知》。通知显示，共有587家企业上榜。

所入选的企业涵盖信息技术、医疗、软件通信、互联网等行业领域，主要集中在北京经济技术开发区、海淀区、大兴区、通州区、朝阳区等区域。其中，海淀区所占比例最大，数量超200家；其次是北京经济技术开发区，数量超50家。有了北交所，这些优秀企业上市就不难了。

二是利好券商。券商一级市场投行业务和二级市场经纪业务都会受益。

三是利好投资者。鼓励“投早、投小、投新、投长”，在风险投资方面，科技创投项目在创业板、科创板以外多了一个选项，境外上市的必要性降低。

对于区域经济发展，北交所的设立意味着我们没有把全部资源都放在长三角和珠三角，后疫情时期的贸易全球化，对我国西部和北方的经济发展也会起到推动作用，中国三大经济圈——长三角、珠三角、环渤海，只有环渤海没有交易所，大量的资金聚集在上海、深圳，资源的优化配置更有利于整体经济发展。

从全球资本市场层面来看，北交所可能会成为中国的“纳斯达克”，成为中国新科技龙头的“摇篮”，并使中国资本市场进一步完善，无论机构投资者还是普通投资者，都多了一个寻找好公司的新去处。

以前在美国、中国香港等地上市的中概股，可以选择北交所，同时北交所可以吸引境外的好企业、好项目到北交所或者中国本土资本市场上市融资。

第一节 发行上市条件

企业在不同发展阶段可以选择不同的资本市场挂牌、IPO上市或转板交易，以获得企业发展所需要的资本要素。但是，无论企业想登陆哪里的资本市场，都必须满足该上市地的发行、上市交易条件。在中国境内，有上交所、深交所、北交所，企业面对三大上市地，应作如何抉择呢？

一、北交所与沪深交易所的区别

北交所与上交所、深交所错位发展，如图5－3所示。

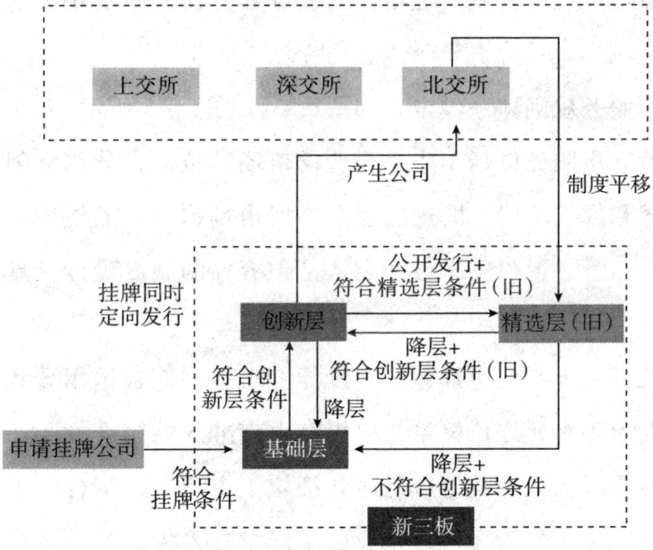

图5－3　三大交易所发展模式

资料来源：北交所官网。

二、北交所是制度先行，更具包容性

北交所启动后发布了一系列实施细则，如《北京证券交易所合格境外机构投资者和人民币合格境外机构投资者证券交易实施细则》等6项业务规则，自2021年11月15日起施行。

上述规则连同前期发布的45项业务规则，涵盖了发行上市、融资并购、公司监管、证券交易、会员管理以及投资者适当性等各个方面的内容，形成了北交所的自律规则体系。

其中，7项基本业务规则对证券交易所应履行的法定职责和审核职能进行了规范，44项细则和指引指南明确了相关配套安排、操作流程等内容。这51项业务规则总体延续了全国股转系统精选层行之有效的制度安排，并按照与试点注册制、上市公司监管和交易所职责相关的上位法进行了调整优化。

北交所业务规则体系健全，如图5－4～图5－6所示。

北交所立足服务创新型中小企业的市场定位，充分尊重创新型中小企业发展规律和成长阶段，既遵循了交易所市场建设一般规律，又在市场准入、融资、监管、退出安排方面引入了包容性的制度设计。具体体现在以下方面：

一是发行上市制度更加包容。发行上市条件综合运用盈利能力、成长性、研发能力等多元评价体系，以提高上市准入的精准度和适应性；市值和财务标准总体上低于其他交易所各板块上市条件，契合中小企业发展阶段和经营特征。充分考虑科技企业前期研发投入大、盈亏平衡周期长的特点，专门设置了以研发投入和研发强度为核心的上市条件，允许尚未盈利但研发能力突出、业务创新性较强、技术含量高的科技型中小企业上市。

二是持续融资制度灵活多元。紧紧围绕创新型中小企业需求，在融资品种上，形成普通股、优先股、可转债等较为丰富的权益融资工具；在发行方式上，实行向不特定合格投资者公开发行、向特定对象定向发行等多

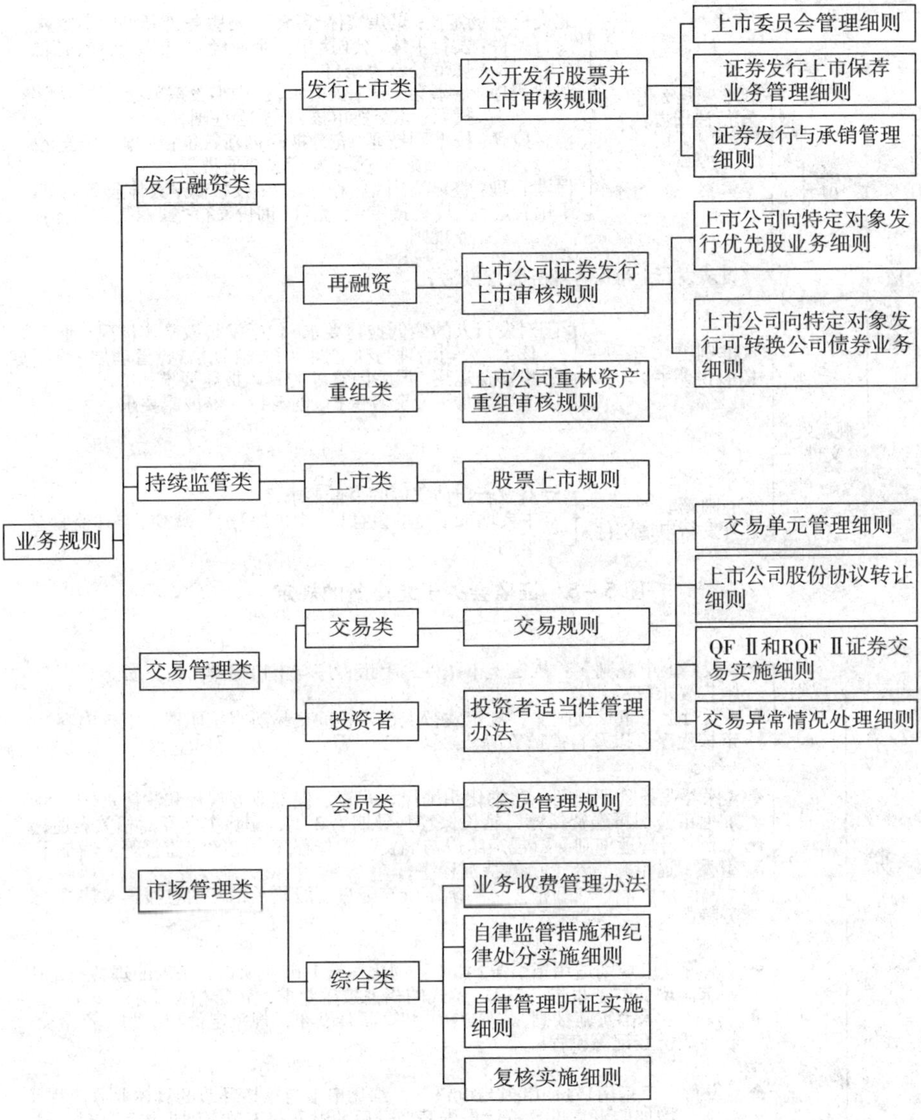

图5－4 北交所业务规则体系

元的融资方式，引入授权发行、储架发行、自办发行等灵活的发行机制，进一步降低了中小企业融资成本。

三是监管制度宽严适度。一方面，在公司治理、信息披露、停复牌管理及退市机制等方面接轨现行上市公司主要监管安排，保持了各证券交易

- 证监会规定
  - 部门规章
    - 《北交所公开发行注册办法》
      - 北交所市场定位：聚焦实体经济，主要服务创新型中小企业。
      - 发行条件：发行主体、公司治理、企业经营、财务会计、依法规范经营等条件。
      - 注册程序：董事会、股东大会审议，中小股东单独计票、网络投票；北交所审核、证监会注册。
      - 信息披露：按准则披露，充分披露创新特征；受理、报送证监会预先披露；发行股票前披露。
      - 保荐管理：整体适用《保荐办法》；授权制定具体业务规则。
      - 承销管理：允许直接定价、竞价、询价发行；授权制定具体业务规则。
    - 《证券发行上市保荐业务管理办法》
  - 规范性文件
    - 《准则第46号——招股说明书》
      - □对发行人的最低披露要求，包括发行人基本情况、业务和技术、公司治理与独立性、财务会计信息、管理层分析、募集资金运用、风险因素等的具体披露要求；
      - □主要增加了投资者保护、创新特征等披露要求。
    - 《准则第47号——公开发行申请文件》
      - √对发行申请文件的最低要求；
      - √主要增加了监事会意见、上市保荐书，减少了自律监管意见函。

图5-5 证监会关于北交所的规定

- 北交所规定
  - 规则
    - ◆《股票上市规则》：规定上市条件、上市程序与上市保荐，募集资金管理与限售要求等；
    - ◆《发行上市审核规则》：规定发行上市审核的交易所审核职责、审核内容、审核程序，以及自律监管等。
  - 细则
    - ◆《保荐业务管理细则》：细化明确保荐职责、保荐业务规程和法律责任。增加上市公司再融资保荐，延长保荐督导期为3年，删除主办券商相关表述；
    - ◆《上市委管理细则》：规定组成与职责、工作程序、纪律与监督等。增加重组委、退市与重新上市的特别程序；
    - ◆《发行与承销管理细则》：明确定价与配售、股票承销、信息披露及违规处分等的要求。
  - 指引
    - ◆《发行上市规则适用指引第1号》：细化发行上市规则相关条款的理解与适用要求。增加财务报告“6+3”模式的相关披露要求，转贷相关要求等；
    - ◆《发行与承销实施细则》：与中国结算联合发布，规范定价与申购、资金交收与股份登记等流程。
  - 指南
    - ◆《发行上市指南1号：申报与审核》：细化申报与审核环节的具体业务流程及要求。增加监事意见、审计报告基准日后的财务报表及审阅报告等文件，增加与证监会注册程序衔接等。
    - ◆《发行上市指南2号：发行与上市》：细化发行、上市环节的具体业务流程及要求。

图5-6 北交所的规定细则

所监管标准的总体一致性，增强了提高公司质量的内生动力。另一方面，引入更加灵活、更有弹性的监管要求。例如，董事会组成充分尊重公司自治，不强制要求设立专门委员会；对现金分红比例不作硬性要求，鼓励公司根据自身实际“量力而为”；对于股权激励，允许在充分披露并履行相应程序的前提下，合理设置低于股票市价的期权行权价格，以增强激励功效等。

四是退市机制体现特色。北交所将借鉴退市制度改革经验，在保护投资者合法权益的基础上，既充分包容中小企业天然存在的业绩易受外部影响等特点，避免市场“大进大出”；也坚决出清重大违法、丧失持续经营能力等极端情形的公司。与沪深交易所公司退市的去向安排不同，北交所退市公司符合相应条件的，鼓励其挂牌基础层或创新层，继续发展；存在重大违法等情形，不符合挂牌条件的，转入退市公司板块，实现对退市风险的“分类纾解、充分缓释”。

五是成长路径循序渐进。北交所将坚持与新三板创新层、基础层一体发展与制度联动，坚持与区域股权市场、沪深交易所错位发展与互联互通。北交所上市公司由新三板创新层公司产生。这种逐层递进的上市模式，以公开市场的持续多轮次融资助力中小企业创新发展和转型升级，为中小企业提供了一条“边融资、边交易、边发展”循序渐进、逐步提升的资本市场路径。

三、进入北交所的基本条件

根据《北京证券交易所股票上市规则》，发行人申请向不特定合格投资者公开发行股票并在北交所上市的应当符合下列条件：

（1）发行人为在全国股转系统连续挂牌满 12 个月的创新层挂牌公司。

（2）符合中国证券监督管理委员会规定的发行条件。

（3）最近一年期末净资产不低于 5000 万元。

（4）向不特定合格投资者公开发行（以下简称公开发行）的股份不少于 100 万股，发行对象不少于 100 人。

（5）公开发行后，公司股本总额不少于 3000 万元。

（6）公开发行后，公司股东不少于 200 人，公众股东持股比例不低于公司股本总额的 25%；公司股本总额超过 4 亿元的，公众股东持股比例不低于公司股本总额的 10%。

（7）市值及财务指标符合本规则规定的标准。

（8）北交所规定的其他上市条件。

北交所可以根据市场情况，经中国证监会批准，对上市条件和具体标准进行调整。发行人申请公开发行并上市，市值及财务指标应当至少符合下列标准中的四选一：

（1）预计市值不低于 2 亿元，最近 2 年净利润均不低于 1500 万元且加权平均净资产收益率平均不低于 8%，或者最近 1 年净利润不低于 2500 万元且加权平均净资产收益率不低于 8%。

（2）预计市值不低于 4 亿元，最近 2 年营业收入平均不低于 1 亿元，且最近 1 年营业收入增长率不低于 30%，最近 1 年经营活动产生的现金流量净额为正。

（3）预计市值不低于 8 亿元，最近 1 年营业收入不低于 2 亿元，最近 2 年研发投入合计占最近 2 年营业收入合计比例不低于 8%。

（4）预计市值不低于 15 亿元，最近 2 年研发投入合计不低于 5000 万元。

前款所称预计市值是指以发行人公开发行价格计算的股票市值。

发行人申请公开发行并上市，不得存在下列情形：

（1）最近 36 个月内，发行人及其控股股东、实际控制人存在贪污、贿赂、侵占财产、挪用财产或者破坏社会主义市场经济秩序的刑事犯罪；存在欺诈发行、重大信息披露违法或者其他涉及国家安全、公共安全、生态安全、生产安全、公众健康安全等领域的重大违法行为。

（2）最近 12 个月内，发行人及其控股股东、实际控制人、董事、监事、高级管理人员受到中国证监会及其派出机构行政处罚，或因证券市场违法违规行为受到全国中小企业股份转让系统有限责任公司（以下简称全国股转公司）、证券交易所等自律监管机构公开谴责。

（3）发行人及其控股股东、实际控制人、董事、监事、高级管理人员因涉嫌犯罪正被司法机关立案侦查或涉嫌违法违规正被中国证监会及其派出机构立案调查，尚未有明确结论意见。

（4）发行人及其控股股东、实际控制人被列入失信被执行人名单且情形尚未消除。

（5）最近36个月内，未按照《中华人民共和国证券法》和中国证监会的相关规定在每个会计年度结束之日起4个月内编制并披露年度报告，或者未在每个会计年度的上半年结束之日起2个月内编制并披露中期报告。

（6）中国证监会和北交所规定的，对发行人经营稳定性、直接面向市场独立持续经营的能力具有重大不利影响，或者存在发行人利益受到损害等其他情形。

发行人具有表决权差异安排的，即同股不同权的股权结构，该安排应当平稳运行至少一个完整会计年度，且相关信息披露和公司治理应当符合中国证监会及全国股转公司相关规定。

四、发行上市条件相关重点问题

（一）上市标准的理解与适用

1. 上市标准选择

发行人申请向不特定合格投资者公开发行股票并在北交所上市的，应当在相关申请文件中明确说明所选择的一项具体的上市标准，即《上市规则》2.1.3规定的4套标准之一，发行人应当结合自身财务状况、公司治理特点、发展阶段以及上市后的持续监管要求等，选择上市标准。

2. 适用第一套标准

（1）最近1年的净利润对关联方或者有重大不确定性的客户是否存在量大依赖，是否主要来自合并报表范围以外的投资收益，对税收优惠、政府补助等非经常损益是否存在较大的依赖性。

（2）净利润等经营业绩指标大幅下滑是否对发行人经营业绩构成重大不利影响。

3. 适用第一、第二、第三套标准

（1）最近 1 年的营业收入对关联方或者有重大不确定性的客户是否存在重大依赖。

（2）营业收入大幅下滑是否对发行人经营业绩构成重大不利影响。

4. 适用第三套标准

最近 1 年营业收入应主要源于前期研发成果产业化。

5. 适用第四套标准

（1）主营业务应属于新代信息技术、高端装备生物医药等国家重点鼓励发展的战略性新兴产业。

（2）保荐机构应重点关注发行人创新能力是否突出、是否具备明显的技术优势、是否已取得阶段性研发或经营成果。

6. 尚未盈利或最近一期存在累计未弥补亏损

（1）是偶发性因素还是经常性因素导致产品、服务或者业务的发展趋势、研发阶段以及达到盈亏平衡状态时主要经营要素需要达到的水平。

（2）是否影响发行人持续经营能力。

（3）未盈利状态持续存在或累计未弥补亏损继续扩大是否会触发退市情形发行人是否充分披露相关信息。

7. 上市标准变更

北交所上市委员会召开审议会议前，发行人因更新财务报告等情形导致不再符合申报时选定的上市标准，需要变更为其他标准的，应当及时向北交所提出变更申请，说明原因并更新相关文件。

不再符合任何一套上市标准的，可以撤回发行上市申请。

（二）经营稳定性

1. 主营业务稳定

最近 24 个月内主营业未发生大变化且最近 12 个月内实施量大资产组的，重组实施前发行人应当符合四宫标准之一（市值除外）。

2. 控制权稳定

最近 24 个月内实际控制人未发生变更。

3. 管理团队层稳定

最近 24 个月内董事、高级管理人员未发生重大不利变化。

（1）重大不利变化的认定，应当本着实质重于形式的原则，综合两个方面因素分析：一是最近 24 个月内变动人数及比例计算人数比例时，以董事、高级管理人员合计总数为基数；二是上述人员离职或无法正常参与发行人的生产经营是否对发行人生产经营产生重大不利影响。

（2）变动后新增的人员来自原股东委派或发行人内部培养产生的，原则上不构成重大不利变化。

（3）发行人管理层因退休、调任、亲属继等原因发生岗位变化的，原则上不构成重大不利变化，但应当披露相关人员变动对公司生产经营的影响。

（4）最近 24 个月内变动人数比例大或核心人员发生变化，进而对发行人的生产经营产生重大不利影响的，应视为发生重大不利变化。

（三）独立持续经营的能力

直接面向市场独立持续经营的能力，应满足：

1. 独立性

发行人业务、资产、人员、财务、机构独立。

（1）不存在对发行人构成重大不利影响的同业竞争。

（2）不存在严重影响发行人独立性或者显失公平的关联交易。

2. 诚信要求

发行人或其控股股东、实际控制人、对发行人主营业务收入或净利润占比超过10%的重要子公司在申报受理后至上市前不存在被列入失信被执行人名单且尚未消除的情形。

3. 持续经营能力

不存在对发行人持续经营能力构成重大不利影响的情形。

发行人存在以下情形的，保荐机构及申报会计师应重点关注是否影响发行人持续经营能力，具体包括：

（1）所处行业受国家政策限制或国际贸易条件影响存在重大不利变化风险；

（2）所处行业出现周期性衰退、产能过剩、市场容量减增长停滞等情况；

（3）所处行业准入门槛低、竞争激烈，发行人在技术、资金、规模效应等方面不具有明显优势；

（4）所处行业上下游供求关系发生重大变化导致原材料采购价格或产品售价出现重大不利变化；

（5）因业务转型的负面影响导致营业收入、毛利率、成本费用及盈利水平出现重大不利变化，且最近一期经营业绩尚未出现明显好转趋势；

（6）重要客户本身发生重大不利变化，进而对发行人业务的稳定性和持续性产生重大不利影响；

（7）由于工艺过时、产品落后、技术更迭、研发失败等原因导致市场占有率持续下降、重要资产或主要生产线出现重大减值风险、主要业务停滞或萎缩；

（8）多项业务数据和财务指标呈现恶化趋势，短期内没有好转迹象；

（9）对发行人业务经营或收入实现有重大影响的商标、专利、专有技术以及特许经营权等重要资产或技术存在重大纠纷或诉讼，已经或者未来将对发行人财务状况或经营成果产生重大影响；

（10）其他明显影响或丧失持续经营能力的情形。

（四）重大违法行为

1. 原则上视为重大违法行为

最近36个月内，发行人及其控股股东、实际控制人在国家安全、公共安全、生态安全、生产安全、公众健康安全等领域，存在以下违法行为之一的，原则上视为重大违法行为：

一是被处以罚款等处罚且情节严重；

二是导致严重环境污染、重大人员伤亡、社会影响恶劣等。

2. 可不认定为重大违法的情形

（1）有以下情形之一且保荐机构及发行人律师出具明确核查结论的，可以不认定为重大违法行为：

一是违法行为显著轻微、罚款数额较小；

二是相关规定或处罚决定未认定该行为属于情节严重；

三是有权机关证明该行为不属于重大违法行为；

（2）导致严重环境污染、重大人员伤亡、社会影响恶劣等并被处以罚款等处罚的，不适用上述情形。

（五）行业相关要求

1. 创新特征的披露与核查

（1）发行人应当结合行业特点、经营特点、产品用途、业务模式、市场竞争力、技术创新或模式创新、研发投入与科技成果转化等情况，在招股说明书中充分披露发行人自身的创新特征。

（2）保荐机构应当对发行人的创新发展能力进行充分核查，在发行保荐书中说明核查过程、依据和结论意见。

2. 金融业、房地产业限制

发行人属于金融业、房地产业企业的，不支持其申报在北交所发行上市。

3. 符合国家产业政策

（1）发行人不得属于产能过剩行业（产能过剩行业的认定以国务院主管部门的规定为准）、《产业结构调整指导目录》中规定的淘汰类行业。

（2）发行人不得属于从事学前教育、学科类培训等业务的企业。

（六）财务信息披露质量

1. 财务报告及审计报告

（1）申请文件中提交的财务报告应当已在法定期限内披露。

（2）符合企业会计准则和相关信息披露规则的规定，在所有重大方面充分地反映了发行人的财务状况、经营成果和现金流量，由注册会计师出具无保留意见的审计报告。

2. 会计政策和会计估计

（1）报告期内应保持一致性，不得随意变更，若有变更应符合企业会计准则。

（2）变更时，保荐机构及申报会计师应关注是否有充分、合理的证据表明变更的合理性，并说明变更会计政策或会计估计后，能够提供更可靠、更相关的会计信息的理由。

（3）变更应履行必要的审批程序，并依据会计准则披露相关信息。

（4）相关变更事项应符合专业审慎原则，与同行业公众公司不存在重大差异，不存在对发行人会计基础工作规范及内控有效性产生重大影响的情形。

（5）如无充分、合理的证据表明会计政策或会计估计变更的合理性，或者未经批准擅自变更会计政策或会计估计的，视为滥用会计政策或会计估计。

3. 会计差错更正

报告期内发行人如出现会计差错更正事项，保荐机构及申报会计师应重点核查以下方面并发表明确意见：

（1）会计差错更正的时间和范围，是否反映发行人存在故意泄露或虚构交易、事项或者其他重要信息，用会计政策或者会计估计，操纵、伪造或改编制财务报表所依据的会计记录等情形；差错更正对发行人的影响程度，是否符合企业会计准则第 28 号的规定。

（2）发行人是否存在会计基础工作薄弱和内控缺失，是否按照《公开发行证券的公司信息披露编报规则第 19 号财务信息的更正及相关披露》及相关日常监管要求进行信息披露。

（3）申报前后，发行人因会计基础薄弱、内控不完善、未及时进行审计调整的重大会计核算疏漏、滥用会计政策或者会计估计以及恶意隐瞒或舞弊行为，导致重大会计差错更正的，将依据相关制度采取自律管理措施或纪律处分；涉及财务会计文件虚假记载的，将依法移送中国证监会查处。

（七）审计截止日后的信息披露

1. 审计截止日至招股说明书签署日超过 4 个月或超过 7 个月的披露要求

（1）财务报告审计截止日至招股说明书签署日超过 4 个月的，发行人应补充提供经会计师事务所审阅的期间 1 个季度的财务报表；超过 7 个月的，发行人应补充提供经会计师事务所审阅的期间 2 个季度的财务报表。

（2）前述经会计师事务所审阅的季度财务报表应当在申报、回复问询等提交申请文件或发行阶段更新招股说明书时提供，提供时需一并完成相关信息披露文件的更新。

2. 下一报告期业绩预告的披露要求

（1）发行人应在招股说明书“重大事项提示”中补充披露下一报告期业绩预告信息。

（2）若审计截止日后发行人经营状况发生重大不利变化，或经营业绩呈下降趋势，应在招股说明书风险因素章节及“重大事项提示”中披露相关风险。

3. 与挂牌公司定期报告和临时报告信息披露的衔接

（1）发行人提供经审阅的季度财务报表前，应先按照挂牌公司信息披露相关监管规定，通过临时公告或在法定期限内披露的定期报告披露经审阅的季度财务报表。

（2）发行人拟提供经审阅的第一季度财务报表的，其公告披露时间不得早于上一年的年度报告的披露时间；发行人拟提供经审阅的第二季度财务报表的，其公告披露时间不得早于对应的半年度报告的披露时间。

（3）发行人在财务报告审计截止日至发行启动前披露年度报告的，招股说明书引用的财务报表应当包括该定期报告对应年度经审计的财务报表。发行人应及时更新招股说明书对应期间的财务信息及经营状况，依规做好信息披露和风险揭示。

（八）业绩大幅下滑

1. 核查要求

发行人在报告期内出现营业收入、净利润等经营业绩指标大幅下滑情形的，从以下方面核查经营业绩下滑的程度、性质、持续时间等：

（1）经营能力或经营环境是否发生变化，如发生变化，变化的具体原因、时间节点、趋势方向及具体影响程度；

（2）发行人正在采取或拟采取的改善措施及预计效果，结合前瞻性信息或经审核的盈利预测（如有）情况，判断经营业绩下滑趋势是否已扭转，是否仍存在对经营业绩产生重大不利影响的事项；

（3）发行人所处行业是否具备强周期特征、是否存在严重产能过剩、是否呈现整体持续衰退，发行人收入、利润变动情况与同行业可比公众公司情况是否基本一致；

（4）因不可抗力或偶发性特殊业务事项导致下滑的，相关事项对业绩的不利影响是否已完全消化或基本消除。

2. 重大不利影响认定

发行人最近 1 年（期）经营业绩指标较上一年（期）下滑幅度超过 50%，如无充分相反证据或其他特殊原因，一般应认定对发行人持续经营能力构成重大不利影响。

3. 核查意见

保荐机构及申报会计师就经营业绩下滑是否对发行人持续经营能力产生重大不利影响发表明确意见。

（九）承诺事项

1. 不得违反公开承诺

发行人及其控股股东或实际控制人曾出具公开承诺的，应当诚实守信，最近 12 个月内不得存在违反公开承诺的情形。

2. 规范要求

（1）承诺事项内容应当具体、明确、无歧义且具有可操作性，符合法律法规和业务规则的相关要求。

（2）承诺无法履行或者无法按期履行的，发行人应及时履行变更程序作重大事项提示。

（3）承诺事项不符合《上市规则》相关规定的承诺相关方应当进行规

范，中介机构应当对规范后的承诺事项是否符合《上市规则》的规定发表意见。

（十）转贷

1. 首次申报审计截止日后，发行人原则上不能再出现“转贷”情形

首次申报审计截止日后，发行人原则上不能再出现“转贷”情形。中介机构应关注发行人连续12个月内银行贷款受托支付累计金额与相关采购或销售（同一交易对手或同一业务）累计金额是否基本一致或匹配，是否属于“转贷”行为。

2. 保荐机构、发行人律师及申报会计师应重点关注下列事项

（1）关注“转贷行为的合法合规性，由中介机构对公司前述行为违反法律法规（如《贷款通则》等）的事实情况进行说明认定，是否存在被处罚情形或风险，是否构成重大违法违规，是否满足相关发行上市条件的要求。

（2）发行人对前述行为的财务核算是否真实、准确，与相关方资金往来的实际流向和使用情况，是否通过体外资金循环粉饰业绩。

（3）发行人是否已通过收回资金、完善制度加强内控等方式积极整改，是否已建立有针对性的内控制度并有效执行，且申报后未发生新的不合规资金往来等行为。

（4）相关行为不存在后续影响，已排除或不存在重大风险隐患。

（5）发行人前述行为信息披露充分性，如相关交易的形成原因、资金流向和用途利息违反有关法律法规具体情况及后果、后续潜在影响的承担机制、整改措施、相关内控建立及运行情况等。

（十一）与上市公司监管规定的衔接

发行人上市前公司治理方面衔接准备情况应符合以下要求：

（1）公司章程（草案）。发行人申报时提交的公司章程（草案）内容应当符合《上市规则》等相关规定，对利润分配投资者关系管理、独立董事、累积投票等内容在公司章程（草案）中予以明确或者单独制定规则。

（2）董监高。发行人申报时的董事（独立董事除外）、监事、高级管理人员（包括董事会秘书和财务负责人）应当符合《上市规则》等规则规定的任职要求，并符合北交所上市公司董事兼任高级管理人员的人数比例、董事或高级管理人员的亲属不得担任监事的相关要求。

（3）独立董事。在上市委员会审议之前，发行人独立董事的设置应当符合北交所上市公司独立董事的相关规定。

发行人原有可转债、优先股、期权激励计划的衔接应符合以下要求：

（1）可转债。同步审议可转债在北交所挂牌转让事项：申报当日办理完成暂停转股事宜、披露暂停转股公告，收到终止审核决定书或者股票上市后及时办理恢复转股事宜；充分披露。

（2）优先股。同步审议优先股在本所挂牌转让事项；充分披露。

期权激励计划：充分披露；在审期间，发行人不应新增期权激励计划，相关激励对象原则上不得行权。

五、发行人公开发行股票经中国证监会注册并完成发行后，应当提交下列文件，向北交所提出股票上市申请

（1）上市申请书；

（2）中国证监会同意注册的决定；

（3）公开发行结束后，符合《中华人民共和国证券法》规定的会计师事务所出具的验资报告；

（4）中国证券登记结算有限责任公司北京分公司出具的股票登记相关文件；

（5）保荐机构关于办理完成限售登记及符合相关规定的承诺；

（6）公开发行后至上市前，按规定新增的财务资料和有关重大事项的说明（如适用）；

（7）本所要求的其他文件。

六、发行人应当于股票上市前3个交易日内，在符合《中华人民共和国证券法》规定的信息披露平台披露下列文件：

（1）上市公告书；

（2）公司章程；

（3）北交所要求的其他文件。

案例参考5-1：诺思兰德（430047 BJ）

北京诺思兰德生物技术股份有限公司（以下简称诺思兰德）是首批2家不盈利的登陆北交所上市的企业之一，其充分体现了北交所的包容性原则。诺思兰德是一家专业从事基因治疗药物、重组蛋白质类药物和眼科用药物研发、生产及销售的创新型生物制药企业，诺思兰德是一家创新型生物制药企业，为北京市专精特新中小企业。

公司成立于2004年6月，是国家火炬计划重点高新技术企业、北京科技研究开发机构、北京市裸质粒基因治疗药物工程技术研究中心、北京市国际科技合作基地、北京市生物医药产业G20创新引领企业，注册资本为25725.0203万元（见图5-7）。

公司拥有一个高素质研发及管理团队，在临床前研究、临床研究、生产与质量管理、药厂建设、药品经营等方面积累了丰富的经验。公司建立了基因载体构建、工程菌构建、微生物表达、哺乳动物细胞表达、生物制剂生产工艺及其规模化生产技术以及滴眼剂药物开发等核心技术平台，为持续开发项目提供了保障。公司坚持以临床需求为导向，依托自主核心技术平台，主要致力于心血管疾病、代谢性疾病、罕见病和眼科疾病等领域生物工程新药的研发和产业化（见图5-8、图5-9）。

公司全称：	北京诺思兰德生物技术股份有限公司
英文名称：	—
公司称简：	诺思兰德
曾用证券简称：	诺思兰德·N诺思
是否具有表决权差异安排：	否
法人代表：	许松山
公司董秘：	—
行业分类：	医药制造业
上市日期：	20201124
总股本：	257250203
注册地址：	北京市海淀区上地开拓路5号A406室

诺思兰德 股票代码：430047

营业收入（元）：	22821499.34
营业利润（元）：	-26589982.27
净利润（元）：	-26557191.61
未分配利润（元）：	-195151832.51
总资产（元）：	355483019.58
总负债（元）：	62484125.98
净资产（元）：	257309449.50
每股收益（元）：	-0.10
每股净资产（元）：	1.00
净资产收益率（%）：	-9.64

图5-7　诺思兰德基本情况

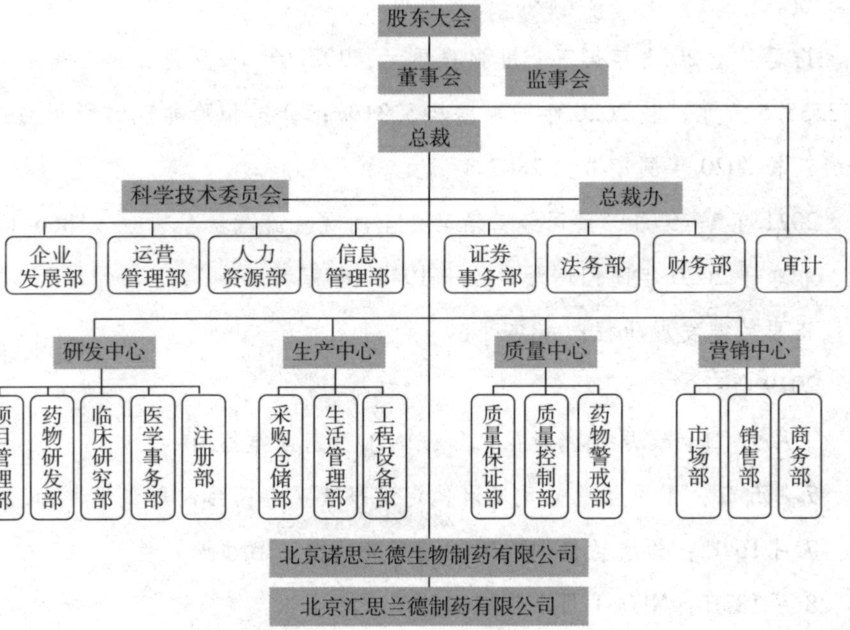

图5-8　诺思兰德公司组织架构

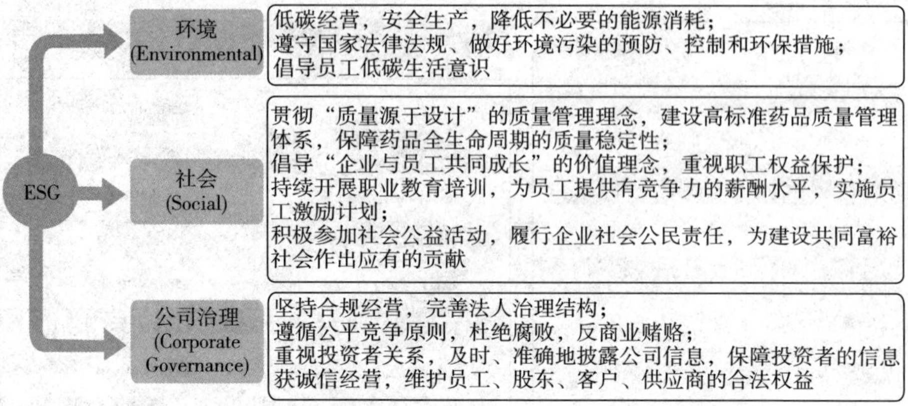

图 5－9　诺思兰德 ESG 理念

公司主要从事基因治疗药物、重组蛋白质类药物和眼科用药的研发、生产及销售，拥有授权专利 13 项，先后承担国家级“重大新药创制”课题 8 项。

诺思兰德 2021 年第三季度报告显示，2021 年 1—9 月，公司营业收入为 3535.5 万元，较 2020 年同期增长 5.31%；公司扣除非经常性损益后的净利润较 2020 年同期减少 2802.1 万元。

2021 年 1—9 月，公司经营活动产生的现金流流量净额为 －1866.13 万元，相较于 2020 年同期增加净流出 1945.09 万元。

诺思兰德发展历程：

2019 年：

3 月 15 日：诺思兰德与昆拓信诚临床研究合作签约

7 月 5 日：汇恩兰德盐酸奥洛他定滴眼液获得药品注册受理通知书

7 月 16 日：汇恩兰德玻璃酸钠滴眼液获得药品注册批件

8 月 18 日：NL003 Ⅲ期临床试验研究者会议

11 月 8 日：NL005 Ⅱa 期临床试验方案讨论会

12 月 30 日：汇恩兰德单剂量滴眼液生产线通过 GMP 认证

2020 年：

8 月 12 日：控股子公司汇恩兰德的盐酸奥洛他定滴眼液获得《药品注册证书》

8 月 28 日：NL005 Ⅱa 期研究者会议召开

11 月 23 日：诺思兰德进行网上路演

11 月 24 日：诺思兰德晋级新三板精选层

12 月 24 日：诺思兰德荣获挖贝网“2020 年度新三板杰出董事长”“2020 年度医疗健康领军企业”及“2020 年度董秘贡献奖”三个奖项

募集资金的实际使用情况：

2020 年 9 月 11 日，公司召开第五届董事会第六次会议，审议通过了《关于进一步明确公司向不特定合格投资者公开发行股票并在全国中小企业股份转让系统精选层挂牌发行方案》。

公司发行人民币普通股 41126749 股，发行价格为 6.02 元/股，募集资金总额 24758.30 万元，扣除发行费用（不含税）1857.54 万元，实际募集资金净额为 22900.76 万元。

募集资金主要用于生物工程创新药研发项目、生物工程新药产业化项目和补充流动资金。截至 2021 年 6 月 30 日，公司本期募集资金实际使用情况如表 5－1 所示。

表 5－1　公司本期募集资金实际使用（截至 2021 年 6 月 30 日）

单位：万元

项目	金额
一、期初募集资金余额	20462.05
加：本期利息收入	284.90
二、本期可使用募集资金金额	20746.95
三、七期实际使用募集资金金额	2233.08
其中：	
1. 生物工程创新药研发项目	1422.21

续表

项目	金额
2. 生物工程新药产业化项目	103.63
3. 补充流动资金	707.24
四、期末余额	18513.87
其中：期末用于现金管理的暂时闲置募集资金金额	9400.00

诺思兰德为了企业持续发展，专门打造了一款盈利项目——眼科药物来补充企业现金流，诺思兰德旗下的汇恩兰德制药是一家集研发、生产和销售于一体的专业眼科用药品制药企业，致力于提供眼科临床治疗整体解决方案。

公司投资1.5亿元，规划滴眼液生产线共7条，现已完成3条建设，并通过中国GMP认证，其生产和质量管理符合国际GMP要求。公司采用行业先进水平的“吹、灌、封”一体化无菌滴眼液自动化生产线，可生产单剂量和多剂量滴眼液，目前年生产能力为1.1亿支，已建设成为专业的眼科用药品生产基地。

公司在研品种涵盖角膜修复、干眼症、青光眼、抗过敏、抗炎、抗生素等眼科用药品。

案例分析：

一、体现北交所上市规则的包容性

诺思兰德成立于2004年6月，主要从事基因治疗药物、重组蛋白质类药物和眼科用药的研发、生产及销售。2009年挂牌新三板。2020年11月，按照“市值不低于15亿元，最近2年研发投入合计不低于5000万元”的第四套标准，诺思兰德入选新三板精选层，也成为首家未盈利的挂牌创新药研发企业。2021年11月，公司平移至北交所上市。

Choice数据显示，诺思兰德归母净利润自2013年以来一直处于亏损状态，2013—2016年归母净利润分别为－850.8万元、－1051万元、－1828万元和－1501万元。根据2020年年报，报告期内公司亏损2535万元，如此看来，诺思兰德已经连续亏损8年。

二、用眼科药物作为盈利项目缓解资金压力和财务状况，支持生物工程药物的研发及临床实验（这个思路值得思考与借鉴）

诺思兰德的主要产品为生物工程药物和眼科药物，目前已有3款生物工程药物进入临床中后期。公司由于尚无生物工程新药获批上市，目前仍主要通过滴眼液生产销售、代工以及技术转让等相关业务产生收入以部分弥补生物工程新药的研发支出，预计近几年内亏损状态仍将持续，待未来公司核心新药产品获批上市后方有望实现盈利。

三、从二级市场表现看投资者态度

从前十股东排名来看，有待吸引大基金持仓，目前就富国积极成长一年定期开放混合（009693）基金持股6234861股，占流通股比例2.42%（见图5－10）。

四、充分利用融资通道精准融资

诺思兰德在上市后不久，又发布了3亿元的增发方案，这也成为北交所首家开启再融资的公司。诺思兰德能如此快速地推出再融资方案，也表明了资本市场以及监管机构对公司未来前景的良好预期。

五、对其竞争对手的分析

从竞争对手来看，国内外研发NL003同类产品的公司中，进度比较快的还有人福医药。人福医药的在研产品进入Ⅲ期临床的时间比诺思兰德要早，因此有可能先于公司获批。这有可能增大诺思兰德产品获批的难度。目前人福医药的在研产品并没有披露Ⅱ期临床的数据，无法得知其产品的治疗效果。

人福医药HGF产品仅能表达HGF 728一种蛋白，估计效果不如诺思兰德的NL003。此外，人福医药的HGF产品临床试验不能纳入糖尿病患者，也限制了其产品的使用范围。

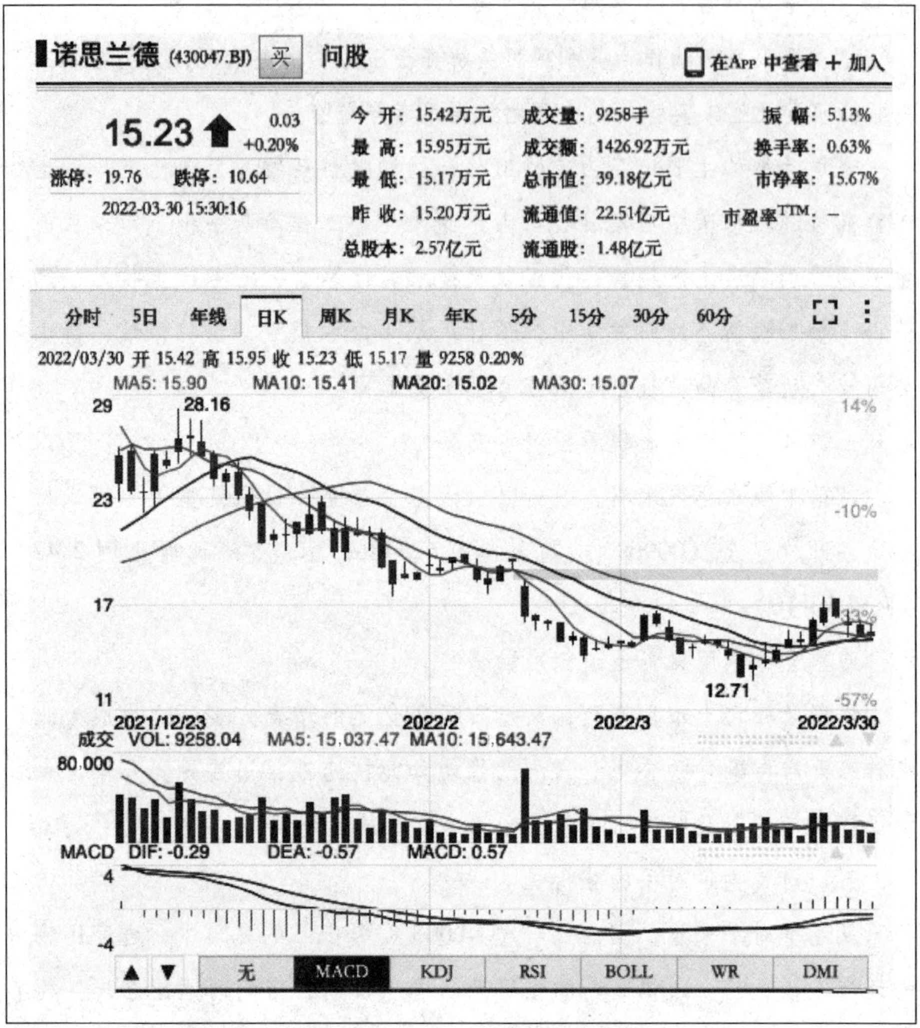

图 5-10 诺思兰德的股市表现

六、引进 ESG 治理模式

ESG 治理模式表达了诺思兰德的环保意识、社会责任及公司治理的先进理念。

第二节 运作流程

北交所各层级分布如图 5－11 所示。

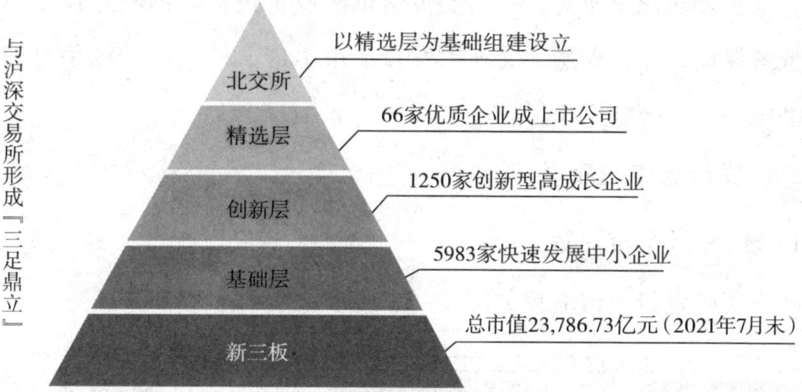

图 5－11 北交所各层级分布

一、理解《北京证券交易所向不特定合格投资者公开发行股票并上市的审核规则》（试行）

该规则要求，发行人申请公开发行股票并上市，应当向北交所提交发行上市申请文件。

（1）北交所对发行上市申请文件进行审核，认为发行人符合发行条件、上市条件和信息披露要求的，将审核意见、发行上市申请文件及相关审核资料报中国证券监督管理委员会注册；认为发行人不符合发行条件、上市条件或信息披露要求的，作出终止发行上市审核的决定。

（2）北交所设立专门的发行上市审核机构，对发行人的发行上市申请文件进行审核，出具审核报告；设立上市委员会，对审核机构出具的审核报告和发行上市申请文件进行审议，形成审议意见。北交所可以设立行业咨询委员会，为发行上市审核提供专业咨询和政策建议。

（3）北交所结合上市委员会的审议意见，出具发行人符合发行条件、上市条件和信息披露要求的审核意见或者作出终止发行上市审核的决定。

（4）北交所实行电子化审核，申请、受理、问询、回复等事项通过北交所发行上市审核业务系统办理。

（5）北交所出具发行人符合发行条件、上市条件和信息披露要求的审核意见，不表明北交所对该股票的投资价值或者投资者的收益作出实质性判断或者保证，也不表明北交所对发行上市申请文件及所披露信息的真实性、准确性、完整性作出保证。

二、发行上市程序

（一）发行上市流程

北交所的发行上市流程如图 5－12 所示。

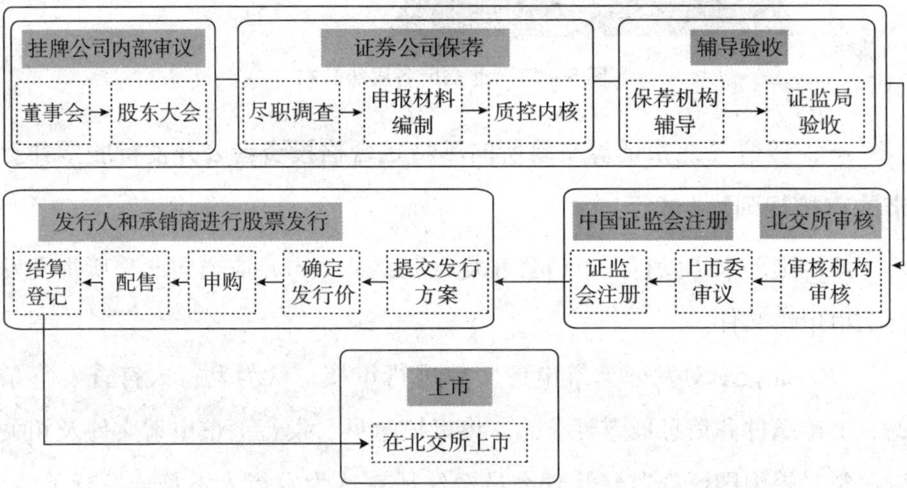

图 5－12　北交所发行上市流程

（二）申报前准备

北交所申报前准备如图 5－13 所示。

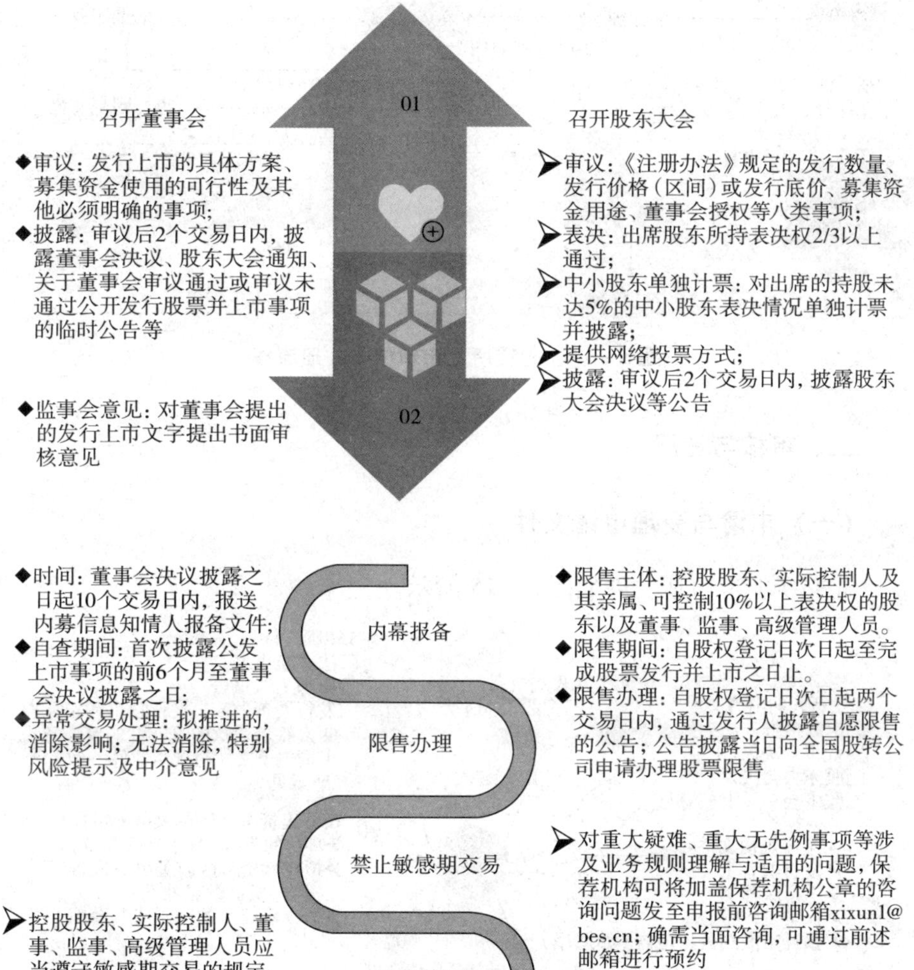

图 5－13　北交所申报前准备

（三）上市审核与注册流程

北交所上市审核与注册流程如图5－14所示。

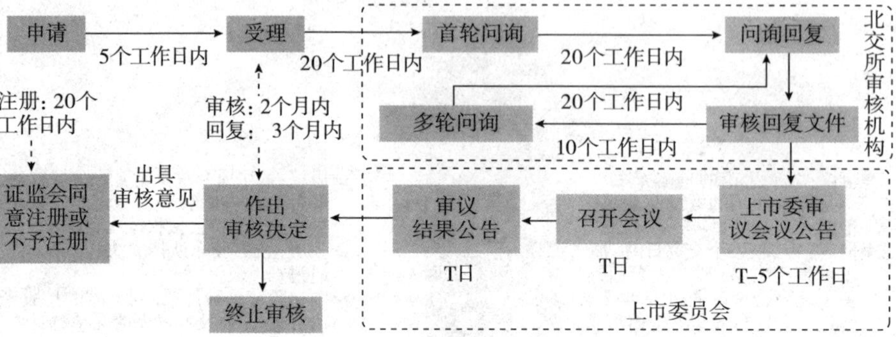

图5－14　北交所上市审核与注册流程

三、审核与注册

（一）申请与受理申请文件

北交所上市申请文件如图5－15所示。

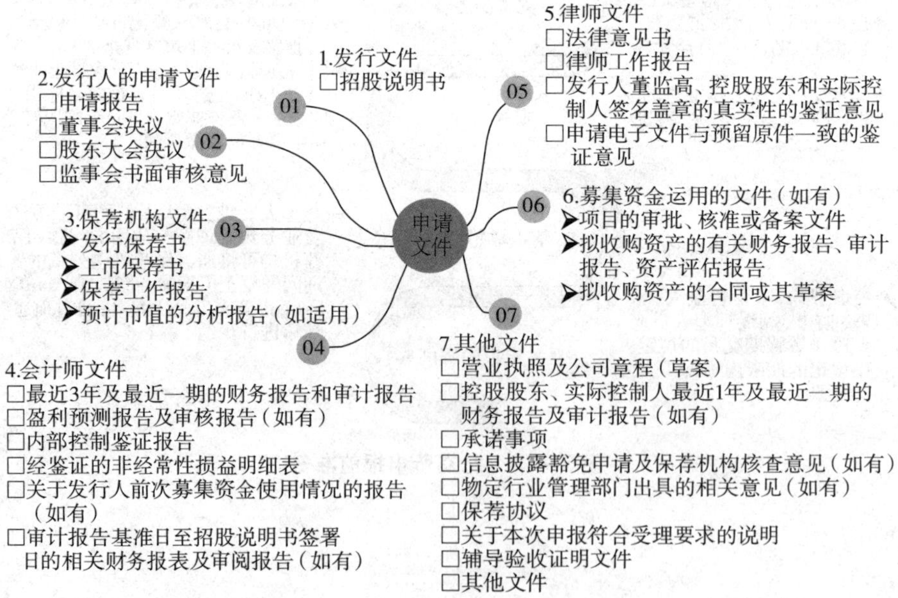

图5－15　北交所上市申请文件

北交所上市申报流程如图 5－16 所示。

申报	补正	受理	不予受理
·申报即担责 自注册申请文件申报之日起，发行人及其控股股东、实际控制人、董监高，以及与本次发行上市相关保荐人、证券服务机构及相关责任人员，即承担相应法律责任。 ·申报后停牌 申请股票于申报的次一交易日前停牌。	·补正要求 申请文件不齐备的，一次性告知需补正的事项。 ·补正时限 申请文件补正时限量最长不得超过30个工作日。收到申请文件的时间以最终提交补正文件的时间为准。	·受理时限 收到文件后5个工作日内作出是否受理的决定。 ·受理当日披露 受理当日发行人在本所网站预先披露招股说明书、发行保荐书、上市保荐书、审计报告和法律意见书等文件。 ·验证版招股说明书 受理之日起10个工作日内，报送验证版招股说明书。	不予受理情形： 1.文件不齐备且未按要求补正； 2.保荐机构、证券服务机构及其相关人员不具备相关资质，或被采取认定为不适当人选、限制业务活动、一定期限内不接受其出具的相关文件等相关措施，尚未解除，或因发行上市，再融资、并购重组业务涉嫌违法违规，或其他业务涉嫌违法违规且对市场有重大影响被立案调查、侦查尚未结案； 3.存在尚未实施完毕的股票发行、重大资产重组、可转债发行、收购、股票回购等情形； 4.本所规定的其他情形。 不予受理的后续要求： ·保荐机构提交发行上市文件12个月内累计2次被不予受理的，3个月后方可报送新的发行上市申请文件。

图 5－16　北交所上市申报流程

（二）审核机构审核

北交所上市审核流程如图 5－17 所示。

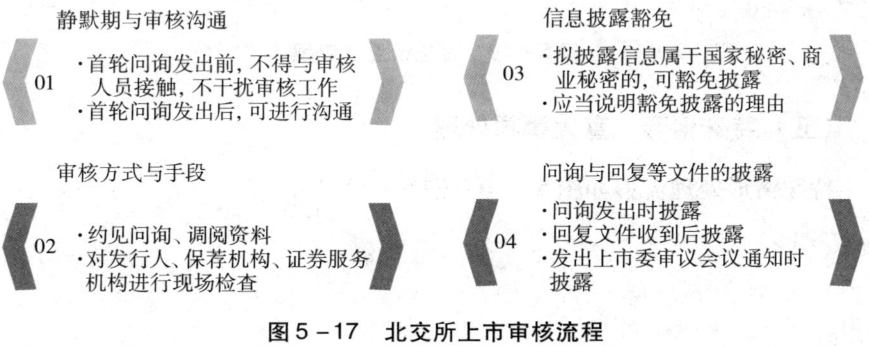

图 5－17　北交所上市审核流程

（三）上市委审议、形成审核意见

上市委审议流程如图 5－18 所示。

上市委会议通知公告

- 公告：会议召开5个工作日前，公布审议会召开时间、拟参会委员名单和拟审议发行人名单；
- 回避：发行人等可申请委员回避；
- 变更：会议变更、取消的，及时公告

上市委会议召开

- 现场问询：召开前2个工作日查询现场问询问题清单，相关主体按要求到会接受问询；
- 形成意见：参会委员通过合议形成是否符合发行条件、上市条件和信息披露要求的审议意见；
- 暂缓审议：存在待核实事项无法形成审议意见，可暂缓审议。暂缓审议时间不超过2个月。同一项目只能暂缓审议一次

形成审核意见

- 审核意见：结合上市委员会审议意见，出具发行人符合发行条件、上市条件和信息披露要求的审核意见或作出终止发行上市审核的决定；
- 审核时限：自受理发行上市申请文件之日起2个月内形成审核意见，回复时间不算在内；
- 回复时限：回复本所审核问询的时间总计不超过3个月；
- 时限除外情形：中止、请示有权机关、落实上市委意见、暂缓审议、处理后事项、现场检查、现场督导、要求专项核查，并要求发行人补充、修改申请文件等情形，不计算在内

图 5－18　上市委审议流程

（四）向证监会报送

报送证监会流程如图 5－19 所示。

报送

- 审核通过后，向证监会报送审核意见、审核资料及申请文件；
- 报送时，披露招股说明书等文件

进一步问询或退回补充审核

- 要求进一步问询的，提出反馈问题；
- 退回补充审核的，对相关事项重新审核，并提交上市委员会审议

注册后披露

- 注册后发行前，披露招股意向书和招股说明书；
- 发行价格确定后5个工作日内，刊登招股说明书

有效期

- 招股说明书中引用财力报表有效期6个月，特别情况可申请延期3个月；
- 招股说明书的有效期为6个月

图 5－19　报送证监会流程

（五）特殊情形：重大事项处理

特殊情形处理流程如图 5－20～图 5－22 所示。

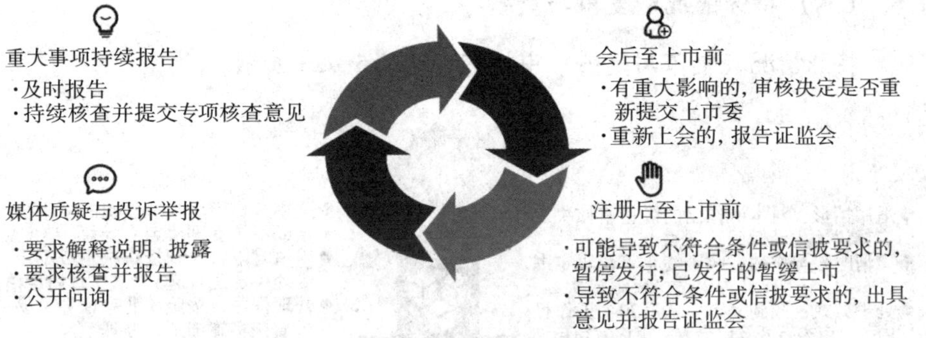

图5－20　重大事项处理

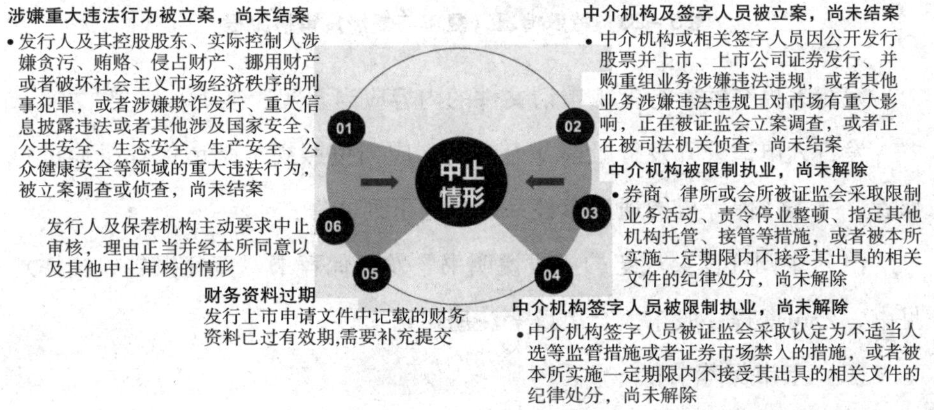

图5－21　中止情形

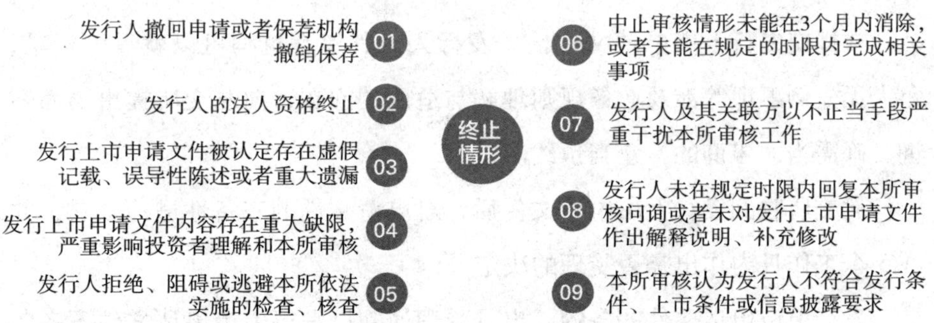

图5－22　终止情形

（六）特殊情况：复审与复核

特殊情况（复审与复核）审核流程如图5－23所示。

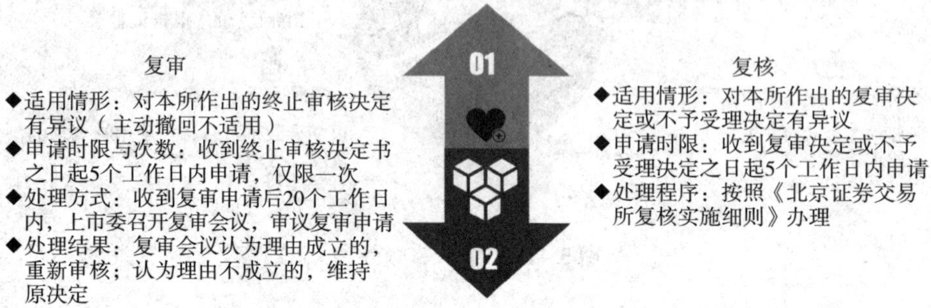

图5－23　特殊情况（复审与复核）审核流程

发行人提交的发行上市申请文件的内容应当真实、准确、完整。

发行人申请公开发行股票并上市的，应当按照规定聘请保荐机构进行保荐，并委托保荐机构通过审核系统报送下列文件：

（1）中国证监会规定的招股说明书、发行保荐书、审计报告、法律意见书、公司章程、股东大会决议等注册申请文件；

（2）上市保荐书；

（3）北交所要求的其他文件。发行上市申请文件的内容与格式应当符合中国证监会和北交所的相关规定。

在提交发行上市申请文件前，发行人及其保荐机构可以就重大疑难、重大无先例事项等涉及业务规则理解与适用的问题，向北交所提出书面咨询；确需当面咨询的，应当预约。

北交所收到发行上市申请文件后，对申请文件的齐备性进行核对，并在5个工作日内作出是否受理的决定。

发行上市申请文件齐备的，出具受理通知；发行上市申请文件不齐备的，一次性告知需要补正的事项。补正时限最长不得超过30个工作日。多次补正的，补正时间累计计算。

发行人补正发行上市申请文件的，北交所收到发行上市申请文件的时间以发行人最终提交补正文件的时间为准。

北交所按照收到发行人发行上市申请文件的先后顺序予以受理。

按照规则，存在下列情形之一的，北交所不予受理：

（1）发行上市申请文件不齐备且未按要求补正。

（2）保荐机构、证券服务机构及其相关人员不具备相关资质；或者因证券违法违规，被采取认定为不适当人选、限制业务活动、一定期限内不接受其出具的相关文件等相关措施，尚未解除；或者因公开发行股票并上市、上市公司证券发行、并购重组业务涉嫌违法违规，或其他业务涉嫌违法违规且对市场有重大影响被立案调查、侦查，尚未结案。

（3）存在尚未实施完毕的股票发行、重大资产重组、可转换为股票的公司债券发行、收购、股票回购等情形。

（4）北交所规定的其他情形。

保荐机构报送的发行上市申请文件在 12 个月内累计 2 次被不予受理的，自第二次收到北交所不予受理通知之日起 3 个月后，方可报送新的发行上市申请文件。

北交所受理发行上市申请文件当日，发行人应当在北交所网站预先披露招股说明书、发行保荐书、上市保荐书、审计报告和法律意见书等文件。

北交所受理发行上市申请后至中国证监会作出注册决定前，发行人应当按照本规则的规定，对预先披露的招股说明书、发行保荐书、上市保荐书、审计报告和法律意见书等文件予以更新并披露。

依照前两款规定预先披露的招股说明书等文件不是发行人发行股票的正式文件，不能含有股票发行价格信息，发行人不得据此发行股票。

四、审核流程及内容与方式

（一）受理

北交所实行电子化审核，申请、受理、问询、回复等事项均通过本所审核系统办理。发行人通过保荐机构以电子文档形式向北交所提交申请文件。北交所在收到申请文件后5个工作日内作出是否受理的决定。受理当日，招股说明书等预先披露文件在北交所网站披露。

北交所受理后仅作形式审查，材料齐备的，出具受理通知书；材料不齐备的，一次性告知补正。补正时限最长不超过30个工作日。保荐机构报送的发行上市申请文件在12个月内累计2次被不予受理的，自第二次收到北交所不予受理通知之日起3个月后，方可报送新的发行上市申请文件。

（二）审核机构审核

自受理之日起20个工作日内，北交所审核机构通过审核系统发出首轮问询。发行人及其保荐机构、证券服务机构应当及时、逐项回复审核问询事项。审核问询可多轮进行（见图5－24）。

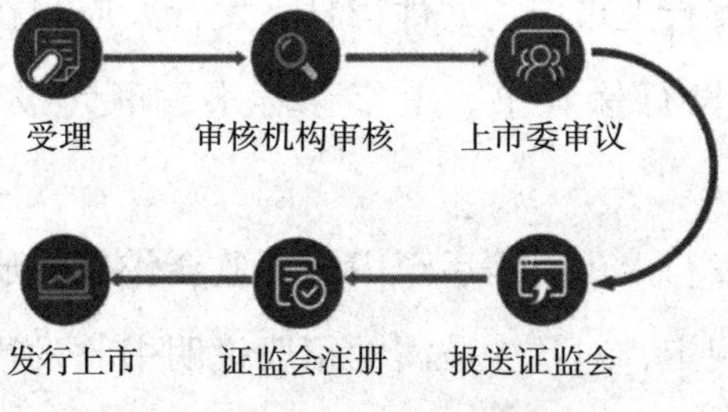

图5－24　审核机构审核流程

首轮问询发出前，发行人、保荐机构、证券服务机构及其相关人员不得与审核人员接触，不得以任何形式干扰审核工作（静默期）。首轮问询发出后，发行人及其保荐机构、证券服务机构可与北交所审核机构进行沟通；确需当面沟通的，应当预约。

此时，部分不符合北交所上市要求的公司会被“劝退”；部分公司会选择主动“撤材料”；部分“带病上会”的公司被否决的可能性极大。

发行人/中介机构需要在20个工作日内回复问询，至多延长不超过20个工作日。

北交所审核机构认为不需要进一步问询的，出具审核报告并提请上市委员会审议。

（三）上市委员会审议

上市委员会召开审议会议，对申请文件和审核机构的审核报告进行审议，通过合议形成发行人是否符合发行条件、上市条件和信息披露要求的审议意见。上市委员会进行审议时要求对发行人及其保荐机构进行现场问询的，发行人代表及保荐代表人应当到会接受问询，回答参会委员提出的问题。

北交所结合上市委员会的审议意见，出具发行人符合发行条件、上市条件和信息披露要求的审核意见或作出终止发行上市审核的决定。

北交所自受理发行上市申请文件之日起2个月内形成审核意见，但发行人及其保荐机构、证券服务机构回复审核问询的时间，以及中止审核、请示有权机关、落实上市委员会意见、暂缓审议、处理会后事项、实施现场检查、实施现场督导、要求进行专项核查，并要求发行人补充、修改申请文件等情形，不计算在前述时限内。

（四）报送证监会

北交所审核通过的，向中国证监会报送发行人符合发行条件、上市条件和信息披露要求的审核意见，相关审核资料和发行人的发行上市申请文件。

中国证监会认为存在需要进一步说明或者落实事项的，可以要求本所进一步问询。

（五）证监会注册

中国证监会在20个工作日内作出同意注册或不予注册的决定，通过要求北交所进一步问询、要求保荐机构和证券服务机构等对有关事项进行核查、对发行人现场检查等方式要求发行人补充、修改申请文件的时间不计算在内。

发行人发生重大事项，导致不符合发行条件的不予注册/撤销注册。中国证监会作出不予注册决定的，自决定作出之日起6个月后，发行人可以再次提出公开发行股票和上市申请。

（六）发行上市

中国证监会同意注册的，发行人依照规定发行股票。中国证监会的予以注册决定，自作出之日起1年内有效，发行人应当在注册决定有效期内发行股票，发行时点由发行人自主选择。

北交所在公开发行股票并上市的信息披露审核中重点关注以下事项：

（1）发行上市申请文件及信息披露内容是否达到真实、准确、完整的要求，是否符合中国证监会和北交所的有关要求。

（2）发行上市申请文件及信息披露内容是否包含对投资者作出投资决策有重大影响的信息，披露程度是否达到投资者作出投资决策所必需的水平，包括但不限于是否充分、全面披露相关规则要求的内容，是否充分揭示可能对发行人经营状况、财务状况产生重大不利影响的所有因素。

（3）发行上市申请文件及信息披露内容是否一致、合理和具有内在逻辑性，包括但不限于财务数据是否钩稽合理，是否符合发行人实际情况，财务信息与非财务信息是否相互印证，保荐机构、证券服务机构核查依据是否充分，能否对财务数据的变动或者与同行业公司存在的差异作出合理解释。

（4）发行上市申请文件披露的内容是否简明易懂，是否便于投资者阅读和理解，包括但不限于是否使用事实描述性语言，是否言简意赅、通俗易懂、逻辑清晰，是否结合发行人自身特点进行有针对性的信息披露。

发行上市申请文件和对北交所审核机构审核问询的回复中，拟披露的信息属于国家秘密、商业秘密，披露后可能导致其违反国家有关保密的法律法规或者严重损害公司利益的，可以豁免披露。发行人应当说明豁免披露的理由，北交所认为豁免披露理由不成立的，发行人应当按照规定予以披露。

北交所可视情在审核问询中对发行人、保荐机构及证券服务机构提出下列要求：

（1）解释和说明相关问题及原因；

（2）补充核查相关事项；

（3）补充提供新的证据或材料；

（4）修改或更新信息披露内容。

五、审核程序

北交所审核机构按照发行上市申请文件受理顺序开始审核，自受理之日起 20 个工作日内，通过审核系统发出首轮审核问询。

在首轮审核问询发出后，发行人及其保荐机构、证券服务机构对北交所审核问询存在疑问的，可与北交所审核机构进行沟通；确需当面沟通的，应当预约。

首轮审核问询后，存在下列情形之一的，北交所审核机构自收到发行人回复后 10 个工作日内可以继续提出审核问询：

（1）首轮审核问询后，发现新的需要问询事项；

（2）发行人及其保荐机构、证券服务机构的回复未能有针对性地回答北交所审核机构提出的审核问询，或者北交所就其回复需要继续审核问询；

（3）发行人的信息披露仍未满足中国证监会和北交所规定的要求；

（4）北交所认为需要继续审核问询的其他情形。

六、发行与上市流程

发行与上市流程如图 5－25 所示。

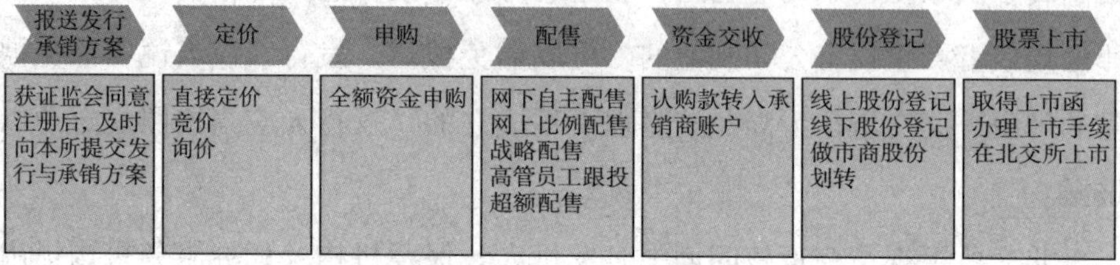

图 5－25　发行与上市流程

第三节 募集资金运用

一、募投项目的必要性及合理性

发行人申报稿将提交《招股说明书》，其中披露的“募集资金运用”是非常重要的信息，审核机关会重点关注募投项目的可行性与募集资金使用的合理性。

（一）第一轮问询

北交所上市委员会于2022年3月23日审议通过的苏州骏创汽车科技股份有限公司，在发行人第一轮问询中的问题16就涉及“募投项目的必要性及合理性”，招股说明书披露募集资金拟投资于以下项目（见表5－2）。

表5－2 苏州骏创汽车科技股份有限公司募投项目 单位：万元

项目名称	项目总投资	募集资金投入额	建设期	项目备案证号	环保批复文号/备案号
汽车零部件扩建技术改造项目	5981.91	5981.91	3年	苏政审经发备〔2021〕81号	苏环建〔2021〕06第0005号
研发中心建设项目	1531.57	1531.57	3年	苏政审经发备〔2021〕71号	202132050600000274
补充流动资金项目	2400.00	2400.00	—	不适用	不适用
偿还银行贷款项目	5100.00	5100.00	—	不适用	不适用
合计	15013.48	15013.48	—	—	—

北交所就上市申请文件的募投项目提出了以下问询：

1. 汽车零部件扩建技术改造项目的合理性

请发行人：补充披露汽车零部件扩建技术改造项目所对应的具体产品

类别、新增设备及生产线产能情况、铺底流动资金的具体用途，说明所需资金的分析与测算依据，结合目前在手订单情况、现有产能、产能利用率、当前销量和市场需求说明发行人是否具有消化募投项目新增产能的能力及具体措施。

2. 研发中心建设的合理性

请发行人：补充披露拟投入 523 万元用于研发人员薪酬的测算依据。分析说明塑料免喷涂材料应用、以塑代钢汽车件轻量化、嵌件注塑自动化生产工艺等项目研发课题与公司现有业务技术的协同性，结合公司目前的客户、需求及市场发展状况等因素详细分析研发项目的市场前景，同时对研发产品的技术难度和商业价值进行评估说明。

3. 补充流动资金及偿还银行贷款的必要性

根据申请文件，2018 年至今发行人累计分配利润 4893 万元。

请发行人：

（1）补充披露募集资金用于补充流动资金的主要用途，结合公司生产经营计划、资金安排以及报告期持续分红的情况说明补充流动资金的必要性及合理性。

（2）请发行人补充披露拟偿还贷款的明细及贷款使用情况，说明在大额分红的情况下本次募集资金用于偿还银行贷款的必要性。

请保荐机构对上述问题进行核查并发表明确意见。

（二）第二轮问询

北交所在第二轮问询中的问题 4 涉及“募集资金使用的合理性”，指出：根据招股说明书，本次发行的拟募集资金 15013.48 万元中，5100 万元、2400 万元分别用于偿还银行贷款和补充流动资金；根据首轮问询回复，截至 2021 年 6 月末发行人货币资金 2363.47 万元，长短期借款余额 1.33 亿元，其中，短期借款 1.1 亿元，公司为获得银行借款抵押了全部房屋建筑物和土地使用权；公司银行借款规模有所增长，主要用于新厂房建设及补充日常营运所需流动资金；同时，在公司业务方面，自 2019 年开始，公司积极尝试其他类型产品的相关业务，但是发行人存在部分年度对主要客户斯凯孚、安通林销售额下滑以及对饰而杰销售金额逐年下滑的情形。

请发行人：

（1）补充披露截至 2021 年 9 月短期借款、1 年内到期长期借款的余额，各项长短期借款的期后还款、新增借款情况。

（2）补充披露销售回款等日常经营性资金中可用于还款金额的测算情况；结合前期借款展期历史、现有借款与银行形成的具体展期安排等，说明借款展期的可行性；逐笔具体分析说明各项借款到期日的还款来源。

（3）补充披露 1.33 亿元银行借款的使用情况、主要用途及金额；报告期内新建厂房的成本构成，前五大供应商基本情况，包括但不限于供应商名称、成立日期、实际控制人、采购内容及金额，采购价格是否公允，是否存在利益输送；借款资金使用内控及审批制度是否健全，是否参照募集资金管理制度进行管理。

（4）结合购产销模式，说明发行人资产负债率高于同行业可比公司的原因及合理性；量化说明使用募集资金偿还银行贷款后是否仍存在偿债风险、对生产经营的影响及具体应对措施。

（5）补充披露目前订单、产能情况，结合当前销量和市场需求进一步说明发行人是否具有消化募投项目中汽车零部件扩建技术改造项目新增产能的能力及具体措施。

（6）结合主要下游客户的汽车销量及客户向公司采购占同类产品采购的比例，说明公司全球市场占有率的合理性。

（7）补充披露主要产品的市场竞争情况，包括主要竞争者和市场份额及占比情况，结合在手订单情况，说明发行人是否存在所处行业准入门槛低、竞争激烈，相比竞争者在技术、资金、规模效应等方面不具有明显优势的情形，是否对发行人直接面向市场独立持续经营能力构成重大不利影响。

请保荐机构、申报会计师、发行人律师核查并发表明确意见。

二、北交所审核发行人募集资金运用的原因

第一轮问询“募集资金运用”，主要关注募投项目的合理性与必要性；第二次重点关注的是“偿还银行贷款和补充流动资金”，两轮问询涉及同样的问题，直接影响发行人上市融资能否顺利通关，这其实就是考查发行人募投项目的真实性、可行性和必要性，投资人为什么要投资发行人的股票，是因为上市公司能给投资人带来预期回报，才可能被打动。发行人及中介机构回复北交所问询越及时、肯定，信息越完整且无明显疑点，也就会越快过会注册发行。

三、中介机构回复意见

（一）发行人保荐机构认为

（1）汽车零部件扩建技术改造项目所需资金依据具有合理性，发行人具有消化募投项目新增产能的能力。

（2）塑料免喷涂材料应用、以塑代钢汽车件轻量化、嵌件注塑自动化生产工艺等项目研发课题与公司现有业务技术具有协同性，研发项目具有较好的商业前景与研发价值。

（3）本次募集资金用于补充流动资金，主要用途为增加公司日常经营的营运资金，主要用于支付供应商货款、人员薪酬等费用，补充流动资金具有必要性及合理性。

（4）本次募集资金用于偿还银行贷款具有必要性。

（5）发行人整体经营业绩良好，在充分考虑良好业绩水平、具有充足未分配利润并合理筹划资金安排的背景下，履行内部审批程序后实施分红，分红具有必要性和合理性。

（二）申报会计师认为

（1）发行人的借款续贷具有可行性。发行人的各项借款到期日的还款来源主要系经营活动所得以及银行借款的续贷。

（2）发行人新建厂房的前五大供应商与发行人不存在利益输送。发行人的借款资金使用内控及审批制度健全，发行人参照《借款管理办法》进行管理。公司制定了《募集资金管理制度》，该制度所称的募集资金系通过法律规定的公开及非公开发行证券的方式向合格投资者募集并用于特定用途的资金，银行借款资金不参照此制度进行管理。

（3）发行人资产负债率高于同行业可比公司主要系公司在报告期内逐渐增加借款以满足新建厂房及业务规模扩大所带来的流动资金需求，而可比公司主要系上市公司，可通过股权进行融资，因此资产负债率高于同行业可比公司具有合理性。公司偿还银行贷款后对公司财务状况、偿债能力有一定改善，但仍面临偿债风险，公司拟采取合理控制融资成本，做好年度资金需求等应对措施来进一步降低公司的流动性风险。

（4）发行人产能负荷较高、产销率较高，同时在手订单较为充足且持续深化业务开拓，因此具有消化募投项目中汽车零部件扩建技术改造项目新增产能的能力具有一定的合理性。

（5）公司汽车悬架轴承部件系列（主要为上盖、下盖等零件），以及汽车天窗控制面板系列（主要为面板框、眼镜盒、PCBA 保护盖等零件），其配套终端车型数量在全球乘用汽车市场销量的占有率数据具有一定的合理性。

（6）发行人所处行业不存在准入门槛低、竞争激烈的情形；相比竞争者在技术、资金、规模效应等方面不具有明显优势的情形下，未对发行人直接面向市场独立持续经营能力构成重大不利影响。

（三）律师认为

（1）发行人已在招股说明书中补充披露截至 2021 年 9 月短期借款、1

年内到期长期借款的余额，各项长短期借款的期后还款、新增借款情况。

（2）发行人已在招股说明书中补充披露销售回款等日常经营性资金中可用于还款金额的测算情况；发行人的借款续贷具有可行性；发行人的各项借款到期日的还款来源主要系经营活动所得以及银行借款的续贷。

（3）发行人已在招股说明书中补充披露1.33亿元银行借款的使用情况、主要用途及金额以及报告期内新建厂房的成本构成，前五大供应商基本情况；发行人新建厂房的前五大供应商与发行人不存在利益输送；发行人的借款资金使用内控及审批制度健全，发行人参照《借款管理办法》进行管理。公司制定了《募集资金管理制度》，该制度所称的募集资金系通过法律规定的公开及非公开发行证券的方式向合格投资者募集并用于特定用途的资金，银行借款资金不参照此制度进行管理。

（4）发行人资产负债率高于同行业可比公司主要系公司在报告期内逐渐增加借款以满足新建厂房及业务规模扩大所带来的流动资金需求，而可比公司主要系上市公司，可通过股权进行融资，因此资产负债率高于同行业可比公司具有合理性。公司偿还银行贷款后对公司财务状况、偿债能力有一定改善，但仍面临偿债风险，公司拟采取合理控制融资成本，做好年度资金需求等应对措施来进一步降低公司的流动性风险。

（5）发行人产能负荷较高、产销率较高，同时在手订单充足且持续深化业务开拓，因此具有消化募投项目中汽车零部件扩建技术改造项目新增产能的能力具有合理性。

（6）公司汽车悬架轴承部件系列（主要为上盖、下盖等零件），以及汽车天窗控制面板系列（主要为面板框、眼镜盒、PCBA保护盖等零件），其配套终端车型数量在全球乘用汽车市场销量的占有率数据具有合理性。

（7）发行人已在招股说明书中补充披露主要产品的市场竞争情况，包括主要竞争者和市场份额及占比情况；发行人所处行业不存在准入门槛低、竞争激烈的情形；相比竞争者在技术、资金、规模效应等方面不具有明显优势的情形，未对发行人直接面向市场独立持续经营能力构成重大不利影响。

四、募集资金管理

根据《北京证券交易所股票上市规则》，发行人应当按照公开披露的用途使用募集资金；改变募集资金用途的，应当经公司董事会、股东大会审议通过并披露，独立董事和保荐机构应当发表明确同意意见并披露。

（一）募集资金用途变更情形

（1）取消或者终止原募集资金项目，实施新项目。

（2）变更募集资金投资项目实施主体（实施主体在发行人及其全资子公司之间变更的除外）。

（3）变更募集资金投资项目实施方式。

（4）北交所认定为募集资金用途变更的其他情形。发行人仅改变募集资金投资项目实施地点的，可免于提交股东大会审议。

（二）募集资金管理要求及外部督促规则

募集资金管理要求及外部督促规则如图5－26所示。

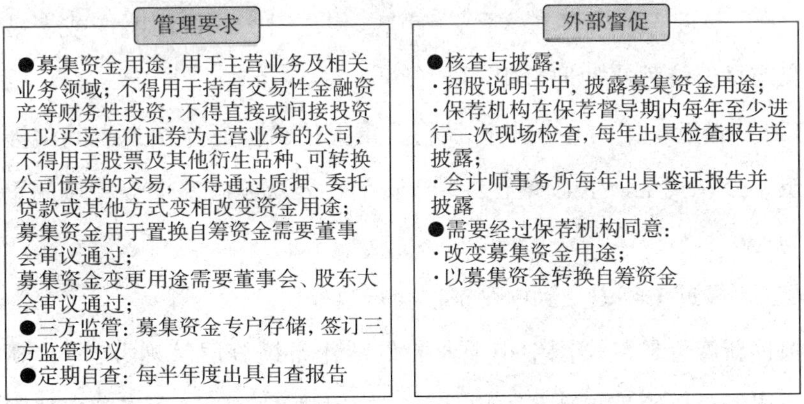

图5－26　募集资金管理要求及外部督促规则

第四节　挂牌与晋级制度

北交所严格遵循《中华人民共和国证券法》，按照“分步实施、循序渐进”的原则，总体平移精选层各项基础制度，坚持北交所上市公司由新三板创新层公司产生，维持新三板基础层、创新层与北交所“层层递进”的市场结构，发行人应当为在全国股转系统连续挂牌满12个月的创新层挂牌公司，才能申请公开发行股票，并且应当符合下列规定：

（一）具备健全且运行良好的组织机构；

（二）具有持续经营能力，财务状况良好；

（三）最近3年财务会计报告无虚假记载，被出具无保留意见审计报告；

（四）依法规范经营。

发行人及其控股股东、实际控制人存在下列情形之一的，发行人不得公开发行股票：

（一）最近3年内存在贪污、贿赂、侵占财产、挪用财产或者破坏社会主义市场经济秩序的刑事犯罪；

（二）最近3年内存在欺诈发行、重大信息披露违法或者其他涉及国家安全、公共安全、生态安全、生产安全、公众健康安全等领域的重大违法行为；

（三）最近1年内受到中国证监会行政处罚。

根据新修订的《全国中小企业股份转让系统分层管理办法》，新三板挂牌公司的分层管理包括公司申请挂牌同时进入创新层、基础层挂牌公司进入创新层，以及创新层挂牌公司调整至基础层。

全国股转公司每年设置6次创新层进层实施安排。进层启动日分别为每年1月、2月、3月、4月、5月和8月的最后一个交易日。

经中国证券监督管理委员会批准，全国股转公司可以根据市场发展的需要，调整进层实施安排。

挂牌公司进入创新层，应当符合下列条件之一：

（一）最近2年净利润均不低于1000万元，最近2年加权平均净资产收益率平均不低于6%，截至进层启动日的股本总额不少于2000万元。

（二）最近2年营业收入平均不低于8000万元，且持续增长，年均复合增长率不低于30%，截至进层启动日的股本总额不少于2000万元。

（三）最近2年研发投入累计不低于2500万元，最近2年定向发行普通股融资金额累计不低于4000万元，且每次发行完成后以该次发行价格计算的股票市值均不低于3亿元。

（四）截至进层启动日的120个交易日内，最近有成交的60个交易日的平均股票市值不低于3亿元；采取做市交易方式的，截至进层启动日做市商家数不少于4家；采取集合竞价交易方式的，前述60个交易日通过集合竞价交易方式实现的股票累计成交量不低于100万股；截至进层启动日的股本总额不少于5000万元。

第八条　挂牌公司进入创新层，同时还应当符合下列条件：

（一）挂牌同时或挂牌后已完成定向发行普通股、优先股或可转换公司债券（以下简称可转债），且截至进层启动日完成的发行融资金额累计不低于1000万元（不含以非现金资产认购的部分）；

（二）最近1年期末净资产不为负值；

（三）公司治理健全，截至进层启动日，已制定并披露经董事会审议通过的股东大会、董事会和监事会制度，对外投资管理制度，对外担保管理制度，关联交易管理制度，投资者关系管理制度，利润分配管理制度和承诺管理制度，已设董事会秘书作为信息披露事务负责人并公开披露；

（四）中国证监会和全国股转公司规定的其他条件。

挂牌公司完成发行融资的时间，以定向发行普通股、优先股或可转债的挂牌交易日或挂牌转让日为准。

第九条　以每年8月的最后一个交易日为进层启动日的挂牌公司，还应当同时符合以下条件：

（一）当年所披露中期报告的财务会计报告应当经符合《中华人民共和国证券法》规定的会计师事务所审计，审计意见应当为标准无保留意见；

（二）中期报告载明的营业收入和净利润均不低于上年同期水平。

第十条　挂牌公司或其他相关主体在截至进层启动日的12个月内或进层实施期间出现下列情形之一的，挂牌公司不得进入创新层：

（一）挂牌公司或其控股股东、实际控制人因贪污、贿赂、侵占财产、挪用财产或者破坏社会主义市场经济秩序的行为被司法机关作出有罪判决，或刑事处罚未执行完毕。

（二）挂牌公司或其控股股东、实际控制人因欺诈发行、重大信息披露违法或者其他涉及国家安全、公共安全、生态安全、生产安全、公众健康安全等领域的重大违法行为被处以罚款等处罚且情节严重，或者导致严重环境污染、重大人员伤亡、社会影响恶劣等情形。

（三）挂牌公司或其控股股东、实际控制人、董事、监事、高级管理人员被中国证监会及其派出机构采取行政处罚；或因证券市场违法违规行为受到全国股转公司等自律监管机构公开谴责。

（四）挂牌公司或其控股股东、实际控制人、董事、监事、高级管理人员因涉嫌犯罪正被司法机关立案侦查或涉嫌违法违规正被中国证监会及其派出机构立案调查，尚未有明确结论意见。

（五）挂牌公司或其控股股东、实际控制人被列入失信被执行人名单且情形尚未消除。

（六）未按照全国股转公司规定在每个会计年度结束之日起4个月内

编制并披露年度报告，或者未在每个会计年度的上半年结束之日起2个月内编制并披露中期报告，因不可抗力等特殊原因导致未按期披露的除外。

（七）最近2年财务会计报告被会计师事务所出具非标准审计意见的审计报告；仅根据本办法第七条第二项规定条件进入创新层的，最近3年财务会计报告被会计师事务所出具非标准审计意见的审计报告。

（八）中国证监会和全国股转公司规定的其他情形。

第十一条　申请挂牌同时进入创新层的公司，应当符合下列条件之一：

（一）最近2年净利润均不低于1000万元，最近2年加权平均净资产收益率平均不低于6%，股本总额不少于2000万元；

（二）最近2年营业收入平均不低于8000万元，且持续增长，年均复合增长率不低于30%，股本总额不少于2000万元；

（三）最近2年研发投入不低于2500万元，完成挂牌同时定向发行普通股后，融资金额不低于4000万元，且公司股票市值不低于3亿元；

（四）在挂牌时即采取做市交易方式，完成挂牌同时定向发行普通股后，公司股票市值不低于3亿元，股本总额不少于5000万元，做市商家数不少于4家，且做市商做市库存股均通过本次定向发行取得。

前款所称市值是指以申请挂牌公司挂牌同时定向发行价格计算的股票市值。

第十二条　申请挂牌同时进入创新层的公司，同时还应当符合下列条件：

（一）完成挂牌同时定向发行普通股、优先股或可转债，且融资金额不低于1000万元（不含以非现金资产认购的部分）；

（二）符合本办法第八条第一款第二项和第三项的规定；

（三）不存在本办法第十条第一项至第五项、第七项规定的情形；

（四）中国证监会和全国股转公司规定的其他条件。

第十三条　申请挂牌公司符合挂牌条件，但未进入创新层的，应当自挂牌之日起进入基础层。

挂牌公司未进入创新层的，应当进入基础层。

第十四条　创新层挂牌公司出现下列情形之一的，全国股转公司将其调整至基础层：

（一）最近 2 年净利润均为负值，且营业收入均低于 5000 万元，或者最近 3 年净利润均为负值，且最近 2 年营业收入持续下降；

（二）最近 1 年期末净资产为负值；

（三）最近 1 年财务会计报告被会计师事务所出具否定意见或无法表示意见的审计报告，或者最近 1 年财务会计报告被会计师事务所出具保留意见的审计报告且净利润为负值；

（四）半数以上董事无法保证年度报告或者中期报告内容的真实性、准确性、完整性或者提出异议；

（五）因更正年度报告导致进层时不符合创新层进层条件，或者出现本款第一项至第四项规定情形；

（六）不符合创新层进层条件，但依据虚假材料进入的；

（七）未按照全国股转公司规定在每个会计年度结束之日起 4 个月内编制并披露年度报告，或者未在每个会计年度的上半年结束之日起 2 个月内编制并披露中期报告，因不可抗力等特殊原因导致未按期披露的除外；

（八）进入创新层后，最近 24 个月内因不同事项受到中国证监会及其派出机构行政处罚或全国股转公司公开谴责的次数累计达到 2 次，或者因资金占用、违规对外担保受到中国证监会及其派出机构行政处罚或全国股转公司公开谴责，或者受到刑事处罚；

（九）连续 60 个交易日，股票每日收盘价均低于每股面值；

（十）仅根据本办法第七条第三项或第四项，或者第十一条第一款第三项或第四项进入创新层的挂牌公司，连续 60 个交易日股票交易市值均低于 1 亿元的；

（十一）中国证监会和全国股转公司规定的其他情形。

《全国中小企业股份转让系统业务规则（试行）》第 2.1 条规定：股份公司申请挂牌应当符合下列条件：

（一）依法设立且存续满两年。有限责任公司按原账面净资产值折股整体变更为股份有限公司，存续时间可以从有限责任公司成立之日起计算。

（二）业务明确，具有持续经营能力。

（三）公司治理机制健全，合法规范经营。

（四）股权明晰，股票发行和转让行为合法合规。

（五）主办券商推荐并持续督导。

（六）全国股份转让系统公司要求的其他条件。

第五节　分拆上市

根据《北京证券交易所向不特定合格投资者公开发行股票并上市业务规则适用指引第1号》第1－25条，发行人为上市公司直接或间接控制的公司的，应当独立于上市公司并在信息披露方面与上市公司一致、同步。中介机构应当重点核查下列事项并发表明确意见：

（一）发行人是否存在上市公司为发行人承担成本费用、利益输送或其他利益安排等情形，对上市公司是否存在重大依赖，是否具有直接面向市场独立持续经营的能力；

（二）发行人信息披露与上市公司是否一致、同步；

（三）发行人及上市公司关于发行人本次申请向不特定合格投资者公开发行股票并上市的决策程序、审批程序与信息披露等是否符合中国证监会、证券交易所的相关规定，是否符合境外监管的相关规定（上市公司在境外上市的），如果存在信息披露、决策程序等方面的瑕疵，是否存在影响本次发行的争议、潜在纠纷或其他法律风险。

北交所政策沿用精选层政策，上市公司可以分拆子公司上精选层，同样可以分拆子公司上北交所，上市公司分拆子公司上北交所不适用《上市公司分拆所属子公司境内上市试点若干规定》，因为规定所指的境内上市是“在境内证券市场首次公开发行股票上市或实现重组上市的行为”，而北交所上市是指公开发行并上市，并不属于IPO或者借壳上市。这说明北交所对精选层政策的完全继承，所以税收问题也是沿用的，从新三板买入股票，在北交所卖出也是免税的。

案例参考5-2：钢宝股份

北交所开市后首例分拆上市——南钢股份拟将控股子公司钢宝股份分拆至北交所上市。

公告日期：2021-11-16

上市公司：南京钢铁股份有限公司

拟分拆主体、所属子公司：江苏金贸钢宝电子商务股份有限公司

本次分拆：南京钢铁股份有限公司分拆所属子公司江苏金贸钢宝电子商务股份有限公司至北交所上市

重大事项提示

一、本次分拆上市方案简介

南钢股份拟将其控股子公司钢宝股份分拆至北交所上市。本次分拆完成后，南钢股份股权结构不会发生变化，且仍拥有对钢宝股份的控股权。通过本次分拆，钢宝股份将实现在北交所独立上市，有利于增强其自身融资能力，促进其钢材流通领域数智化服务平台建设，进而提升钢宝股份的盈利能力和综合竞争力。

二、本次分拆上市方案介绍

发行方案初步拟订为：

（一）上市地点：北交所。

（二）发行股票种类：境内上市的人民币普通股。

（三）股票面值：1.00元人民币。

（四）发行对象：符合中国证监会等监管机构相关资格条件，能够申请参与北交所股票发行和交易的合格投资者（中国法律法规、规章及规范性文件禁止者除外）。

（五）发行上市时间：钢宝股份将在北交所和中国证监会批准和/或注册后选择适当的时机进行发行，具体发行日期由钢宝股份股东大会授权钢

宝股份董事会于北交所和中国证监会批准和/或注册后予以确定。

（六）发行方式：采用网下配售和网上资金申购发行相结合的方式或者中国证监会、北交所认可的其他发行方式。

（七）发行规模：钢宝股份股东大会授权钢宝股份董事会根据有关监管机构的要求、证券市场的实际情况、发行前股本数量和募集资金项目资金需求量等情况与主承销商协商确定最终发行数量。

（八）定价方式：本次发行将选择直接定价、合格投资者网上竞价或网下询价等中国证监会和北交所认可的定价方式确定发行价格，具体发行价格确定方式由钢宝股份股东大会授权钢宝股份董事会于北交所和中国证监会批准和/或注册后，与主承销商自主协商确定。

（九）与发行有关的其他事项：本次发行涉及的战略配售、募集资金用途、承销方式、超额配售选择权（如适用）等事项，钢宝股份将根据本次发行上市方案的实施情况、市场条件、政策调整及监管机构的意见等作进一步确认和调整。

三、拟分拆上市子公司基本情况

（一）基本情况

公司基本情况如表5－3所示。

表5－3　公司基本情况

公司名称	江苏金贸钢宝电子商务股份有限公司
英文名称	JM Digital Steel Inc.
证券代码	834429. NQ
有限公司成立日期	2010年10月28日
股份公司成立日期	2015年7月28日
法定代表人	范金城
统一社会信用代码	9132010056286146XP
注册资本	15084万元
注册地址	南京市江北新区智达路6号智城园区2号楼4楼
办公地址	南京市江北新区智能制造产业园工业互联网国际创新中心

续表

经营范围	网上销售钢材；电子商务平台的技术开发、技术咨询、技术服务及信息系统集成服务；金属材料及制品、金属炉料、建筑材料、机械设备及零部件、仪器仪表、焦炭、耐火材料、电子产品、电工器材、五金交电、橡胶制品、木材、化工产品、润滑油销售；废旧物资回收、加工、销售（不含危险化学品）；仓储服务；装卸服务；冶金技术及经济信息咨询；自营和代理各类商品及技术的进出口业务（国家限定企业经营或禁止进出口的商品和技术除外）；提供劳务服务；煤炭销售。（依法须经批准的项目，经相关部门批准后方可开展经营活动）许可项目：第二类增值电信业务（依法须经批准的项目，经相关部门批准后方可开展经营活动，具体经营项目以审批结果为准）
所属行业	164 互联网和相关服务

（二）股权结构与控股股东、实际控制人之间的产权控制关系

1. 截至2021年10月31日，钢宝股份的股权结构如图5－27所示。

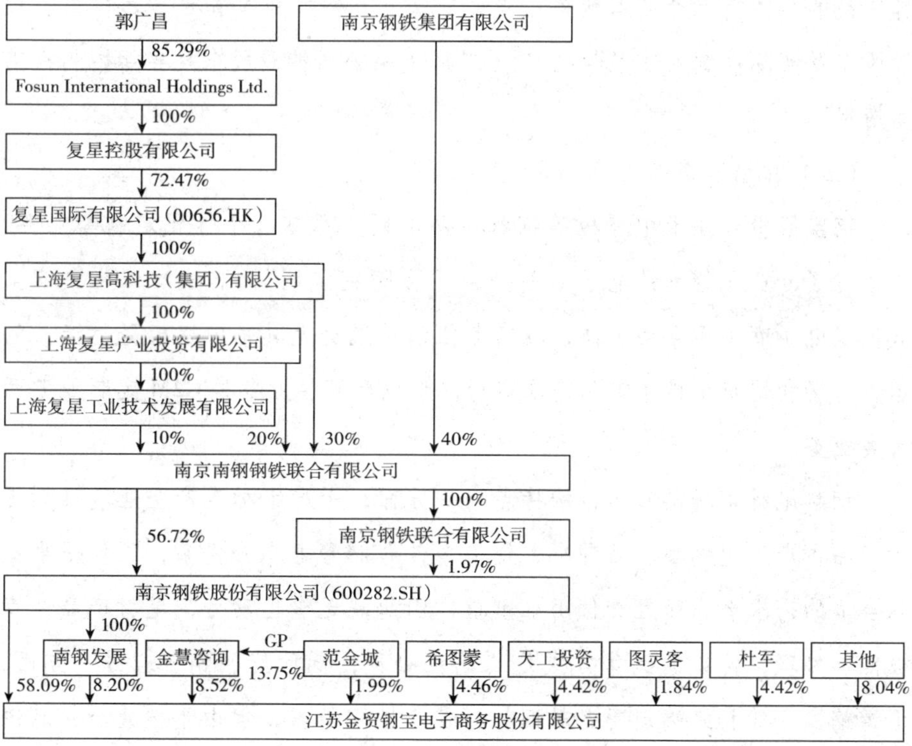

图5－27 钢宝股份的股权结构

2. 钢宝股份控股股东及实际控制人基本情况

(1) 控股股东

钢宝股份的控股股东为南京钢铁股份有限公司。截至本预案出具日，南钢股份直接持有公司8762.50万股，占公司股本总额的58.09%；南钢股份通过全资子公司南钢发展间接持有公司1237.50万股，占公司股本总额的8.20%；南钢股份直接和间接合计持有公司10000.00万股，占公司股本总额的66.30%。

(2) 实际控制人

钢宝股份的实际控制人为郭广昌，间接控制公司66.30%股份的表决权，实际控制人及其一致行动人直接或间接控制72.60%股份的表决权。郭广昌的具体情况参见本预案之“第二章上市公司基本情况”之“二、控股股东及实际控制人情况”之“（二）上市公司控股股东及实际控制人基本情况”。

（三）主营业务情况

钢宝股份专注于中厚板等钢材产品的网上零售、个性化定制等业务，并搭建了专业化的钢铁电子商务平台“金陵钢宝网”。自成立以来，钢宝股份以电子商务平台为载体，准确定位钢材尾材尤其是中厚板尾材产品的零售市场和用户个性化定制需求市场，形成新零售业务和C2M定制业务两大类业务。

钢材尾材市场具有明显的特点。一方面，上游钢材生产企业超计划尾材产品占产量比例小、品种杂、规格多，仓储管理十分复杂，不仅很难找到合适的需求者，而且交付困难重重，因此缺乏管理动力，尾材产品一直被低价处理，传统的销售方式是“论堆打包，低估价”销售；另一方面，下游钢贸企业和终端消费者对钢材存在个性化需求，但由于批量小，时效要求高，无法到钢厂直接订货。钢宝股份运用电子商务平台解决上游生产和流通企业与下游消费企业之间供求信息不对称问题，特别是应用先进技术解决了仓储管理和交付送达难题。

在尾材现货网上零售的基础上，钢宝股份着眼于解决用户个性化定制、配送、加工等痛点，致力于垂直细分市场深度化、精细化、专业化运营，始终以用户需求为导向，努力构建C2M商业模式和产业生态，在经营中积累了大量本行业及上下游的客户资源，规避了“大众化产品、批发商角色”的激烈竞争，创造了较高的企业价值和社会价值。

钢宝股份紧紧围绕“提升效率、解决痛点”打造有别于同行的商业模式，并且通过互联网、信息化技术的自主开发应用，使商业模式成功实现，在市场开发、用户结构、价值创造、经济效益等方面都取得了较好业绩。

1. 新零售业务

钢宝股份拥有的“金陵钢宝网”，定位为以钢材尾材为核心产品的B2B电子商务平台。“金陵钢宝网”平台拥有丰富的中厚板尾材现货资源，通过自主知识产权的“云仓”系统，实现了所有资源全部按“块”（最小粒度）进行网上零售，解决了用户“快速零采零购”和“及时送达”的痛点，用户可以根据“产地、长度、宽度、厚度、质量等级、价格、交货地”等一种或多种条件，选择、购买并及时送达到的最合适产品，而且交易便捷，交付及时精准。

2. C2M定制业务

中厚板产品的产业链较长，应用场景丰富，终端用户个性化需求多，钢厂仅能满足用户基于材料本身性能、公差等方面的部分个性化需求，不能满足用户基于材料本身以外的其他个性化需求。钢宝股份瞄准用户痛点，运用专业能力在产业链上深耕细作，能够为用户提供高效率的“一站式”解决方案，如选材指导、切割加工、卷曲、热处理、防腐、铣坡面、焊接、及时配送等，满足用户深度个性化定制，建立了“C2M + JIT”模式。

除上述主营业务外，钢宝股份还拥有专业的仓储团队和云仓平台，可承接板材仓储发货等云仓储业务。

（四）主要财务指标

钢宝股份2018年度、2019年度和2020年度财务报表均经天衡会计师事务所（特殊普通合伙）审计，并分别出具会天衡审字〔2019〕00102号、天衡审字〔2020〕00038号和天衡审字〔2021〕00355号标准无保留意见的审计报告。报告期内，钢宝股份主要财务数据和财务指标如表5－4所示。

表5－4　钢宝股份主要财务数据和财务指标

项目	2020年度/2020年年末	2019年度/2019年年末	2018年度/2018年年末
总资产/万元	134271.28	92491.70	90321.82
净资产/万元	41190.73	35467.14	30552.96
营业收入/万元	660942.06	562083.66	560823.55
营业利润/万元	11112.75	8540.23	8138.63
净利润/万元	8132.65	6576.21	6147.24
归母净利润/万元	8132.65	6576.21	6147.24
扣非后归母净利润/万元	7248.86	5736.27	5661.32
资产负债率/%	69.32	61.65	66.17
毛利率/%	3.03	3.87	4.19

2018—2020年，钢宝股份实现的营业收入分别约为56.08亿元、56.21亿元、66.09亿元，对应实现的归母净利润分别为6147.24万元、6576.21万元、8132.65万元。根据当前子公司的财务数据，也已初步符合了分拆上市条件。

北交所的推出和新三板的改革，不仅扩容了上市企业数量，而且降低了上市门槛，这两重政策利好拆分的子公司。更多类似南钢股份拆分的子公司能满足也有机会获得上市机会。北交所、上交所、深交所相互竞争和争夺优质企业过程中，分拆子公司至北交所上市将会是一大趋势，深交所和上交所也将加入分拆子公司上市的争夺战。

第六节 投资者适当性管理

为了规范证券市场交易行为，维护证券市场秩序，保护投资者合法权益，根据《中华人民共和国证券法》《证券交易所管理办法》等法律法规、部门规章和规范性文件等相关规定，2021 年 9 月 17 日，北京证券交易所发布《北京证券交易所投资者适当性管理办法（试行)》（以下简称《办法》)，以规范投资者资产认定、合格投资者证券账户信息报送标准及流程等。

一、投资者适当性的认定

会员为投资者开通北交所交易权限，应当严格按照《办法》的相关规定，对投资者是否符合投资者适当性条件进行核查，具体认定标准如下：

（一）个人投资者证券账户和资金账户的认定

可用于计算个人投资者资产的证券账户和资金账户，包括中国证券登记结算有限责任公司（以下简称中国结算）开立的证券账户、投资者在会员开立的账户、投资者交易结算资金账户、股票期权保证金账户以及北交所认可的其他账户。其中，中国结算开立的账户包括 A 股账户、B 股账户、封闭式基金账户、开放式基金账户、衍生品合约账户及中国结算根据业务需要设立的其他证券账户。

（二）可计入个人投资者资产的资产认定

可计入个人投资者资产的资产包括在中国结算开立的账户内的证券资产、在会员开立的账户内的资产、投资者资金账户内的资金以及北交所认可的其他资产。

（1）中国结算开立的证券账户内，可计入个人投资者资产的资产包括股票（包括全国中小企业股份转让系统挂牌股票、A 股、B 股、优先股和通过港股通买入的港股）、存托凭证、公募基金份额、债券、资产支持证券、资产管理计划份额、股票期权合约（其中，权利仓合约按照结算价计增资产，义务仓合约按照结算价计减资产）、回购类资产（包括债券质押式回购逆回购、质押式报价回购）及北交所认可的其他证券资产。

（2）在会员开立的账户内，可计入个人投资者资产的资产包括公募基金份额、私募基金份额、银行理财产品、贵金属资产、场外衍生品资产等。

（3）资金账户内，可计入个人投资者资产的资产包括投资者交易结算资金账户内的交易结算资金、股票期权保证金账户内的交易结算资金（包括义务仓对应的保证金）、北交所认可的其他资金资产。

（4）计算个人投资者各类融资类业务相关资产时，应按照净资产计算，不包括融入的证券和资金。投资者应当遵守证券账户实名制要求，不得出借自己的证券账户，不得借用他人的证券账户。

（5）核查投资者是否满足相关资产标准时，对于投资者在中国结算开立但托管在其他券商处的证券账户内的资产，可以使用中国结算出具的投资者证券持有情况电子凭证并通过中国结算电子凭证校验平台进行确认。

（三）参与证券交易经验的认定

个人投资者参与全国中小企业股份转让系统挂牌股票、A 股、B 股、存托凭证交易的，均可计入其参与证券交易的时间。相关交易经历自个人投资者本人一码通账户下任一证券账户在上交所、深交所、北交所及全国中小企业股份转让系统发生首次交易起算。首次交易日期可通过会员向中国结算查询。

（四）适当性评估及风险揭示

会员应当做好投资者适当性综合评估和风险揭示，在评估个人投资者对北交所股票交易规则及风险的了解情况时，可以通过知识测评等形式进行。通过网上方式为投资者开通交易权限的，应当核实投资者身份，确认投资者已经以电子形式签署风险揭示书，并以适当方式向投资者明确反馈交易权限开通结果。

二、合格投资者证券账户信息报送及交易权限管理要求

（一）合格投资者报送范围

会员核查后认定投资者符合《办法》中适当性条件的，应当在为投资者开通证券交易权限时，向北交所报送合格投资者证券账户信息，上市公司回购专用账户无须报送。会员应当对其开展自营、资管业务使用的证券账户，向北交所报送合格投资者账户信息。

（二）合格投资者报送方式

会员应于每个交易日 9:00—16:15，按照技术数据接口规范要求，通过深圳证券通信有限公司金融数据交换平台，向北交所报送当日新增合格投资者证券账户信息。报送的内容应当包括合格投资者业务开通流水号、证券账户、账户名称、签署日期、申请日期、类别标识、营业部编码等。其中，类别标识类型为“三类合格投资者”的为北交所合格投资者。

具有全国股转系统一类和二类交易权限的投资者，可以参与北交所股票交易；具有全国股转系统四类交易权限的投资者，可以参与北交所定向发行优先股转让。

会员未按时报送的，北交所按其当日无新增合格投资者进行处理；当日多次报送的，北交所以其最后一次报送的证券账户信息为准；若同一报送文件中存在同一证券账户重复报送的情形，则以流水号最小的证券账户信息为准。当日无新增合格投资者的，会员应当报送空表。

（三）投资者交易权限管理

（1）会员向北交所报送合格投资者账户信息当日，即可以为该投资者

开通交易权限，允许其交易北交所上市公司股票。

（2）属于《办法》第六条规定情形的投资者，会员可以依据北交所受限投资者可交易证券信息库或查询到的投资者（曾）持股记录，为投资者提供买卖相应股票的交易权限。投资者拒绝签署风险揭示书的，会员应当仅为其提供卖出所持股票的交易权限，不得接受其买入或申购委托。

三、合格投资者证券账户信息的处理流程

（一）证券账户信息接收

每个交易日 16:15 后，北交所接收中国结算北京分公司发送的增量证券账户信息。

（二）投资者适当性管理证券账户信息生成

每个交易日 19:30 后，北交所对各会员上报的合格投资者证券账户信息进行汇总，生成《当日新增合格投资者汇总信息库》。上述事项完成后，北交所将会员报送的合格投资者证券账户信息与中国结算北京分公司发送的曾持股证券账户信息进行比对处理，生成《受限投资者可交易证券信息库》，主要包括全部受限投资者证券账户及可交易证券等信息。

（三）证券账户信息下发

每个交易日 20:00 后，北交所通过深圳证券通信有限公司金融数据交换平台向各会员下发《当日新增合格投资者汇总信息库》以及《受限投资者可交易证券信息库》。

每月第一个交易日 20:00 后，北交所将向各会员下发截至当日的全部合格投资者证券账户信息。

四、报送错误信息的反馈与处理

会员报送合格投资者账户信息后，北交所即时反馈报送信息的格式类错误校验结果，会员应当于当日更正后重新报送。

北交所于每个交易日生成投资者适当性管理证券账户信息后，向各会

员反馈对其当日报送合格投资者数据的处理结果。对报送失败的合格投资者账户信息，会员应当于次一交易日重新报送。

五、北交所投资门槛

根据《办法》，个人投资者参与北交所市场股票交易的门槛为 50 万元：

（1）申请权限开通前 20 个交易日证券账户和资金账户内的资产日均不低于 50 万元人民币（不包括该投资者通过融资融券融入的资金和证券）；

（2）参与证券交易 24 个月以上。

北交所指出，此次规则发布后至北交所开市交易前，投资者参与精选层股票交易仍需满足 100 万元证券资产标准。

同时，全国股转公司发布修改后的全国中小企业股份转让系统投资者适当性管理办法，投资者参与创新层股票交易的门槛为 100 万元人民币：

（1）实收资本或实收股本总额 100 万元人民币以上的法人机构；

（2）实缴出资总额 100 万元人民币以上的合伙企业；

（3）申请权限开通前 10 个交易日，本人名下证券账户和资金账户内的资产日均 100 万元人民币以上（不含该投资者通过融资融券融入的资金和证券），且具有本办法第六条规定的投资经历、工作经历或任职经历的自然人投资者。

基础层股票交易的门槛仍为 200 万元：

（1）实收资本或实收股本总额 200 万元人民币以上的法人机构；

（2）实缴出资总额 200 万元人民币以上的合伙企业；

（3）申请权限开通前 10 个交易日，本人名下证券账户和资金账户内的资产日均 200 万元人民币以上（不含该投资者通过融资融券融入的资金和证券），且具有本办法第六条规定的投资经历、工作经历或任职经历的自然人投资者。

六、异常交易

典型的异常交易行为有以下行为类型与行为表现（见表5－5）。

表5－5　典型的异常交易行为类型与行为表现

行为类型	行为表现
虚假申报	不以成交为目的，通过大量申报并撤销等行为进行虚假申报，以影响股票价格或误导其他投资者
拉抬打压	通过大笔申报、连续申报、密集申报或以明显偏离行情提示的最近成交价申报、成交，导致期间股票成交价格明显上涨（下跌）
维持涨跌幅限制价格	以涨幅或跌幅限制价格进行大笔申报、连续申报、密集申报，致使股票成交价格达到或维持涨幅或跌幅限制
自买自卖或互为对手方交易	在自己实际控制的证券账户之间或者涉嫌关联的证券账户之间大量或频繁进行交易，影响股票成交价格或者成交量的

（一）常见的异常交易行为

例如，某账户在交易某股票时，于连续竞价阶段9:56:52—10:08:55，在最优5档内申报买入19笔，合计申报69.99万股2235.6万元，占市场同方向最优5档剩余有效申报总量的比例较高，并全部撤销。

从申报行为来看，该账户多次、大量以低于行情揭示的最近成交价申报，且在全市场投资者都能看到的5档以内价格申报，在短时间内快速撤单。此外，该账户及与其涉嫌关联的其他账户存在反向卖出行为。综合该账户申报行为特点，其买入申报具有不以成交为目的的特征，违反了《北京证券交易所交易规则》关于“频繁申报或撤销申报，或大额申报后撤销申报，以影响证券交易价格或误导其他投资者”的规定，被采取相应监管措施。

（二）自买自卖或互为对手方交易

1. 盘中对倒交易

例如，某账户与其涉嫌关联的另一账户，在交易某股票期间，在1个交易日内，大量互为对手方交易，累计对倒18.12万股107.76万元，占当日该股成交股数的21.7%，导致该股成交量明显增大。

综合两账户交易数量、金额、成交占比及对股票交易量的影响等因素，该两账户互为对手方交易，违反了《北京证券交易所交易规则》“单个证券账户，或两个以上固定的或涉嫌关联的证券账户之间，大量或频繁进行反向交易”的规定，被采取相应监管措施。

2. 收盘集合竞价对倒交易

例如，某账户与其涉嫌关联的另一账户，在交易工作需要股票期间，在收盘集合竞价阶段，大量互为对手方交易，累计对倒14.67万股116.36万元，占当日该股收盘集合竞价阶段成交股数的93.4%。另外，两涉嫌关联账户多日在该股及另一股票交易时存在对倒交易。

综合两账户交易数量、金额、成交占比及对倒次数等因素，该两账户互为对手方交易，违反了《北京证券交易所交易规则》关于“单个证券账户，或两个以上固定的或涉嫌关联的证券账户之间，大量或频繁进行反向交易”的规定，被采取相应监管措施。

（三）异常交易行为处理

根据《北京证券交易所交易规则》第6.7条、第6.8条，对发生异常交易行为的相关主体，视情节轻重采取以下措施（见图5－28）。

自律监管措施	纪律处分
·口头警示 ·监管关注 ·约见谈话 ·要求提交书面承诺 ·出具警示函 ·将证券账户列入重点监控账户 ·限期改正 ·暂停证券账户交易 ·限制证券账户交易 ·本所规定的其他自律监管措施	·通报批评 ·公开谴责 ·暂停或限制交易权限 ·取消交易权限 ·取消交易参与人资格 ·取消会员资格 ·本所规定的其他纪律处分

图5－28　异常交易行为处理措施

第七节　北交所转板科创板与创业板

＊＊专精特新企业是如何进入沪、深、北三大交易所的?

观典防务（832317. BJ）是北交所首家成功转板科创板上市的企业。2022 年 1 月 27 日，上交所科创板上市委员会 2022 年第 7 次审议会议认为，观典防务技术股份有限公司符合转板上市条件和信息披露要求，成功过会。

观典防务于 2015 年 4 月 15 日在新三板挂牌，2020 年 7 月 27 日作为首批企业进入精选层，2021 年 11 月 15 日，北交所开市，观典防务也成为首批 81 家上市企业之一。

翰博高新（833994. BJ）于 2022 年 3 月 10 日由创业板上市委员会审议过会，成为第一家北交所转板创业板的上市公司。

翰博高新于 2015 年 11 月在新三板挂牌，2020 年 7 月在精选层公开发行，2021 年 11 月成为首批北交所上市公司之一。

观典防务、翰博高新成为北交所首批成功转板科创板、创业板的上市公司，意味着 A 股转板上市制度的真正落地，为北交所与上交所、深交所三所互联互通开启了新航程。

＊＊北交所上市公司转板科创板、创业板，都有哪些要求?

一、从北交所转板科创板

转板公司申请转板至科创板上市的，应当在北交所连续上市1年以上，转板公司在北交所上市前，已在全国中小企业股份转让系统原精选层挂牌的，原精选层挂牌时间与北交所上市时间合并计算。

（一）转板条件

根据《北京证券交易所上市公司向上海证券交易所科创板转板办法》，转板公司申请转板至科创板上市，应当符合以下条件：

（1）《科创板首次公开发行股票注册管理办法（试行）》第十条至第十三条规定的发行条件；

（2）转板公司及其控股股东、实际控制人不存在最近3年受到中国证监会行政处罚，因涉嫌违法违规被中国证监会立案调查，尚未有明确结论意见，或者最近12个月受到北交所、全国中小企业股份转让系统有限责任公司公开谴责等情形；

（3）股本总额不低于3000万元人民币；

（4）股东不少于1000人；

（5）公众股东持股比例达到转板公司股份总数的25%以上；转板公司股本总额超过4亿元人民币的，公众股东持股比例为10%以上；

（6）董事会审议通过转板相关事宜决议公告日前连续60个交易日（不包括股票停牌日）通过竞价交易方式实现的股票累计成交量不低于1000万股；

（7）市值及财务指标符合本办法规定的标准；

（8）上交所规定的其他转板条件。

不具有表决权差异安排的转板公司申请转板至科创板上市，市值及财务指标应当至少符合《科创板上市规则》第2.1.2条规定的5项标准中的1项。

具有表决权差异安排的转板公司申请转板至科创板上市，市值及财务指标应当至少符合《科创板上市规则》第2.1.4条规定的2项标准中的1项，表决权差异安排应当符合《科创板上市规则》的规定。

（二）转板审核

转板公司申请转板至科创板上市的，应当按照规定聘请保荐人进行保荐，并委托保荐人通过上交所发行上市审核业务系统报送下列转板申请文件：

（1）转板报告书；

（2）股东大会决议及公司章程；

（3）上市保荐书及相关文件；

（4）法律意见书、审计报告等证券服务机构出具的文件；

（5）上交所要求的其他文件。

转板申请文件的内容与格式应当符合中国证监会与上交所的相关规定。

转板申请文件中提交的财务报告应当已在法定期限内披露。申请文件中与转板公司公开发行并进入原精选层申请报告期间或公开发行并在北交所上市申请报告期间重合事项，保荐人可依据时任保荐人意见等尽职调查证据发表专业意见。转板公司在进入原精选层后或在北交所上市后，已公开披露的信息，保荐人可依据公开披露信息等尽职调查证据发表专业意见。保荐人在引用相关意见和公开披露信息时，应对所引用的内容负责。

（三）转板决议

转板公司申请转板，董事会应当依法就转板事宜作出决议，并提请股东大会批准。股东大会应当就转板作出决议，决议应当至少包括下列事项：

（1）转入的交易所及板块；

（2）转板的证券种类和数量；

（3）以取得上交所作出同意上市决定为生效条件的股票在北交所终止上市事项；

（4）决议的有效期；

（5）对董事会办理本次转板具体事宜的授权；

（6）其他必须明确的事项。

（四）上市保荐人

转板公司申请转板的，应当聘请同时具有保荐业务资格和北交所会员资格的证券公司作为上市保荐人，并与保荐人签订保荐协议，明确双方权利和义务。

保荐人应当根据《证券发行上市保荐业务管理办法》等相关规定，履行上市保荐职责，向上交所提交包括下列内容的上市保荐书：

（1）本次转板的基本情况；

（2）对本次转板是否符合上交所规定的转板条件的逐项说明；

（3）对转板公司在科创板上市后持续督导工作的具体安排；

（4）保荐人及其关联方与公司及其关联方之间的利害关系及主要业务往来情况；

（5）是否存在可能影响公正履职情形的说明；

（6）相关承诺事项；

（7）中国证监会或者上交所要求的其他事项。

（五）转板申请受理决定

上交所收到申请文件后，在5个工作日内对申请文件的齐备性进行审查，作出是否受理的决定。

存在下列情形之一的，上交所不予受理转板公司的转板申请文件：

（1）转板申请文件不齐备且未按要求补正；

（2）转板公司存在尚未实施完毕的股票发行、重大资产重组、股票回购等事项；

（3）上市保荐人、证券服务机构及其相关人员因证券违法违规被采取认定为不适当人选、限制业务活动、一定期限内不接受其出具的相关文件等相关措施，尚未解除；或者因首次公开发行并上市、上市公司发行证券、并购重组业务涉嫌违法违规，或者其他业务涉嫌违法违规且对市场有重大影响被立案调查、侦查，尚未结案。

上交所受理转板申请文件当日，转板公司应当通过上交所网站披露转板报告书、上市保荐书、审计报告、法律意见书等文件。

上交所受理转板申请后至上交所作出同意上市的决定前，转板公司应当按照本办法及上交所相关规定，对上述申请文件予以更新并披露。

（六）转板公司上市安排

上交所同意上市的决定自作出之日起 6 个月有效，转板公司应当在决定有效期内完成上市的所有准备工作并向上交所申请股票在科创板上市交易。暂缓上市不计算在决定有效期内。

转板公司应当在科创板上市前，按照中国结算的相关规定，办理转板证券登记相关业务。

转板公司应当在其股票在科创板上市交易前与上交所签订上市协议，明确双方的权利、义务和其他有关事项。上市相关程序及要求参照适用《科创板上市规则》关于首次公开发行股票并上市的相关规定。

（七）股份限售期

转板公司控股股东、实际控制人及其一致行动人自公司在科创板上市之日起 12 个月内，不得转让或者委托他人管理其直接和间接持有的本公司在科创板上市前已经发行的股份（转板前股份），也不得提议由转板公司回购该部分股份；限售期届满后6个月内减持股份的，不得导致公司控制权发生变更。

转板公司没有或者难以认定控股股东、实际控制人的，参照控股股东、实际控制人进行股份限售的股东范围，应当适用科创板首次公开发行股票并上市的相关规定，股份限售期为公司在科创板上市之日起12个月内。

转板公司董事、监事、高级管理人员所持本公司转板前股份，自公司在科创板上市之日起12个月内不得转让。

转板公司核心技术人员自公司在科创板上市之日起4年内，每年转让的本公司转板前股份不得超过上市时所持公司转板前股份总数的25%，减持比例可以累积使用。

案例参考5－3：首家转板科创板的观典防务（832317. BJ）

上交所科创板上市委员会2022年第7次审议会议于2022年1月27日上午召开，会议审议结果：观典防务技术股份有限公司（转板上市）符合转板上市条件和信息披露要求。

观典防务作为我国禁毒无人机的“先行者”，于2021年7月入选工信部第三批专精特新“小巨人”企业。北交所强调“创新性”，科创板强调“硬科技”，观典防务属于知识密集型企业，其创新研发能力及各项科创属性指标均要达到科创板转板标准才能顺利过会（见图5－29、表5－6、表5－7、表5－8）。

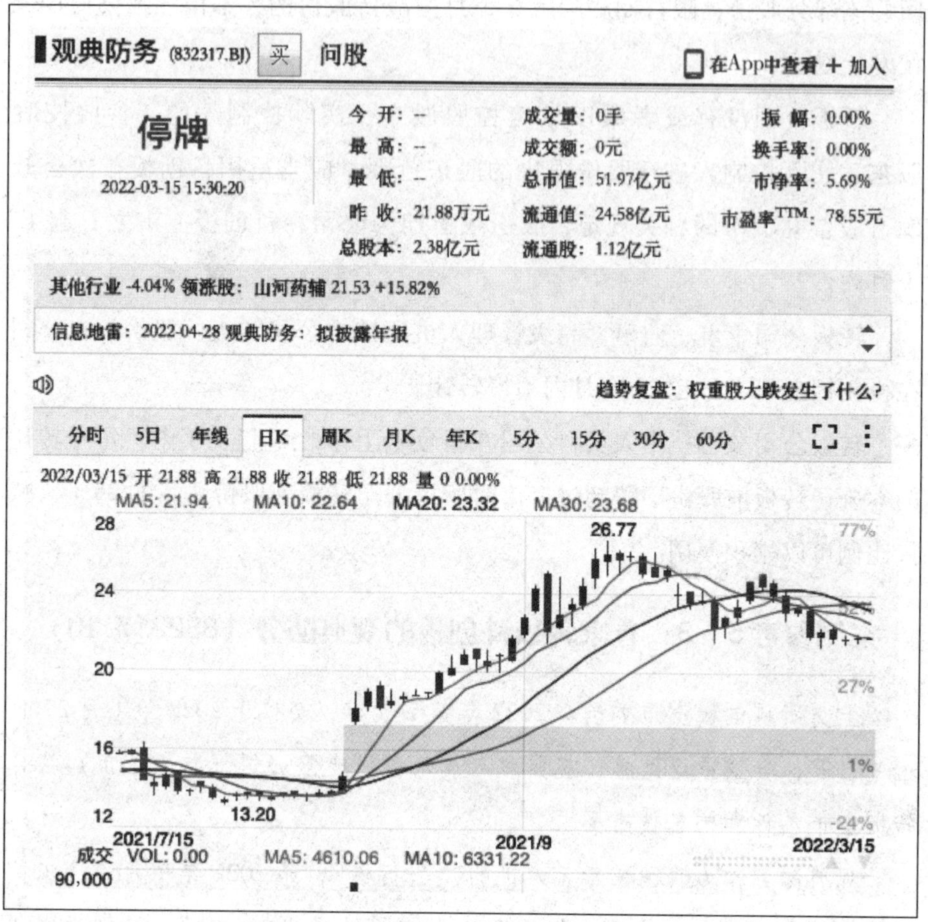

图 5－29　观典防务的股市表现

表 5－6　观典防务公司简介

公司简介——观典防务（832317）			
公司名称：	观典防务技术股份有限公司		
公司英文名称：	Skycam Defense Technology Co.，Ltd.		
上市市场：	北京证券交易所	上市日期：	2020－07－27
发行价格：	—	主承销商：	有限责任公司
成立日期：	2004－08－04	注册资本：	23751 万元（CNY）
机构类型：	其他	组织形式：	民营企业
董事会秘书：	李振冰	公司电话：	010－67156688

续表

董秘电话：	010－67156688	公司传真：	010－67156688
董秘传真：	010－67156688	公司电子邮箱：	ir@ skycm. com. cn
董秘电子邮箱：	li@ skycam. com. cn	公司网址：	http：//www. skycam. com. cn
邮政编码：	100062	信息披露网址：	—
注册地址：	北京市东城区白桥大街22号主楼3层301－306		
办公地址：	北京市东城区白桥大街22号主楼3层301－306		
公司简介：	2004年8月4日，公司经北京市工商行政管理局东城分局依法登记设立。设立时名称为北京昭阳科技文化有限公司。 2014年10月8日，有限公司整体变更为股份公司，公司名称变更为北京观典航空科技股份有限公司。 2016年6月，公司名称由“北京观典航空科技股份有限公司”变更为“观典防务技术股份有限公司”		
主营业务：	无人机飞行服务与数据处理、无人机系统及智能防务装备的研发、生产与销售		

表5－7 观典防务的主要指标

观典防务（832317）主要股东				
截止日期	2021－09－30			
公告日期	2021－10－28			
股东说明	—			
股东总数	17829人查看变化趋势			
平均持股数	13320股（按总股本计算）查看变化趋势			
编号	股东名称	持股数据/股	持股比例/%	股本性质
1	高明	98437500	41.45	流通受限股份
2	李振冰	26722500	11.25	流通受限股份
3	中信证券	4707795	1.98	可转让股份
4	安信证券股份有限公司	2393000↓	1.01↓	可转让股份
5	毕永生	1710000	0.72	可转让股份
6	上海大河创业投资管理有限公司—宁波梅山保税港区赞比西创业投资中心（有限合伙）	1665000	0.70	可转让股份
7	东北证券股份有限公司	1499809↓	0.63↓	可转让股份
8	长城证券股份有限公司	1297525	0.55	可转让股份

续表

编号	股东名称	持股数据/股	持股比例/%	股本性质
9	凌俊	1180000	0.50	可转让股份
10	缪炯	1125000	0.47	可转让股份

表5-8 观典防务财务指标

观典防务（832317）财务指标				
报告日期	2021-09-30	2021-06-30	2021-03-31	2020-12-31
每股指标				
摊薄每股收益/元	0.2578	0.1998	0.0363	0.3376
加权每股收益/元	0.26	0.20	0.04	0.4
每股收益-调整后/元	0.26	0.20	0.04	0.4
扣除非经常性损益后的每股收益/元	—	0.2	—	0.4
每股净资产-调整前/元	3.8433	3.7853	5.6145	5.5783
每股净资产-调整后/元	3.8433	3.7900	5.6145	5.5800
每股经营性现金流/元	0.2167	0.1400	-0.0138	0.6342
每股资本公积金/元	1.8767	1.8767	3.3150	3.3150
每股未分配利润/元	0.8813	0.8233	1.1715	1.1352
调整后的每股净资产/元	—	—	—	—

作为首家获得转板审核通过的企业，观典防务接受的审核不可谓不严格，经过两轮问询与回复，共20个实质性的敏感问题（可查阅问询函），转板公司的回复能让上市委员会专家们认可不太容易。比如，上市委现场问询：

1. 请转板公司代表：

（1）说明在国家对数据采集及使用加强监管的背景下，转板公司未来持续使用因从事禁毒业务而获取的数据对外提供服务是否可能面临限制；

（2）结合中科智蓝的数据来源、是否已经取得空天院授权对外合法出售数据等情况，说明转板公司向中科智蓝采购数据的合规性；

（3）说明转板公司如若为提供禁毒以外服务而自主开展飞行作业以获

取相关数据，该等飞行作业能否获得有关部门的批准，相关操作能否满足非禁毒领域服务的地域范围与时效性需求。请保荐代表人发表明确意见。

2. 请转板公司代表说明转板公司在包括军品在内的非禁毒领域拓展业务所面临的挑战、采取的措施及获得的最新进展。请保荐代表人发表明确意见。

3. 请转板公司代表结合在研项目的情况，分析转板公司研发费用率显著低于同行业可比公司平均值、设计开发支出在研发费用中占比较低的原因及合理性，说明核心技术通过定制设计开发在无人机产品业务中的体现及运用，进一步论证无人机产品并非简单集成。请保荐代表人发表明确意见。

4. 需进一步落实事项：

请转板公司基于高明与李振冰系同胞兄弟的事实，说明未将李振冰认定为高明的一致行动人的依据及合理性。请保荐人和转板公司律师发表明确核查意见。

5.《转板公司及保荐机构关于审核中心意见落实函的回复》中关于信息披露：

请转板公司按照转板规则的相关规定，全面梳理“重大事项提示”各项内容，突出重大性，强化风险导向，删除针对性不强的表述，按重要性进行排序，并补充、完善以下内容：

（1）无人机禁毒服务收入占比较高，较大程度地依赖政府部门在禁毒领域的财政投入；

（2）无人机系统及智能防务装备业务与同行业龙头企业相比规模较小，技术水平有待进一步提升，毛利率存在波动，相关产品面临较大的竞争压力；

（3）无人机技术及产品具有更新换代较快的特点，公司研发团队人员较少，研发能力和持续投入还需进一步提高。

保荐机构关于公司回复的总体意见：

对本回复材料中的公司回复，本机构均已进行核查，确认并保证其真实、完整、准确。

资料来源：上交所科创板网站。

二、从北交所转创业板

《深圳证券交易所关于北京证券交易所上市公司向创业板转板办法（试行）》规定如下：

（一）转板条件

转板公司申请转板，应当在北交所连续上市1年以上。转板公司在北交所上市前，已在全国中小企业股份转让系统原精选层挂牌的，原精选层挂牌时间与北交所上市时间合并计算。转板公司申请转板，应当符合以下条件：

（1）《创业板首次公开发行股票注册管理办法（试行）》规定的发行条件；

（2）公司及其控股股东、实际控制人不存在最近3年受到中国证监会行政处罚，因涉嫌违法违规被中国证监会立案调查且尚未有明确结论意见，或者最近12个月受到全国中小企业股份转让系统有限责任公司、北交所公开谴责等情形；

（3）股本总额不低于3000万元；

（4）股东不少于1000人；

（5）社会公众持有的公司股份达到公司股份总数的25%以上；公司股本总额超过4亿元的，社会公众持股的比例达到10%以上；

（6）董事会审议通过转板相关事宜决议公告日前60个交易日（不包括股票停牌日）通过竞价交易方式实现的股票累计成交量不低于1000万股；

（7）市值及财务指标符合上市规则规定的上市标准，具有表决权差异安排的转板公司申请转板，表决权差异安排应当符合上市规则的规定；

（8）深交所规定的其他上市条件。

转板公司所选的上市标准涉及市值指标的，以向深交所提交转板申请日前20个、60个和120个交易日（不包括股票停牌日）收盘市值算术平均值的孰低值为准。

深交所可以根据市场情况，对转板条件和具体标准进行调整。转板公司应当符合注册办法等规定的创业板定位。

（二）深交所对转板条件的审核，重点关注下列事项

（1）转板公司是否符合本办法规定的转板条件；

（2）保荐人和律师事务所等证券服务机构出具的上市保荐书、法律意见书等文件中是否就转板公司符合转板条件逐项发表明确意见，且具备充分的理由和依据。

深交所对前款规定的事项存在疑问的，转板公司应当按照深交所要求作出解释说明，保荐人及证券服务机构应当进行核查，并相应修改转板申请文件。

（三）转板程序

转板公司申请转板，董事会应当依法就转板事宜作出决议，并提请股东大会批准。股东大会决议至少包括下列事项：

（1）转入的交易所及板块；

（2）转板的证券种类和数量；

（3）以征得深交所同意上市决定为生效条件的股票在北交所终止上市事项；

（4）决议的有效期；

（5）对董事会办理本次转板具体事宜的授权；

（6）其他必须明确的事项。

（四）聘请保荐人

转板公司申请转板，应当聘请同时具有保荐业务资格和深交所会员资格的证券公司作为上市保荐人，并与保荐人签订保荐协议，明确双方权利和义务。

保荐人应当根据《证券发行上市保荐业务管理办法》等相关规定，履行上市保荐职责，向深交所提交上市保荐书。上市保荐书的内容应当包括：

（1）本次转板的基本情况；

（2）逐项说明本次转板是否符合本办法规定的转板条件；

（3）对在创业板上市后持续督导工作的具体安排；

（4）保荐人及其关联方与转板公司及其关联方之间的利害关系及主要业务往来情况；

（5）是否存在可能影响公正履职情形的说明；

（6）相关承诺事项；

（7）中国证监会或深交所要求的其他事项。

（五）转板申请文件

转板公司应当委托保荐人通过深交所发行上市审核业务系统提交下列转板申请文件：

（1）转板报告书、上市保荐书、审计报告、法律意见书、公司章程、股东大会决议等申请文件；

（2）深交所要求的其他文件。

（六）不予受理转板申请情况

存在下列情形之一的，深交所不予受理转板公司的转板申请文件：

（1）转板申请文件不齐备且未按要求补正；

（2）转板公司存在尚未实施完毕的股票发行、重大资产重组、股票回购等事项；

（3）上市保荐人、证券服务机构及其相关人员因证券违法违规被采取认定为不适当人选、限制业务活动、一定期限内不接受其出具的相关文件等相关措施，尚未解除；或者因转板、首次公开发行并上市、上市公司发行证券、并购重组业务涉嫌违法违规，或者其他业务涉嫌违法违规且对市场有重大影响正在被立案调查、侦查，尚未结案。

（七）上市安排

深交所同意上市的决定自作出之日起 6 个月内有效，转板公司应在决定有效期内在创业板上市交易。暂缓上市不计算在决定有效期限内。

转板公司在创业板上市前，应当按照中国结算的相关规定办理转板证券登记相关业务，并与本所签订上市协议，明确双方的权利、义务和有关事项。上市相关程序及要求参照适用上市规则关于创业板首次公开发行股票上市的相关规定。

（八）股份限售期

转板公司控股股东、实际控制人及其一致行动人自公司在创业板上市之日起 12 个月内不得减持或者委托他人管理其直接和间接持有的转板前股份，也不得提议由公司回购该部分股份。上述限售期满后 6 个月内，控股股东、实际控制人及其一致行动人减持股份的，不得导致公司控制权发生变更。

转板公司无控股股东、实际控制人的，应当参照控股股东、实际控制人进行股份限售的股东范围，参照适用创业板首次公开发行股票上市的相关规定，股份限售期为公司在创业板上市之日起 12 个月内。

转板公司董事、监事、高级管理人员自公司在创业板上市之日起 12 个月内不得减持转板前股份。

转板公司在创业板上市时未盈利的，在实现盈利前，控股股东、实际控制人及其一致行动人自公司在创业板上市之日起 3 个完整会计年度内，不得减持转板前股份；自公司在创业板上市之日起第四个和第五个完整会计年度内，每年减持的转板前股份不得超过公司股份总数的 2%。

转板公司在创业板上市时未盈利的，在实现盈利前，董事、监事、高级管理人员自公司在创业板上市之日起 3 个完整会计年度内，不得减持转板前股份；在限售期间内离职的，应当继续遵守本款规定。

转板公司实现盈利后，前两款规定的股东可以自当年年度报告披露后次日起减持转板前股份，但应当遵守上市规则关于股份变动管理的其他规定。

案例参考5-4：首家转板创业板的翰博高新（833994.BJ）

创业板上市委员会2022年第11次审议会议于2022年3月10日召开，会议审议结果：翰博高新材料（合肥）股份有限公司（转板）符合转板条件和信息披露要求（见图5-30、表5-9~表5-11）。

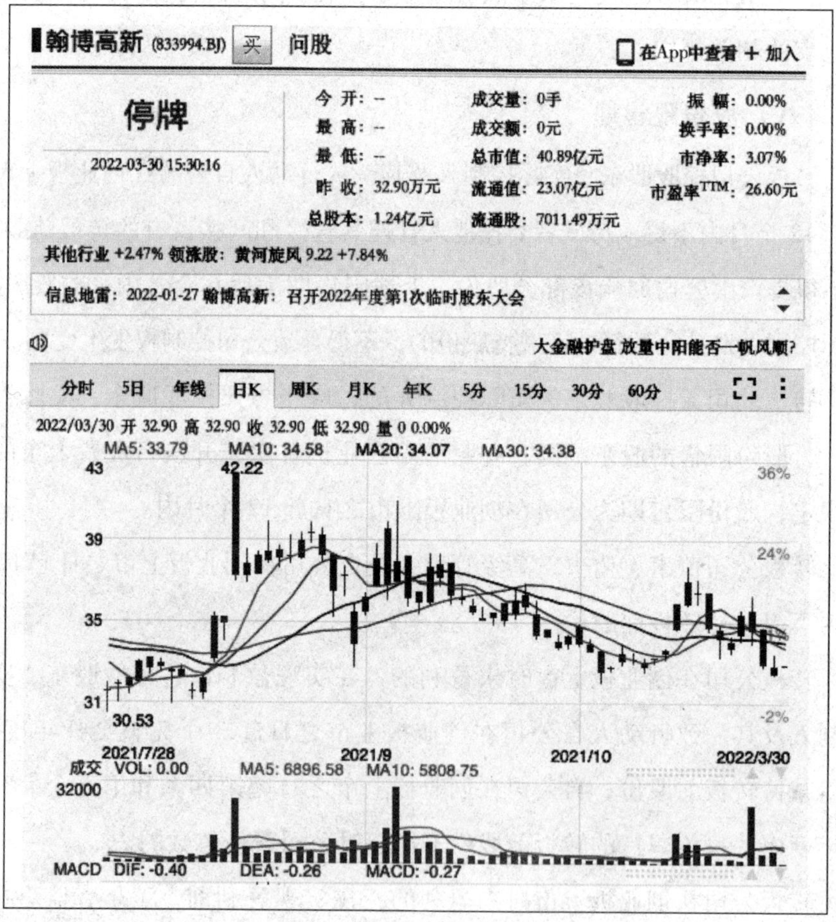

图5-30 翰博高新的股市表现

表 5-9 翰博高新公司简介

公司简介——翰博高新（833994）			
公司名称：	翰博高新材料（合肥）股份有限公司		
公司英文名称：	Hightbroad Advanced Material（Hefei）Co. Ltd.		
上市市场：	北京证券交易所	上市日期：	2020-07-27
发行价格：	—	主承销商：	中信建投证券股份有限公司
成立日期：	2009-12-02	注册资本：	12429 万元（CNY）
机构类型：	其他	组织形式：	民营企业
董事会秘书：	赵倩	公司电话：	0551-64369688
董秘电话：	0551-64369688	公司传真：	0551-64369688
董秘传真：	0551-64369688	公司电子邮箱：	hibrzq@ hibr. com. cn
董秘电子邮箱：	zhaoqian@ hibr. com. cn	公司网址：	http：//www. hibr. com. cn
邮政编码：	230011	信息披露网址：	—
证券简称更名历史：	W		
注册地址：	安徽省合肥市新站区大禹路 699 号		
办公地址：	安徽省合肥市新站区天水路 2136 号		
公司简介：	公司前身为成立于 2009 年 12 月 2 日的翰博高新材料（合肥）有限公司，2013 年 12 月 26 日，公司名称由“翰博高新材料（合肥）有限公司”变更为“翰博高新材料（合肥）股份有限公司”		
主营业务：	光电显示薄膜器件的研发、生产和销售		

表 5-10 翰博高新的主要指标

翰博高新（833994）主要股东				
截止日期	2021-09-30			
公告日期	2021-10-29			
股东说明	—			
股东总数	8399 人查看变化趋势			
平均持股数	14798 股（按总股本计算）查看变化趋势			
编号	股东名称	持股数据/股	持股比例/%	股本性质
1	王照忠	28060200	22.58↓	流通受限股份
2	合股合力投资管理有限公司	13072500	10.52	流通受限股份
3	拉萨王氏翰博科技有限公司	11002500	8.85	流通受限股份

续表

编号	股东名称	持股数据/股	持股比例/%	股本性质
4	安吉赛维持企业管理合伙企业（有限合伙）	7586500	6.38	可转让股份 流通受限股份
5	湖北鼎锋长江投资管理有限公司—湖北鼎锋长江紫阳投资基金合伙企业（有限合伙）	6300000	5.07	可转让股份
6	长江财富资管—湖北省鄂旅投资本控股有限公司—长江财富—财富成长7号单一资产管理计划	4554374	3.66	可转让股份
7	王立静	3457800	2.78	可转让股份
8	上海相兑资产管理有限公司—杭州相兑道投资管理合伙企业（有限合伙）	2698560	2.17	可转让股份
9	西藏蓝海基石股权投资有限公司	2076925	1.93 ↓	可转让股份
10	湖北鼎锋长江投资管理有限公司—湖北鼎锋长江兰陵投资基金合伙企业（有限合伙）	1902600	1.67	可转让股份

表5-11　翰博高新的财务指标

翰博高新（833994）财务指标				
报告日期	2021-09-30	2021-06-30	2021-03-31	2020-12-31
每股指标				
摊薄每股收益/元	0.9464	0.6599	0.5226	2.5029
加权每股收益/元	0.8300	0.5700	0.4700	2.4159
每股收益-调整后/元	0.8300	0.5700	0.4700	2.4159
扣除非经常性损益后的每股收益/元	—	0.3800	—	2.1477
每股净资产-调整前/元	11.9487	11.6042	20.7041	19.7548
每股净资产-调整后/元	10.7271	10.4400	18.7033	18.1100
每股经营性现金流/元	0.8138	1.7089	-0.6292	4.4340
每股资本公积金/元	5.2530	5.2269	10.1604	10.1134
每股未分配利润/元	4.4026	4.1428	7.4100	6.9436
调整后的每股净资产/元	—	—	—	—

上市委员会会议提出问询的主要问题：

（1）报告期内转板公司对京东方销售占比分别为79.34%、86.97%、87.48%和85.05%。请转板公司说明是否对京东方存在重大依赖，是否在客户稳定性及业务持续性方面存在重大风险。请保荐人发表明确意见。

（2）请转板公司说明，报告期扣除非经常性损益后归属公司股东的净利润变动趋势与背光显示模组行业可比公司存在较大差异的合理性。请保荐人发表明确意见。

（3）请转板公司结合报告期营业收入和净利润变动情况，说明转板公司是否具有成长性。请保荐人发表明确意见。

上市委员会会议要求翰博高新材料（合肥）股份有限公司进一步落实事项：

（1）请转板公司在转板上市报告书“重大事项提示”中补充披露报告期主要产品对京东方的销售占比情况，以及对京东方存在重大依赖的情况及风险。请保荐人发表明确意见。

（2）请转板公司补充披露报告期扣除非经常性损益后归属公司股东的净利润变动趋势与背光显示模组行业可比公司存在较大差异的原因及合理性。请保荐人、申报会计师发表明确意见。

（3）请转板公司结合报告期营业收入和净利润变动情况，补充披露业绩下滑风险。请保荐人发表明确意见。

第六章

06

企业规范治理

注册制的灵魂是信息披露，所有规则表达的就是两个字：规范。

从资本市场败下阵来的选手多半是掉进“不规范”的坑中的。

北交所在审核过程中是按照上市公司审核标准执行的，虽然有一定的包容性，但相对之前的新三板，目前对申报上市企业的经营持续性、规范性和创新属性等把关还是比较严格的，未来可能越发严格，因为要符合北交所服务创新中小企业的定位。从北交所网站可以看出，截至2022年2月23日，被终止审核的企业有52家，核准注册的有89家，有的企业已经过了三轮审查问询，仍然不能送达注册而被终止审核，其中，企业合规性问题在审查问询环节被审核机关发现得比较多，严重影响通关。

作为专精特新企业，在规范治理方面应该是中小企业的领头兵，应该严格按照《中华人民共和国公司法》《中华人民共和国证券法》《北京证券交易所股票上市规则（试行）》要求办，同时参照北交所对上市公司的治理规范执行。

北交所要求上市公司增强公众公司意识，保持健全、有效、透明的治理体系和监督机制，保证股东大会、董事会、监事会规范运作，督促董事、监事和高级管理人员履行忠实、勤勉义务，明确纠纷解决机制，保障全体股东合法权利，积极履行社会责任，保护利益相关者的基本权益。在公司治理方面具体包括以下内容：

（1）上市公司控股股东、实际控制人应当诚实守信，依法行使权利，严格履行承诺，维持公司独立性，维护公司和全体股东的共同利益。上市公司设独立董事，独立董事的选任、履职应当符合中国证监会和北交所的有关规定。

（2）鼓励上市公司根据需要设立审计、战略、提名、薪酬与考核等专门委员会，专门委员会对董事会负责，依照公司章程和董事会授权履行职责。专门委员会成员全部由董事构成，其中，审计委员会、提名委员会、薪酬与考核委员会中独立董事应当占多数并担任召集人，审计委员会的召集人应当为会计专业人士。

（3）上市公司应当积极回报股东，根据自身条件和发展阶段，在公司章程中规定现金分红、股份回购等股东回报政策并严格执行。北交所可以制定股东回报相关规则。

（4）上市公司应当建立、完善募集资金管理使用制度。募集资金的存放、使用、变更和持续披露等具体规则由北交所制定。

（5）上市公司存在特别表决权股份的，应当在公司章程中规定特别表决权股份的持有人资格、特别表决权股份拥有的表决权数量与普通股份拥有的表决权数量的比例安排、持有人所持特别表决权股份能够参与表决的股东大会事项范围、特别表决权股份锁定安排及转让限制、特别表决权股份与普通股份的转换情形等事项。

上市公司应当在定期报告中持续披露特别表决权安排的情况；特别表决权安排发生重大变化的，应当及时披露。北交所应对存在特别表决权股份公司的上市条件，表决权差异的设置、存续、调整，信息披露和投资者保护事项制定有关规定。

第一节　法人治理结构

初创期的企业，对法人治理结构的认知与重视程度差异很大，但这并不影响企业发展。而且企业一旦进入资本市场，接触到正规的券商或金融投资机构，对法人治理结构的理解就会迅速增强，很快补上这一课。因为它们不是一个人在战斗，而是一个聚集各种人才的团队。企业发展成败会涉及每个人的价值贡献和权益保障，也是对企业是否能持续经营、持续发展的考量。

现代企业法人治理结构是由股东大会、董事会、监事会和高层经理人员四部分组成的执行机构。

公司治理的实质就是对公司的各个参与者的责任、权利、义务三者关系的确认与权衡，我国公司治理结构采用“三权分立”制度，即决策权、经营管理权、监督权分属于股东大会、董事会或执行董事、监事会，引进独立董事制度，通过权力的制衡，使各机关既各司其职，又相互制约，保证公司顺利运行。其公司治理模式如图 6－1 所示。

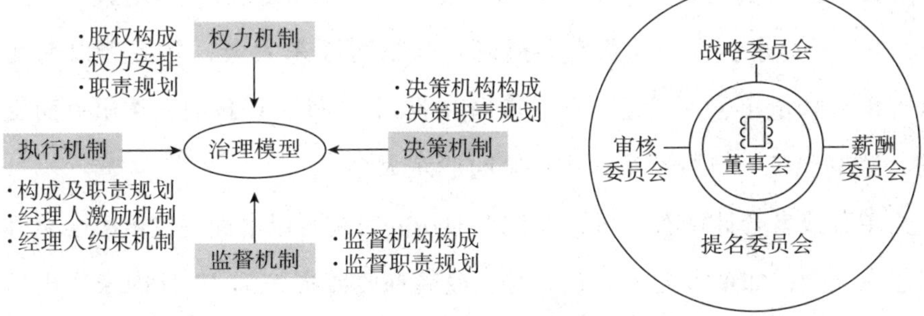

图 6－1　公司治理模式

根据《北京证券交易所股票上市规则（试行）》，登陆北交所的上市公司应当在公司章程中载明股东大会、董事会、监事会的职责，以及召集、召开和表决等程序，规范股东大会、董事会、监事会运作机制。

应当制定股东大会、董事会和监事会议事规则，并列入公司章程或者作为章程附件。董事会议事规则、监事会议事规则应当经股东大会审议通过。

（一）上市公司股东大会应当在《中华人民共和国公司法》和公司章程规定的范围内行使职权。

应当在公司章程中规定股东大会对董事会的授权原则，授权内容应当明确具体。股东大会不得将其法定职权授予董事会行使。

（二）上市公司应当严格依照法律法规、北交所业务规则和公司章程的规定召开临时股东大会和年度股东大会，保证股东能够依法行使权利。年度股东大会每年召开一次，应当在上一会计年度结束后的6个月内召开；临时股东大会不定期召开，出现《中华人民共和国公司法》规定应当召开临时股东大会情形的，应当在2个月内召开。在上述期限内不能召开股东大会的，上市公司应当及时向公司所在地中国证监会派出机构和北交所报告，说明原因并公告。

（三）董事会应当切实履行职责，在规定的期限内按时召集股东大会。全体董事应当勤勉尽责，确保股东大会正常召开和依法行使职权。

（四）监事会有权向董事会提议召开临时股东大会，并应当以书面形式提出。如董事会不同意召开，或者在收到提议后10日内未作出书面反馈的，监事会应当自行召集和主持临时股东大会。

单独或者合计持有公司10%以上股份的股东可以书面提议董事会召开临时股东大会；如董事会不同意召开，或者在收到提议后10日内未作出反馈的，上述股东可以书面提议监事会召开临时股东大会。监事会同意召开的，应当在收到提议后5日内发出召开股东大会的通知；未在规定期限内发出通知的，视为监事会不召集和主持股东大会，连续90日以上单独或者合计持有公司 10% 以上股份的股东可以自行召集和主持临时股东大会。在股东大会决议公告之前，召集股东大会的股东合计持股比例不得低于 10%。

监事会或者股东依法自行召集股东大会的，上市公司董事会、董事会秘书应当予以配合，并及时履行信息披露义务。上市公司章程中应当载明监事会或者股东依法自行召集股东大会产生的必要费用由上市公司承担。

（五）股东大会提案的内容应当符合法律法规和公司章程的相关规定，属于股东大会职权范围，有明确议题和具体决议事项。

（六）上市公司召开股东大会应当将会议召开的时间、地点和审议的事项以公告的形式向全体股东发出通知。股东大会通知中应当列明会议时间、地点，并确定股权登记日。股权登记日与会议日期的间隔不得多于 7 个交易日，且应晚于公告的披露时间。股权登记日一旦确定，不得变更。

（七）上市公司应当在年度股东大会召开 20 日前或者临时股东大会召开 15 日前，以临时报告方式向股东发出股东大会通知。

（八）单独或者合计持有公司 3% 以上股份的股东可以在股东大会召开 10 日前提出临时提案并书面提交召集人；召集人应当在收到提案后 2 日内发出股东大会补充通知，并将该临时提案提交股东大会审议。

除前款规定外，在发出股东大会通知后，召集人不得修改或者增加新的提案。股东大会不得对股东大会通知中未列明或者不符合法律法规和公司章程规定的提案进行表决并作出决议。

股东大会通知和补充通知中应当充分、完整地披露提案的具体内容，以及为使股东对拟讨论事项作出合理判断所需的全部资料或解释。

（九）股东大会通知发出后，无正当理由，不得延期或者取消，股东大会通知中列明的提案不得取消。确需延期或者取消的，公司应当在股东大会原定召开日前至少 2 个交易日公告，并说明延期或者取消的具体原因；延期召开的，应当在公告中说明延期后的召开日期。

（十）上市公司股东大会应当设置会场，以现场会议方式召开。现场会议时间、地点的选择应当便于股东参加。上市公司应当保证股东大会会议合法、有效，为股东参加会议提供便利。股东大会应当给予每个提案合理的讨论时间。

上市公司召开股东大会，应当提供网络投票方式。股东通过网络投票方式参加股东大会的，视为出席。

（十一）股东大会由董事长主持。董事长不能履行职务或者不履行职务时，由副董事长主持；副董事长不能履行职务或者不履行职务时，由半数以上董事共同推举一名董事主持。

（十二）监事会自行召集的股东大会，由监事会主席主持。监事会主席不能履行职务或者不履行职务时，由监事会副主席主持；监事会副主席不能履行职务或不履行职务时，由半数以上监事共同推举一名监事主持。

股东依法自行召集的股东大会，由召集人推选代表主持。

（十三）股东以其有表决权的股份数额行使表决权，所持每一股份享有一表决权，法律法规另有规定的除外。

上市公司持有的本公司股份没有表决权，且该部分股份不计入出席股东大会有表决权的股份总数。

上市公司控股子公司不得取得该上市公司的股份。确因特殊原因持有股份的，应当在 1 年内依法消除该情形。前述情形消除前，相关子公司不得行使所持股份对应的表决权，且该部分股份不计入出席股东大会有表决权的股份总数。

（十四）股东与股东大会拟审议事项有关联关系的，应当回避表决，其所持有表决权的股份不计入出席股东大会有表决权的股份总数。

（十五）股东可以本人投票或者依法委托他人投票。股东依法委托他人投票的，上市公司不得拒绝。

（十六）上市公司董事会、独立董事、持有 1% 以上有表决权股份的股东或者《中华人民共和国证券法》规定的投资者保护机构可以向公司股东征集其在股东大会上的投票权。征集投票权应当向被征集人充分披露具体投票意向等信息，且不得以有偿或者变相有偿的方式进行。

上市公司可以在公司章程中规定征集投票权制度，但是不得对征集投票权设定不适当障碍而损害股东的合法权益。

（十七）股东大会选举董事、监事时，应当充分反映中小股东意见。鼓励上市公司股东大会在董事、监事选举中推行累积投票制。上市公司单一股东及其一致行动人拥有权益的股份比例在30%及以上的，股东大会在董事、监事选举中应当推行累积投票制。采用累积投票制的公司应当在公司章程中规定具体实施办法。

（十八）除累积投票制外，股东大会对所有提案应当逐项表决。对同一事项有不同提案的，应当按照提案的时间顺序进行表决，股东在股东大会上不得对同一事项不同的提案同时投同意票。

除因不可抗力等特殊原因导致股东大会中止或不能作出决议外，股东大会不得对提案进行搁置或不予表决。

（十九）上市公司股东大会审议下列影响中小股东利益的重大事项时，对中小股东的表决情况应当单独计票并披露：

1. 任免董事；

2. 制定、修改利润分配政策，或者审议权益分派事项；

3. 关联交易、提供担保（不含对控股子公司提供担保）、提供财务资助、变更募集资金用途等；

4. 重大资产重组、股权激励、员工持股计划；

5. 公开发行股票、向境内其他证券交易所申请股票转板或向境外其他证券交易所申请股票上市；

6. 法律法规、北交所业务规则及公司章程规定的其他事项。

上市公司召开股东大会，应当聘请律师对股东大会的召集、召开程序、出席会议人员的资格、召集人资格、表决程序和结果等事项是否合法有效出具法律意见书。

（二十）董事会可以根据需要设立审计、战略、提名、薪酬与考核等相关专门委员会。专门委员会对董事会负责，依照公司章程和董事会授权履行职责。专门委员会的组成、职责等应当在公司章程中规定。

（二十一）上市公司应当建立健全内部控制制度，公司董事会负责内部控制制度的有效实施。

上市公司应当加强对控股子公司的管理控制，制定对控股子公司的控制政策及程序，并督促其充分结合自身业务特征等因素建立内部控制制度。

（二十二）董事与董事会会议决议事项有关联关系的，应当回避表决，不得对该项决议行使表决权，也不得代理其他董事行使表决权。该董事会会议由过半数的无关联关系董事出席即可举行，董事会会议所作决议须经无关联关系董事过半数通过。出席董事会的无关联关系董事不足 3 人的，应将该事项提交上市公司股东大会审议。

第二节　股权激励与员工持股计划

根据《北京证券交易所股票上市规则（试行）》，上市公司以限制性股票、股票期权实行股权激励，应当遵守《上市公司股权激励管理办法》《北京证券交易所持续监管办法（试行）》和中国证监会其他相关规定，以及北交所业务规则。上市公司制度框架如图 6－2 所示。

	北京证券交易所上市公司	精选层挂牌公司
法律法规	《中华人民共和国公司法》《中华人民共和国证券法》	
部门规章规范性文件	《上市公司股权激励管理办法》 《北京证券交易所上市公司持续监管办法（试行）》 《关于上市公司实施员工持股计划试点的指导意见》	《非上市公众公司监管指引第 6 号——股权激励和员工持股计划的监管要求（试行）》
自律规则	《北京证券交易所股票上市规则（试行）》 《北京证券交易所上市公司持续监管指引第 3 号——股权激励和员工持股计划》	《全国中小企业股份转让系统股权激励和员工持股计划业务办理指南》

图 6－2　上市公司制度框架

一、股权激励内容

股权激励内容如图 6－3 所示。

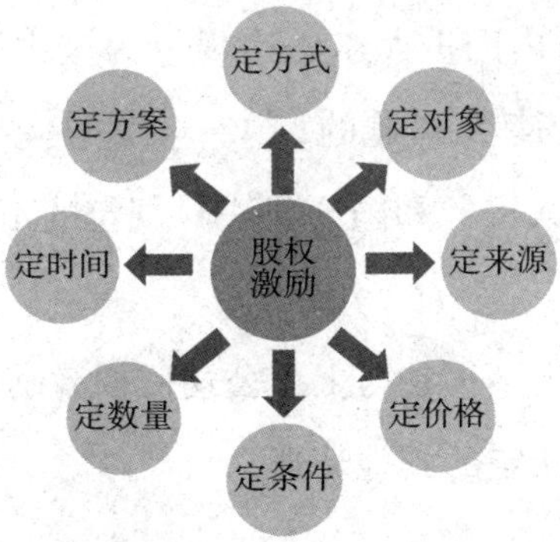

图 6－3　股权激励内容

（一）确定激励对象

定对象	一般对象	公司董事、高级管理人员和核心技术人员或者核心业务人员（经法定程序认定的核心员工）等。
	特殊对象	单独或合计持有上市公司5%以上股份的股东或实际控制人及其配偶、父母、子女以及外籍员工（担任董事、高级管理人员和核心技术人员或者核心业务人员的）。
	负面清单	独立董事和监事；最近12个月被证监会及其派出机构认定为不适当人选、采取市场禁入的；被证券交易所认定为不适当人选的；《中华人民共和国公司法》规定不得担任公司董事、高级管理人员情形的，不允许作为激励对象。

图6－4　激励对象

激励对象可以包括上市公司的董事、高级管理人员、核心技术人员或者核心业务人员（经法定程序认定的核心员工），以及公司认为应当激励的，对公司经营业绩和未来发展有直接影响的其他员工，独立董事和监事除外（见图6－4）。

单独或合计持有上市公司5%以上股份的股东或实际控制人及其配偶、父母、子女以及上市公司外籍员工，在上市公司担任董事、高级管理人员、核心技术人员或者核心业务人员的，可以成为激励对象。上市公司应当充分说明前述人员成为激励对象的必要性、合理性。

下列人员不得成为激励对象：

（1）最近12个月内被证券交易所认定为不适当人选的；

（2）最近12个月内被中国证监会及其派出机构认定为不适当人选的；

（3）最近12个月内因重大违法违规行为被中国证监会及其派出机构行政处罚或者采取市场禁入措施的；

（4）具有《中华人民共和国公司法》规定的不得担任公司董事、高级管理人员情形的；

（5）法律法规规定不得参与上市公司股权激励的；

（6）中国证监会认定的其他情形。

（二）确定激励方式

激励方式如图 6－5 所示。

		限制性股票	股票期权
定方式	收益获取	利益来自当前（折扣买入）和未来	利益主要来自未来
	激励对象缴款	授予时缴款	行权时缴款
	股本结构影响	授予时对股东可能存在直接的摊薄效应（新增股份作为来源）	在授予时不会对公司股本结构造成影响，行权时可能摊薄（新增股份作为来源）
	激励对象风险	授予后有锁定期，股价下跌激励对象可能出现亏损	激励对象行权前不存在风险（若股价下跌不行权）

图 6－5　激励方式

（三）确定股票来源

股票来源如图 6－6 所示。

定来源

- 向激励对象增发股票；
- 回购本公司股票；
- 股东自愿赠与；
- 法律、行政法规允许的其他方式。

图 6－6　股票来源

（四）确定激励条件

激励条件如图 6－7 所示。

定条件

- 绩效考核指标包括公司业绩指标和激励对象个人绩效指标；
- 董事、高管作为激励对象的，应当设立绩效考核指标；
- 上市公司制定的业绩考核指标应当科学合理，以同行业可比公司相关指标作为对照依据的，选取的对照公司不少于 3 家。

图 6－7　激励条件

（五）确定数量

激励数量如图 6－8 所示。

定数量

- 总额控制：全部在有效期内的股权激励计划所涉及的标的股票总数累计不得超过公司股本总额的 30%。
- 个人比例：经股东大会特别决议（出席会议的股东所持表决权的 2/3 以上），单人激励比例可以超过公司股本总额的 1%。
- 预留比例：设置预留权益的，预留比例不得超过本次股权激励计划拟授予权益数量的 20%。

图 6－8　激励数量

（六）确定激励时间

激励时间如图 6－9 所示。

定时间

- 股权激励计划的有效期从首次授予权益日起不得超过10年。
- 分期解限/行权的，激励对象获授权益与首次行使权益的间隔不少于 12 个月；每期时限不得少于 12 个月，各期行使权益的比例不得超过激励对象获授总额的 50%。
- 设置预留权益的，应当在股权激励计划经股东大会审议通过后 12 个月内明确预留权益的授予对象；超过 12 个月未明确激励对象的，预留权益失效。
- 股权激励计划经股东大会审议通过后，上市公司应当在 60 日内授予权益并完成公告、登记；有获授权益条件的，应当在条件成就后 60 日内授予权益并完成公告、登记。上市公司未能在 60 日内完成上述工作的，应当及时披露未完成的原因，并宣告终止实施股权激励，自公告之日起 3 个月内不得再次审议股权激励计划。

图 6－9　激励时间

（七）确定激励方案

激励方案如图 6－10 所示。

定方案

《上市公司股权激励管理办法》第九条激励计划的内容：

- 股权激励的目的；激励对象的确定依据和范围；拟授出的权益数量；激励对象获授权益数量及比例。
- 股权激励计划的有效期，限制性股票的授予日、限售期和解除限售安排，股票期权的授权日、可行权日、行权有效期和行权安排。
- 限制性股票的授予价格或者授予价格的确定方法，股票期权的行权价格或者行权价格的确定方法。
- 激励对象获授权益、行使权益的条件。

图 6－10　激励方案

（八）实施流程

实施流程如图 6－11 所示。

·上市公司授出权益、激励对象行使权益的程序。
·调整权益数量、标的股票数量、授予价格或者行权价格的方法和程序。
·股权激励会计处理方法、限制性股票或股票期权公允价值的确定方法、涉及估值模型重要参数取值合理性、实施股权激励应当计提费用及对上市公司经营业绩的影响。
·股权激励计划的变更、终止。
·上市公司发生控制权变更、合并、分立以及激励对象发生职务变更、离职、死亡等事项时股权激励计划的执行；上市公司与激励对象之间相关纠纷或争端解决机制。
·上市公司与激励对象的其他权利义务。

图 6－11　实施流程

（九）限制性股票

上市公司实施股权激励，应当合理确定限制性股票授予价格或股票期权行权价格，并在股权激励计划中对定价依据和定价方式进行说明（见图 6－12、图 6－13）。

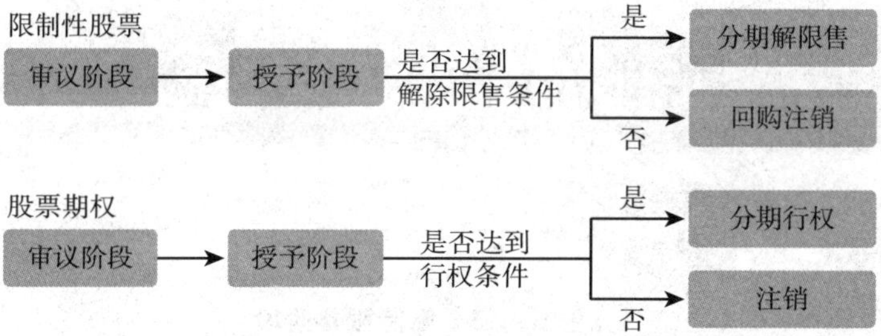

图 6－12　限制性股票

限制性股票授予价格低于市场参考价的 50%，或者股票期权行权价格低于市场参考价的，上市公司应当聘请独立财务顾问对股权激励计划的可行性、相关定价依据和定价方法的合理性、是否有利于公司持续发展、是否损害股东利益等发表意见。

前款所称的市场参考价是指股权激励计划草案公布前 1 个交易日、20 个交易日、60 个交易日或 120 个交易日股票交易均价孰高者。

上市公司全部在有效期内的股权激励计划所涉及的标的股票总数，累计不得超过公司股本总额的30%。

经出席会议的股东所持表决权的2/3以上通过，单个激励对象通过全部在有效期内的股权激励计划获授的本公司股票，累计可以超过公司股本总额的1%。

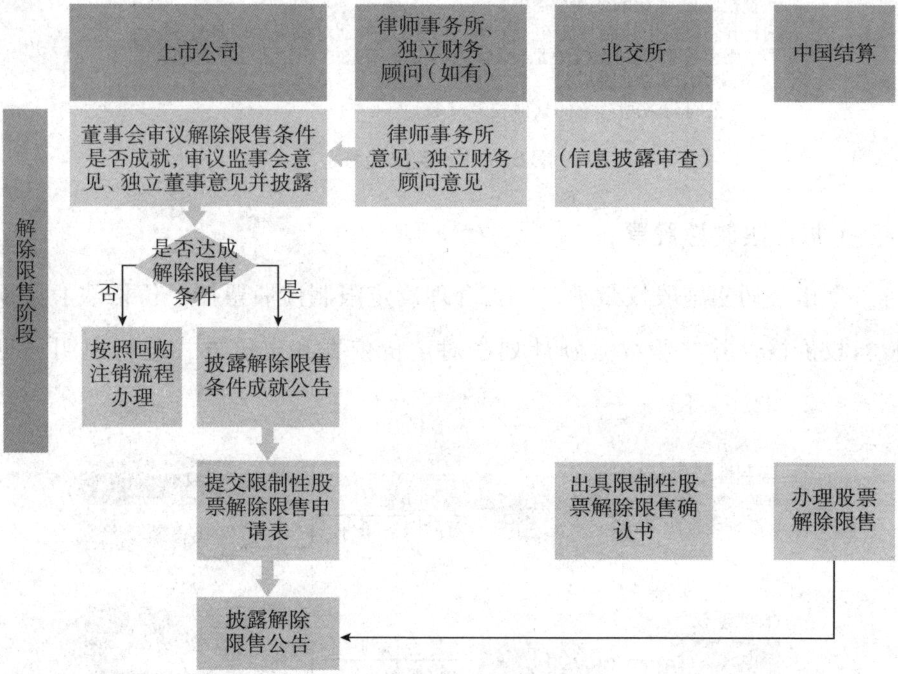

图6－13　解除限售阶段

（十）审议

审议阶段如图6－14所示。

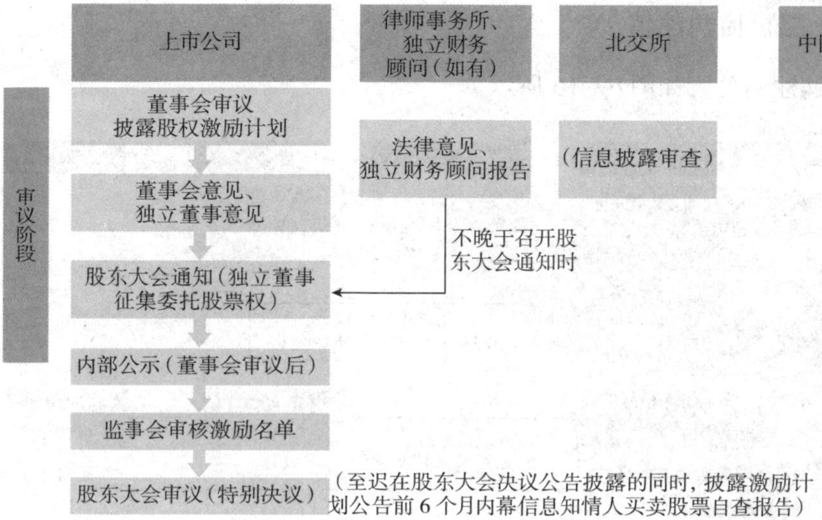

图6-14 审议阶段

（十一）授予

授予阶段如图6-15所示。

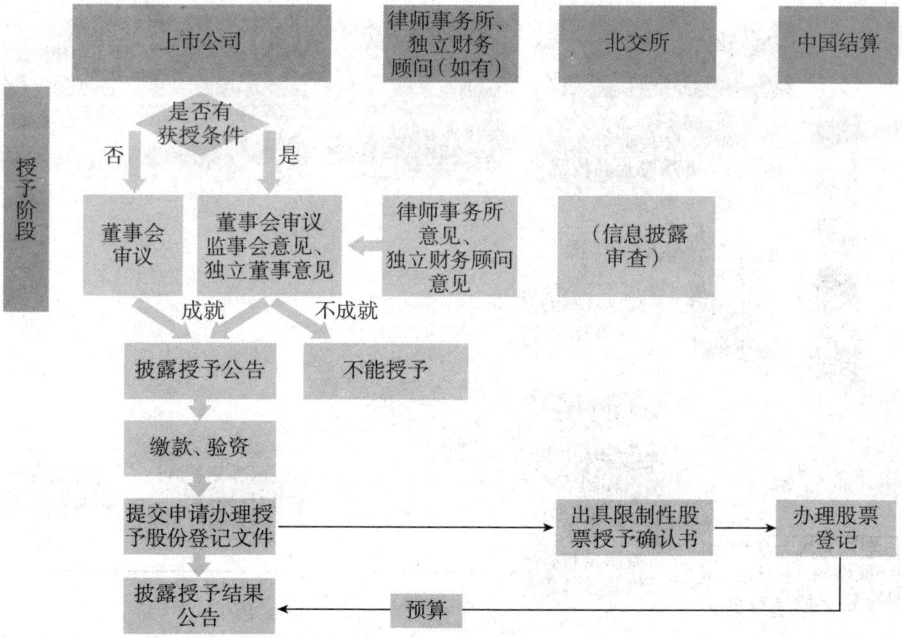

图6-15 授予阶段

（十二）回购注销

回购注销阶段如图 6－16 所示。

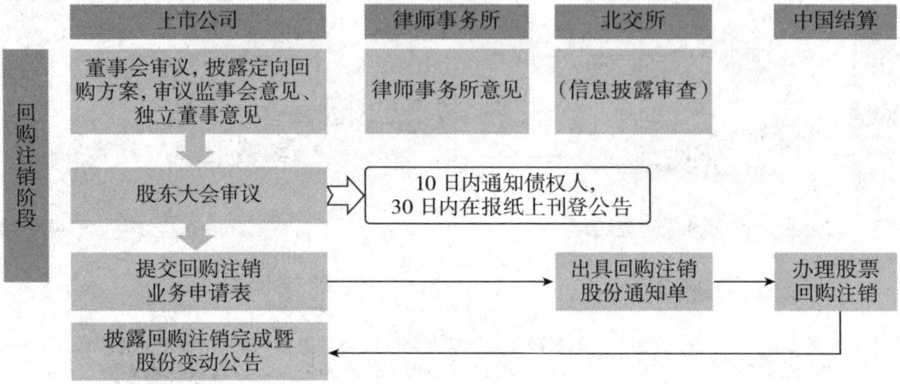

图 6－16　回购注销阶段

（十三）行权

行权阶段如图 6－17 所示。

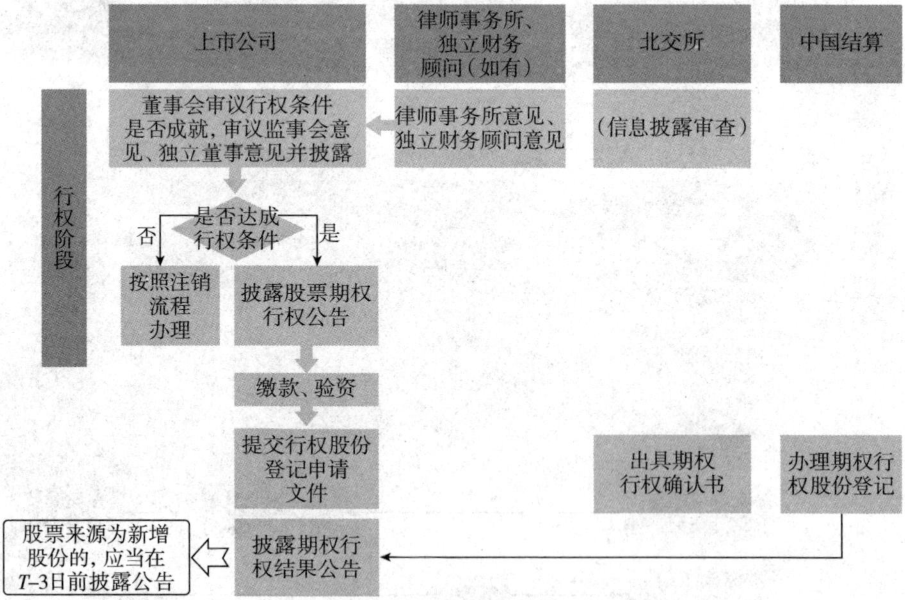

图 6－17　行权阶段

（十四）注销

注销阶段如图 6－18 所示。

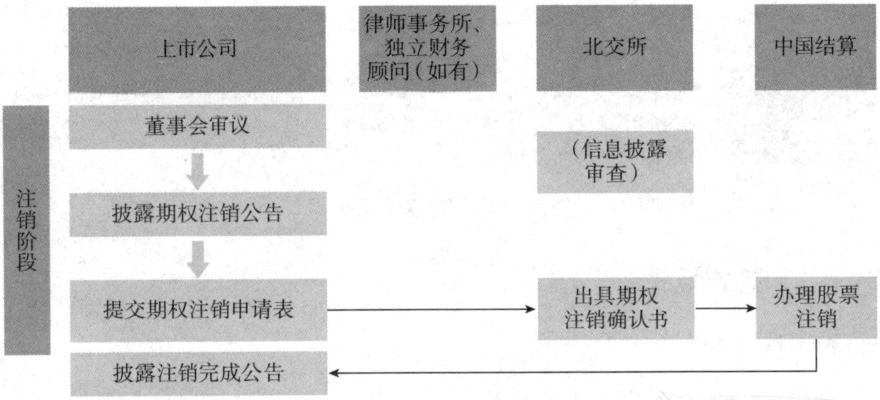

图 6－18　注销阶段

二、员工持股计划

上市公司实施员工持股计划，应当遵守中国证监会关于上市公司员工持股计划的相关规定和北交所业务规则。

上市公司在全国股转系统挂牌期间依法实施的股权激励计划，上市后可以继续实施，限制性股票的限售安排和授予价格、股票期权的行权安排和行权价格等事项按已披露的股权激励计划方案执行。

上市公司在全国股转系统挂牌期间依法设立的员工持股计划，上市后可以继续实施，管理方式、持股期限等事宜按照已披露的员工持股计划方案办理。

员工持股计划：上市公司根据员工意愿，通过合法方式使员工获得本公司股票并长期持有，股份权益按约定分配给员工的制度安排。具体内容包括以下几个方面。

（一）确定股票来源

确定股票来源如图 6－19 所示。

图 6－19　确定股票来源

（二）确定模式

确定模式如图 6－20 所示。

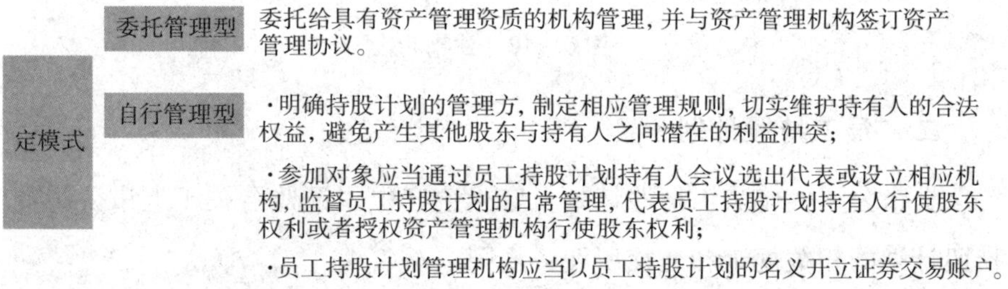

图 6－20　确定模式

（三）定期限、定规模

确定期限与规模如图 6－21 所示。

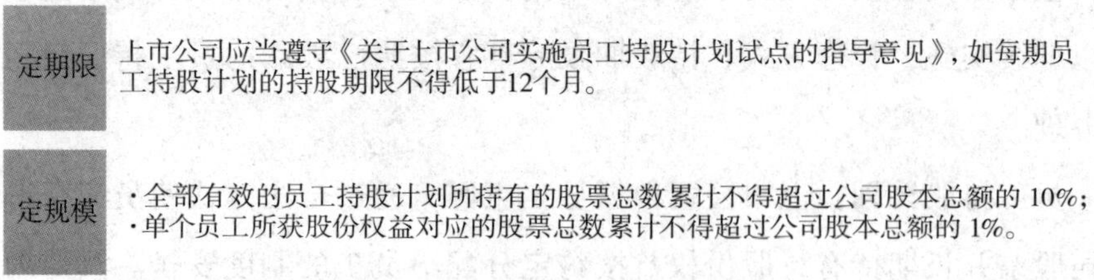

图 6－21　定期限、定规模

（四）实施方案

确定实施方案如图 6 – 22 所示。

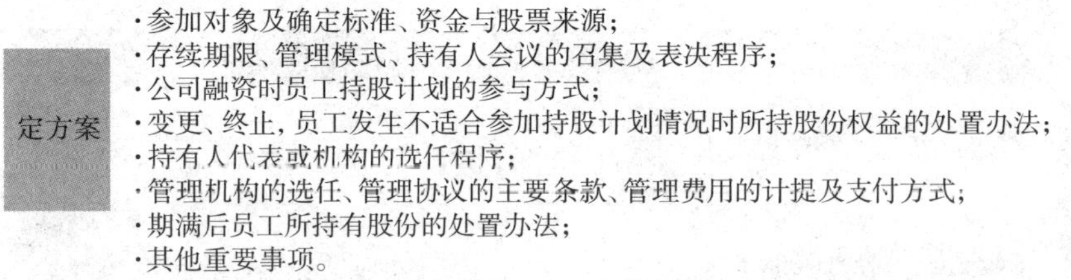

图 6 – 22　定方案

（五）审议

审议阶段如图 6 – 23 所示。

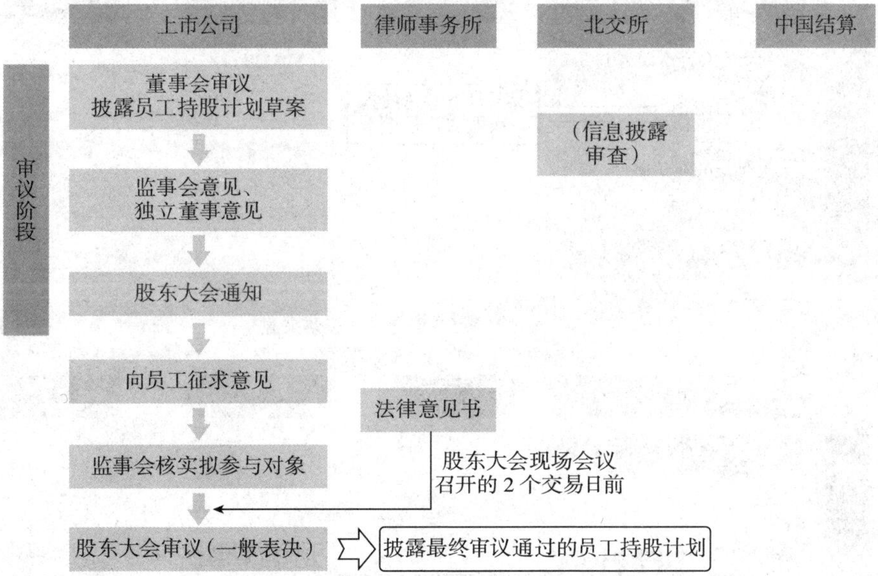

图 6 – 23　审议阶段

（六）实施

实施阶段如图 6－24 所示。

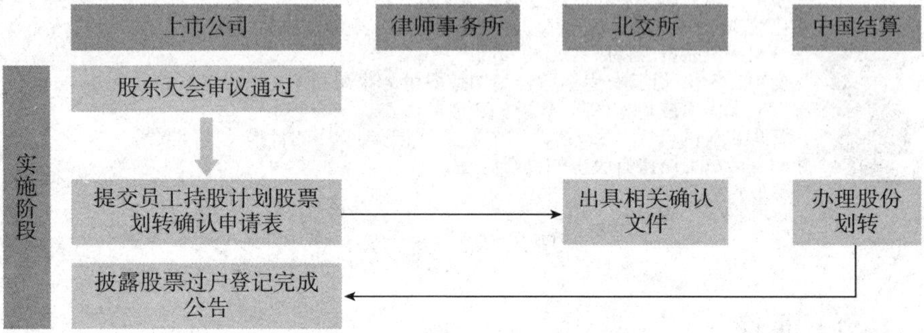

(a)以回购为股票来源

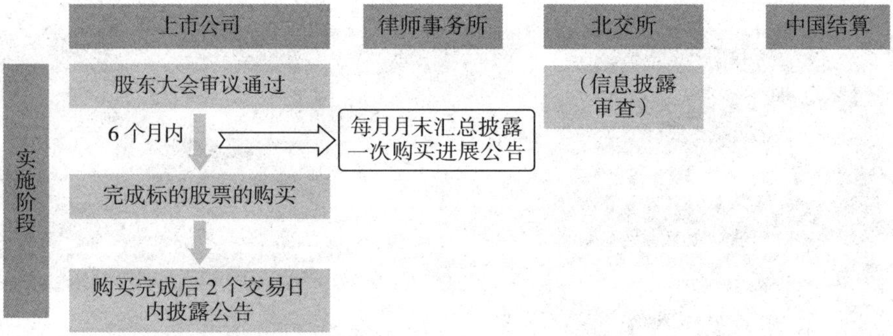

(b)以二级市场交易为股票来源

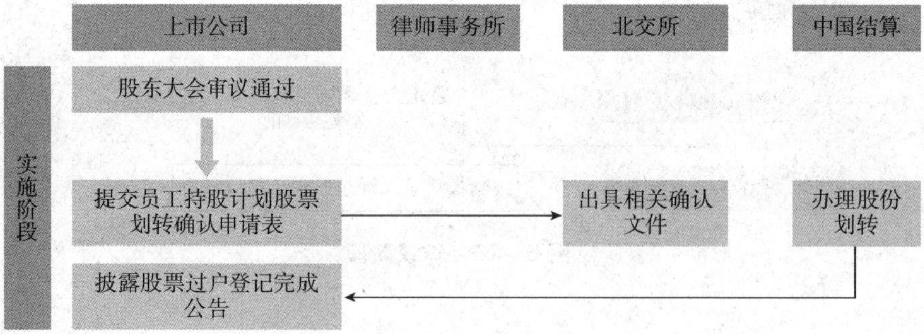

(c)以股东自愿赠与为股票来源

图 6－24　实施阶段

（七）变更与终止

变更与终止如图 6－25 所示。

审议程序　按照员工持股计划方案的约定经董事会或股东大会审议通过。

披露要求　董事会审议通过后，及时披露董事会决议公告及变更/终止公告等。

图 6－25　变更与终止

（八）信息披露

存续期内发生下列情形之一的，应当及时披露：

（1）员工持股计划变更、提前终止，或相关当事人未按约定实施；

（2）持有人之外的第三人对员工持股计划的股票和资金提出权利主张；

（3）锁定期届满；

（4）出现单个员工所获份额对应股票总数达到公司股本的 1%；

（5）员工持股计划中约定第三方为员工参加持股计划提供的奖励、资助、补贴、兜底等安排，第三方未能如期兑现的；

（6）本所认定的其他情形。

员工持股计划届满前 6 个月的首个交易日，披露该员工持股计划到期时拟持有的股票数量。

第三节　ESG 治理模式

中国企业高质量发展，将推动 ESG 快速在境内崛起。香港交易所于 2019 年 12 月 17 日发布新版 ESG 指引并相应调整相关上市规则，从 2020 年 7 月 1 日开始生效，这意味着赴港上市的公司和拟赴港上市的公司必须遵照新版指引进行 ESG 披露。国际两大指数和数据供应商 MSCI（美国明晟公司）和富时罗素相继宣布，加强对 ESG 评级和指数的发布和管理，国际投资关注重心已经逐渐从 CSR 转向 ESG，2020 年成为与国际接轨的中国市场的“ESG 元年”。公开数据显示，目前全球 90% 大型跨国企业主动公开披露其 ESG 方面的表现，ESG 发展势头迅猛。

中国资本市场的开放，以及上市公司寻求实现高质量发展路径，都在将国际投资重心由 CSR 向 ESG 演变和进化，《国务院关于进一步提高上市公司质量的意见》（国发〔2020〕14 号）提出了 6 个方面 17 项重要举措，其中第一个方面就是提高上市公司治理水平，特别提到要加强治理状况信息披露，并要求上市公司切实履行社会责任；中国证监会 2018 年发布的新修订的《上市公司治理准则》，也确立了环境、社会及公司治理的披露框架。

ESG 改变了企业或上市公司哪些方面？

以前我们常说，评判一个企业是否值得投资，多半是从企业基本面、财务指标等方面来分析，如企业规范运作、核心竞争力、盈利状况、偿债能力、现金流等。

而 ESG 理念及评价体系的内容包括了企业在经营中需要考虑的多层次、多维度的因素。根据对三大国际组织的指引（ISO 2600 社会实践、SASB/GRI 可持续发展报告）、ESG 评级公司关于 ESG 评级的披露信息，以及 12 家国际上的交易所发布的 ESG 投资指引，这些因素主要包括以下维度。

一、E－环境（Environmental）

2021年“两会”，碳达峰、碳中和被写入了政府工作报告，金融委会议中也格外强调了将大力发展企业的绿色转型。

针对越来越恶化的气候环境，近年来，国家出台了各项政策，都在绿色金融上大着笔墨。

公司的生产环节中，是不是可以做到节能减排、污水治理等，其实就是ESG中“E”的部分——环境保护，包括碳及温室气体排放，环境政策，废物污染及管理政策，能源使用/消费，自然资源（特别是水资源）使用和管理政策，生物多样性、合理性，员工环境意识，绿色采购政策，节能减排措施，环境成本核算，绿色技术等。

二、S－社会责任（Social Responsibility）

社会责任包括性别及性别平衡政策、人权政策及违反情况、社团（或社区）、健康安全、管理培训、劳动规范、产品责任、职业健康安全、产品质量、供应链责任管理、精准扶贫、公益慈善及其他等。

三、G－治理（Governance）

治理包括公司治理、贪污受贿政策、反不公平竞争、风险管理、税收透明、公平的劳动实践、道德行为准则、合规性、董事会独立性及多样性、组织结构、投资者关系等。

2021年9月18日，国务院国资委、责任云研究院发布了《中央企业上市公司ESG蓝皮书（2021）》，并公布了“央企ESG·先锋50指数”。

据蓝皮书披露，研究表明，中央企业上市公司在ESG管治、创造社会价值、防范社会环境风险方面取得进展。“央企ESG·先锋50指数”以440家中央企业控股上市公司为评价对象，通过对ESG管治、社会价值和社会环境风险管理的综合评价，选出华润电力、蒙牛乳业、中国石化等50家上市公司，为国务院国资委统筹推动央企上市公司ESG工作提供参考。

为直观展现央企上市公司ESG水平，课题组将ESG评级得分划分为七个等级。

华润电力达到五星级卓越者水平。蒙牛乳业、中国石化、中国铝业、中国移动、中国联通/中国联通（香港）、宝钢股份、中国电信、招商港口、华润医疗、中国东航、中国海洋石油、中国通号、华润医药、龙源电力、华润燃气、中航产融、华润置地、招商证券、中船防务、中国神华、东风集团股份、中航光电、保利发展达到四星半级领先者水平。

中海油服、昆仑能源、冠捷科技、云南铜业、航发动力、中国中冶、中化国际、海康威视、中远海能、中国建筑、中国巨石、中国通信服务、中国中车、中国石油、中国外运、中国建材、中国长城、中煤能源、招商银行、辽港股份、大唐新能源、太钢不锈、长安汽车、中国民航信息网络、中国中铁、马钢股份达到四星级优秀者水平。

专业的ESG评级，是一个可以帮助我们进行“排雷”的辅助工具。海外的整个投资流程是比较成熟的：首先，上市公司按要求披露ESG信息；其次，评级机构进行ESG评级；再次，指数编制机构根据评级结果编制ESG指数；最后，投资机构据此作出投资决策。例如，MSCI的ESG评价体系，每年会给全球上市公司评级，然后编制出上百个ESG指数。

2018年6月，A股公司也开始被纳入MSCI新兴市场指数和MSCI全球指数。随着MSCI、富时罗素等海外主流指数进入国内，国际机构投资者也开始布局中国市场，带来了ESG理念和投资需求（见图6-26）。

根据券商统计，我国所在的新兴市场中，MSCI的ESG指数累计涨幅比综合指数要高不少。

目前国内市场上，主要还是跟踪国内指数公司编制的ESG指数。如第一批ESG主题ETF获批：

- 浦银安盛中证ESG120策略ETF
- 鹏华国证ESG300ETF

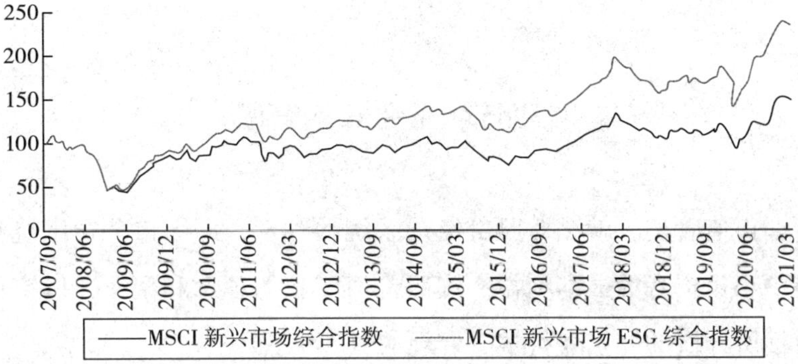

图 6-26　ESG 投资策略在新兴市场表现较好

· 富国沪深 300ESG 基准 ETF

· 富国中证 ESG120 策略 ETF

与发达国家成熟的 ESG 生态不同，国内的 ESG 投资还在起步阶段。许多依然是泛 ESG 主题的基金，如环保、新能源等。

《北京证券交易所股票上市规则（试行）》中明确要求上市公司应当积极承担社会责任，维护公共利益，保障生产及产品安全，维护员工与其他利益相关者合法权益。

上市公司应当根据自身生产经营模式，遵守产品安全法律法规和行业标准，建立安全可靠的生产环境和生产流程，切实承担生产及产品安全保障责任。

上市公司应当积极践行绿色发展理念，将生态环保要求融入发展战略和公司治理过程，并根据自身生产经营特点和实际情况，承担环境保护责任。

上市公司应当严格遵守科学伦理规范，尊重科学精神，恪守应有的价值观念、社会责任和行为规范，弘扬科学技术的正面效应。

上市公司在生命科学、人工智能、信息技术、生态环境、新材料等科技创新领域，避免研究、开发和使用危害自然环境、生命健康、公共安全、伦理道德的科学技术，不得以侵犯个人基本权利或者损害社会公共利益等方式从事研发和经营活动。

第四节 企业市值管理

所谓市值管理，就是对股份经营系统的管理，即上市公司围绕投资者尤其是中小投资者的根本利益，按照价值增长的理念和规律，以市值最大化为目标所开展的一系列科学、合规的管理工程。

在国外成熟资本市场，上市公司的市值管理已经成为董事会、经营层的核心管理工作，并纳入考核。市值管理指标和利润指标达标时，上市公司的经营层会得到相应的激励；反之，则会引发董事会和经营层的被动担责。在股价波动过程中，股价过低时上市公司大股东会回购，股价过高时大股东会择机开展再融资。反观国内上市公司，目前市值管理尚未与公司持续有效经营挂钩（见图6－27、图6－28、表6－1）。

标准一	标准二	标准三	标准四
◆市值≥2 亿元	◆市值≥4 亿元	◆市值≥8 亿元	◆市值≥15 亿元
净利润+ROE ◆最近2年净利润均≥1500万元，且加权平均净资产收益率≥8%； ◆最近1年净利润≥2500万元，且加权平均净资产收益率≥8%	收入+经营活动现金流 ◆最近2年营业收入平均≥1亿元，且最近1年营收增长率≥30%； ◆最近1年经营活动现金流净额为正	收入+研发投入 ◆最近1年营业收入≥2亿元，且最近2年研发投入合计占最近2年营业收入合计的比例≥8%	研发投入 ◆最近2年研发投入合计≥1500万元

图6－27 北交所财务条件四选一标准

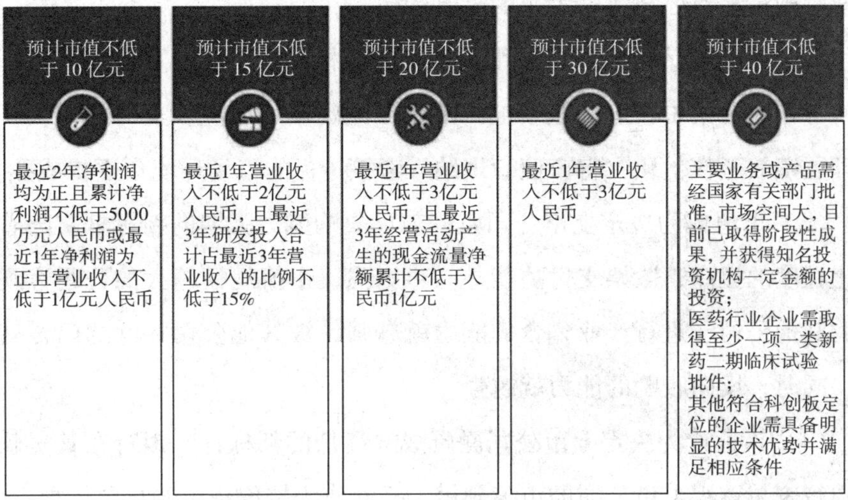

图6－28 科创板五套差异化上市标准

表6－1 创业板上市标准

类别	上市条件
一般盈利企业（2套）	最近2年均盈利，累计净利润不低于5000万元
	预计市值不低于10亿元，最近1年盈利且营业收入不低于1亿元
红筹和特殊股权结构企业（2套）	预计市值不低于100亿元，最近1年盈利
	预计市值不低于50亿元，最近1年盈利且营业收入不低于5亿元
未盈利企业（1套）	预计市值不低于50亿元，最后1年营业收入不低于3亿元

上市公司必须做市值管理。只有每家上市公司都真正重视起自身的市值管理，才能真正建立起以企业市值最大化为目标的经营管理模式，才能使股东和经营者的目标趋同、利益趋同，才能促进上市公司经营质量的不断提高，进而从根本上提高中国证券市场的投资回报。

对市值的深层理解：

（1）市值是衡量上市公司实力大小的新标杆。在全流通市场环境里，市值代表市场对公司价值作出的公允价格。市值大小充分折射出企业经营的相关信息，体现企业的盈利能力、成长潜力、行业地位，管理水平、团队素质和品牌形象等，反映了企业的综合素质。放眼国际，成熟市场上，市值是衡量上市公司实力大小的重要标杆。

（2）市值成为考核经营层绩效好坏的新标杆。以往上市公司对管理团队的考核主要集中在盈利业绩上，集中在净资产增值上。全流通时代，对管理层绩效考核优化，将市值管理纳入考核指标的市场环境也逐步成熟。

（3）市值成为决定上市公司收购与反收购能力强弱的新标杆。随着市场化程度的提高，股票支付功能进一步增强，市值规模越大的公司客观上并购其他公司、进行产业整合的能力就越强，被其他公司并购的门槛就越高，同时，反向收购的能力就越强。

（4）市值成为决定上市公司融资成本高低的新标杆。银行在其贷款活动中越来越重视上市公司的市值规模，把它作为授信规模的重要依据。

（5）市值成为决定投资者财富大小的新标杆。

（6）市值是衡量一个国家或地区资本市场乃至经济实力的新标杆。市值管理可归结为3个方面的内容，即价值创造、价值经营和价值实现。市值管理就是要使价值创造最大化、价值经营最妙化、价值实现最优化，最终实现股东价值最大化。

上市公司市值管理模式：

（1）券商市值管理模式。主要围绕着上市公司大股东存量持股市值的盘活来设计，包括股权托管、股权质押融资、融券业务等业务。

（2）大宗交易商市值管理模式。通过大宗交易系统以打折的价格将股票卖给大宗交易商，大宗交易商随后再将股票在二级市场上直接卖出，此模式以拉升股价为目的。

（3）私募基金市值管理模式。其核心是联合坐庄。

（4）财经公关市值管理模式。向上市公司提供财经公关服务。

（5）咨询公司市值管理模式。通过给上市公司拟定借助资本市场的并购重组和产业整合战略，以期帮助上市公司实现增长。

（6）长效市值管理模式。通过规范系统帮助上市公司管理每一个影响市值波动的因素。

（7）产业整合模式。由知名机构硅谷天堂于2011年首创。彼时因IPO暂停，拟上市公司排队压力巨大。硅谷天堂选择和上市公司大康牧业（002505）合作成立了一只并购基金，先后收购了武汉和祥畜牧、湖南富华等产业链上下游企业，后通过增发引入房地产开发企业“鹏欣系”，实现业务转型、股价上升。

一大批A股公司面临从内生式增长向外延式扩张，很多标的资产长期无法合理顺利退出，产业整合模式可能会在相当一段时间存在。

对上市公司来说，通过并购基金提前了解目标企业，减少信息不对称的风险；对PE来说，从开始就锁定特定上市公司作为退出渠道，一定程度上提高了PE投资的安全边际。

案例参考6－1：风险提示案例丨某账户组拉抬股价以达到进入创新层市值条件违规案例

2020年2月6日至4月30日，某挂牌公司实际控制人、控股股东、董事长与其涉嫌关联的多个账户共同持续、频繁、高价买入该公司股票（集合竞价），拉抬并维持股价，致使期间内股价累计涨幅达148.12%，股票市值由2.69亿元上升至6.68亿元，达到进入创新层的市值标准。

上述账户的交易行为违反了《全国中小企业股份转让系统业务规则（试行）》第1.4条、《全国中小企业股份转让系统股票交易规则》第一百二十二条、《全国中小企业股份转让系统挂牌公司治理规则》第五条及《全国中小企业股份转让系统异常交易监控细则（试行）》第九条等相关规则。该实际控制人被给予公开谴责的纪律处分，其涉嫌关联的账户被采取出具警示函的自律监管措施。

补充资料：

一、《全国中小企业股份转让系统业务规则（试行）》

第1.4条　申请挂牌公司、挂牌公司及其董事、监事、高级管理人员、股东、实际控制人，主办券商、会计师事务所、律师事务所、其他证券服务机构及其相关人员，投资者应当遵守法律、行政法规、部门规章、本业务规则及全国股份转让系统公司其他业务规定。

二、《全国中小企业股份转让系统股票交易规则》

第一百二十二条　可能影响股票交易价格或者股票成交量的异常交易行为包括：

（一）可能对股票交易价格产生重大影响的信息披露前，大量或持续买入或卖出相关股票；

（二）单个证券账户，或两个以上固定的或涉嫌关联的证券账户之间，大量或频繁进行反向交易；

（三）单个证券账户，或两个以上固定的或涉嫌关联的证券账户，大笔申报、连续申报、密集申报或申报价格明显偏离该证券行情揭示的最近成交价；

（四）单独或者合谋，以涨幅或跌幅限制的价格大额申报或连续申报，致使该股票交易价格达到或维持涨幅或跌幅限制；

（五）频繁申报或撤销申报，或大额申报后撤销申报，以影响股票交易价格或误导其他投资者；

（六）集合竞价期间以明显高于前收盘价的价格申报买入后又撤销申报，随后申报卖出该证券，或以明显低于前收盘价的价格申报卖出后又撤销申报，随后申报买入该证券；

（七）对单一股票在一段时期内进行大量且连续交易；

（八）大量或者频繁进行高买低卖交易；

（九）申报或成交行为造成市场价格异常或秩序混乱；

（十）利用虚假或者不确定的重大信息，诱导投资者作出投资决策，并进行相关交易的；

（十一）通过对股票及其发行人、挂牌公司公开作出评价、预测或者投资建议，误导投资者作出投资决策，并进行与其评价、预测、投资建议方向相反的股票交易的；

（十二）通过策划、实施虚假重大事项，误导投资者作出投资决策，并进行相关交易的；

（十三）通过控制发行人、挂牌公司信息的生成或者控制信息披露的内容、时点、节奏，误导投资者作出投资决策，并进行相关交易的；

（十四）全国股转公司认为需要重点监控的其他异常交易。

主办券商发现客户存在上述异常交易行为，应提醒客户；对可能严重影响交易秩序的异常交易行为，应及时报告全国股转公司。

三、《全国中小企业股份转让系统挂牌公司治理规则》

第五条 挂牌公司及其董事、监事、高级管理人员、股东、实际控制人、收购人、重大资产重组交易对方、破产管理人等自然人、机构及其相关人员，主办券商、会计师事务所、律师事务所、其他证券服务机构及从业人员，应当遵守法律法规、部门规章和业务规则，诚实守信，自觉接受全国股转公司的自律管理。

四、《全国中小企业股份转让系统异常交易监控细则（试行）》

第九条 采取集合竞价交易方式的股票交易中，存在下列异常交易行为之一的，全国股转公司予以重点监控：

（一）无价格涨跌幅限制的股票，申报、成交价格明显异常的；

（二）不以成交为目的，通过大量申报并撤销等行为进行虚假申报，以影响股票价格或误导其他投资者的；

（三）在一段时期内大笔申报、连续申报、密集申报或以明显偏离行情揭示的最近成交价申报，导致期间股票成交价格明显上涨（下跌）的；

（四）多次以涨幅或跌幅限制价格，或接近涨幅或跌幅限制的价格申报、成交的；

（五）在自己实际控制的证券账户之间或者涉嫌关联的证券账户之间大量或频繁交易，影响股票成交价格或者成交量的；

（六）全国股转公司认为需要重点监控的其他异常交易行为。

资料来源：股转系统。

第五节 挂牌公司治理专项自查

虽然说北交所的企业规模没有深沪证券交易所那么大，但并不代表申报的企业质量可以打折，同其他板块一样，在支持创新型中小企业尤其是专精特新企业上市融资方面，北交所严格把控上市审核的尺度不会太大，不可能允许企业“带病上市”，这是刚性要求。从精选层审查问询反馈意见也可以看出，事实上，北交所比沪深的反馈问题还要多而且更尖锐。同样的问题可能会从不同角度追问到姿势正确。

企业正确的上市姿势是什么？我们发现，许多企业在审查问询阶段就被终止上市步伐了，最突出的问题就出在企业运作不规范上，企业应该在保有财务指标的基础上，将公司规范治理、合规性放在头等重要位置，唯有如此，才能更快更好地对接 IPO 正确姿态入轨。

如果企业实在找不到公司治理的方向和操作指南，可以根据《关于开展挂牌公司治理专项自查及规范活动的通知》(股转系统办发〔2021〕116号）指导企业工作，想去新三板挂牌、北交所上市的企业都可以参考该通知。精选层、创新层、基础层挂牌公司，对公司治理情况进行自查，主办券商或保荐机构进行核查，大大有利于企业后续发展。具体自查工作如下：

一、自查内容

（1）内部制度建设。关注公司章程、“三会”议事规则、内控管理及信息披露管理等内部制度是否完善，是否符合业务规则相关要求。

（2）机构设置。公司董事会、监事会及股东大会等机构是否健全。

（3）董监高任职履职。董监高是否具备任职资格，是否认真履职，重点自查董监高成员“家族化”“一人兼多职”等情形，对于创新层、精选层公司，还应关注公司董事，特别是独立董事勤勉履职等情况。

（4）决策程序运行。关注“三会”运行决策情况，特别是董事会、股东大会程序是否规范，是否符合相关程序要求。

（5）治理约束机制。公司董事会是否采取切实措施保证公司资产、人员、财务、机构和业务独立，公司监事会是否能够独立有效地履行职责等。

（6）存在的突出问题。公司是否存在资金占用、违规担保、违规关联交易、虚假披露、内幕交易及操纵市场等情况。

二、自查流程

各挂牌公司登录自查填报网站（网址、相关账号及密码将通过主办券商或保荐机构发送)，对照《挂牌公司治理专项自查及规范清单》认真查找、梳理存在问题，在主办券商或保荐机构指导下完成。

三、挂牌公司自我规范（供未挂牌企业参考）

挂牌公司根据自查情况、主办券商或保荐机构意见及时规范整改存在的问题，完成自我规范。精选层公司应当在 2021 年 12 月底前完成自我规范，基础层、创新层公司应当在 2022 年 4 月底前完成自我规范。

四、挂牌公司信息披露

挂牌公司应及时披露自查过程中触发信息披露标准的事项。同时挂牌公司应披露本次专项行动自查、自我规范、检查处理情况，基础层公司在 2021 年年报中汇总披露；创新层、精选层公司在 2021年年报中披露的同时进行专项披露，主办券商或保荐机构同步发布专项核查报告。全国股转公司将制定相关公告模板。

五、主办券商核查

各主办券商或保荐机构应立即组织所督导的挂牌公司，按照清单要求严格开展自查工作，督促挂牌公司按照要求填报自查及规范清单，及时整改规范。主办券商或保荐机构应该根据其所督导挂牌公司的自查情况，对存在违规线索的公司，按照《全国中小企业股份转让系统主办券商持续督导工作指引》或《全国中小企业股份转让系统股票向不特定合格投资者公开发行保荐业务管理细则》的相关要求，积极开展核查工作；同时，主办券商或保荐机构应结合日常督导情况，以问题为导向，对相关挂牌公司开展核查工作。

各挂牌公司应积极配合主办券商或保荐机构进行核查，主办券商或保荐机构就其核查情况，对其督导的精选层、创新层公司及存在违规线索的基础层公司出具专项核查报告，对不存在违规线索的基础层公司合并出具一份核查报告。

六、后续工作安排

针对存在突出问题未按期规范整改的挂牌公司，全国股转公司将联合各证监局开展现场检查及针对性核查，依法依规采取相应措施。

2021 年 9 月 30 日前挂牌的公司，针对 2021 年自查或核查中发现的问题，应持续完善相关制度，评估整改效果；针对 2022 年新发现的违规事项，应进行自我规范。对于上述事项，基础层公司在 2022 年年报中汇总披露；创新层、精选层公司在 2022 年年报中披露的同时进行专项披露，主办券商或保荐机构同步发布专项核查报告。2021 年 10 月起挂牌的公司，应当按照法律法规、部门规章和全国股转系统业务规则的规定，建立健全公司治理机制和内部控制机制。

第六节 调整企业上市正确姿势

注册制下的北交所是严把入口质量关的，新三板挂牌条件虽然没有明确的业绩要求、行业限制，但是挂牌企业必须是规范治理且具有持续发展能力的好企业。自北交所开市以来，已经有多家拟上市企业在审核期间选择撤下材料终止审查，其中，一些企业此前已经过多轮北交所的询问，但是最终离开了北交所的排队通道。不到 2 个月，北交所的终止审查企业家数上升到 8 家，包括中瑞医药、伟志股份、思源股份、羌山农牧、金麒麟、恒泰科技、天维信息、博芳环保。

那么，企业要做出什么样的姿势才能顺利通关呢？

总体来讲，终止审核的企业在审查期间，北交所主要关注企业的财务及内控规范性、业绩大幅下滑、经营合规性、信息披露真实性等。北交所的储备企业不少，2022 年上市节奏会整体加快。北交所董事长徐明在第二十六届中国资本市场论坛上指出，北交所与新三板将紧紧围绕“创新型中小企业”这个主体，让处于不同发展阶段、拥有不同发展需求的创新型中小企业在各层次中找准位置，顺畅、高效递进发展，以注册制改革为切入口，不断完善挂牌、分层、上市等制度，促进形成内部一以贯之、预期性强的准入体系。

从各券商承接保荐业务的统计数据来看，有超 400 家企业申请公开发行辅导备案并进入北交所，其中，超 200 家企业正在辅导中，200 家企业已通过辅导验收。多家券商坚定看好新三板和北交所的发展趋势，为抢抓机遇，目前正在积极储备优质项目。

针对被终止审核的企业，我们来解剖几家案例看看姿态变形的原因。

案例参考6－2：博芳环保（NEEQ：837879）

博芳环保首轮审查问询函中提出了包含基本情况、业务与技术、公司治理与独立性、财务信息与管理层分析、募集资金运用与其他事项5类27个问题。其中，成长空间及业务转型风险和污水处理运营项目模式及可持续性被重点关注。

博芳环保是一家什么样的公司？

广州博芳环保科技股份有限公司是一家专注于环保及水环境治理方向的综合性高科技企业。公司主营环保材料及环保设备的研发生产、环保设施的建设运营及环保项目的投资，致力于新产品、新技术、新工艺的推广及应用，是广东省环保骨干企业，持续为客户、股东及员工创造价值。

博芳环保多年荣获“高新技术企业”“省市专精特新企业”“科技小巨人企业”“创新标杆企业”“创新创业大奖”“国际发明奖”“企业研发中心”“挂牌高校研究生培养基地”等多项殊荣。公司目前拥有专利技术30余项，各类资质证书、获奖证书上百项。公司成立16年来，拥有大型市政和工业类知名客户数百家，市场知名度高，客户好评率达100%。

从公司简介来看，这是一家不错的公司。

但是，我们在公司披露的《发行保荐书》中发现，在“发行人存在的主要风险及发展前景”中有“法律风险及公司治理风险”的表述——实际控制人不当控制风险。具体内容如下：

发行人股东杨宇、马艳芳系夫妻关系。发行人成立至今，杨宇、马艳芳一直为发行人第一大、第二大股东。截至本发行保荐书签署日，二人合计可以实际支配的发行人股份表决权为89.8674%，且一直在发行人处担任董事或高管，对发行人有绝对的控股权，为发行人控股股东、实际控制人。公司股权结构较为集中，若控股股东、实际控制人通过行使表决权或其他方式对公司经营和财务决策、重大人事任免和利润分配等方面实施不利影响，可能会给公司及中小股东带来一定的风险。

2021 年 7 月 23 日，北京证券交易所上市首轮审查问询函中对博芳环保提出了 27 个问题，其中，问题 13 是关于公司治理及内部控制有效性的问题。

北交所问：根据申请文件，实际控制人控制的企业存在股权代持情形，部分企业与发行人存在同业竞争、关联交易不规范、频繁资金往来等情形，发行人挂牌后存在新增同业竞争、转贷、环保违规、信息披露不规范等情形。本次申请文件与已披露文件存在矛盾或不一致情形。

请发行人：

（1）说明公司是否存在其他未被相关主管机关发现或处理的违法违规情形，经营管理或业务开展过程中是否存在其他不规范情形，如是，请补充披露具体情况，相关情形未被发现或处理的原因，是否存在被处罚的风险，是否属于重大违法违规及对公司的影响。

（2）在公开发行说明书“第五节　业务和技术”之“六、业务活动合规情况”处按类型补充披露或以索引方式披露公司各类违法违规、经营管理不规范等情形，并说明前述情形是否属于重大违法违规及相关结论依据是否充分；对与发行人生产经营活动相关制度建设与执行等情况，如不涉及违法违规或不规范情形，请在“第五节　业务和技术”之“一、发行人主营业务、主要产品或服务情况”处披露。

（3）结合发行人存在的各类违法违规或经营管理不规范等情形发生的时间、原因、规范整改情况及规范整改时间、对公司的影响或潜在影响、公司内部管理制度建设执行情况等，分析说明报告期内存在多种类型违法违规或不规范情形是否反映公司在合规经营相关的制度建设、制度执行等方面存在薄弱环节，是否反映公司治理规范性严重不足或存在重大缺陷，是否存在严重影响公司独立性的情形，是否存在不符合公开发行并在精选层挂牌条件的风险，公司已采取或拟采取的规范措施及相关措施是否切实可行、有效。

(4) 结合前述情况，充分揭示风险，作重大事项提示。

请保荐机构、发行人律师核查上述事项并发表明确意见。请保荐机构切实提高执业质量，督促发行人修改、完善公开发行说明书等文件内容。

北交所审查问询函中提到的以上4点都涉及公司治理规范性严重不足或存在重大缺陷，是否存在严重影响公司独立性的情形，是否存在不符合公开发行并在精选层挂牌条件的风险等。保荐机构、发行人律师用了14页的篇幅回答了“关于公司治理及内部控制的有效性的问题”。

虽然博芳环保回复了首轮27个问题，用了长达710页的篇幅，但上市姿态还是调整不到位，北交所仍然发出了《终止对广州博芳环保科技股份有限公司公开发行股票并在北京证券交易所上市审核的决定》。

资料来源：北交所网站2021年12月《关于广州博芳环保科技股份有限公司向不特定合格投资者公开发行股票并在北京证券交易所上市的审查问询函的回复》。

案例参考6-3：中瑞医药（NEEQ：839574）

在中瑞医药经历的3轮完整问询中，其市场地位及核心竞争力、现金流持续紧张及购买大额理财产品的合理性、实际控制人资金拆借会计处理合理性等重点问题被多次提及。

在北交所对《中瑞医药及国盛证券关于第一轮问询函》的27个问题中的前3个问题就涉及公司规范治理的重要问题：

问题1. 未将衡燕认定为共同实际控制人的合理性

问：根据公开发行说明书，发行人实际控制人为黄瑞杰，衡燕为黄瑞杰的妻子，在发行人处担任董事，直接持股比例为9.31%，且持有同瑞投资10%的股权。请发行人结合公司章程、协议安排、发行人股东大会及董事会的决策与表决情况、发行人经营管理的实际情况以及衡燕与实际控制人的亲属关系、在发行人的任职情况、持股比例情况，说明未认定衡燕为共同实际控制人的理由是否充分、合理。

请保荐机构、发行人律师核查并发表明确意见。

问题2. 历史上存在多次股权代持

问：根据公开发行说明书发行人历史上存在股权代持的情形。

(1) 股权代持的合规性。请发行人补充披露股份代持的原因，是否存在规避法律的情形，历史上和现有各隐名、显名股东是否具有公务员或者事业单位身份，是否有从事营利活动的限制，是否符合相关法律法规及党纪的要求；黄瑞杰作为隐名股东期间的履历，是否通过股权代持规避竞业禁止。

(2) 同瑞投资是否涉及股权代持。

请发行人：

(1) 补充披露同瑞投资设立的背景及原因，历次合伙人份额变动情况，是否存在合伙人代他人持有合伙份额的情形，是否存在委托持股或其他利益安排。

(2) 说明黄遂胜与黄瑞杰解除股权代持关系时，将持有的原中瑞有限的份额转让给同瑞投资而非黄瑞杰的合理性。

请发行人对上述事项针对性作重大事项提示及风险揭示。

请保荐机构、发行人律师核查，说明核查过程、核查依据及核查意见，并对发行人目前是否存在股权代持，是否股权明晰发表明确意见。

问题3. 现有股权结构的形成是否具有真实交易背景

公司控股股东、实际控制人为黄瑞杰。衡燕与黄瑞杰为夫妻关系，衡燕为实际控制人的一致行动人。衡燕直接持有公司9.31%的股权。同瑞投资持有股份占本次发行前公司总股本的30.02%，黄瑞杰持90%合伙份额，衡燕持10%合伙份额。黄瑞杰直接持有公司60.65%的股权，直接和间接控制公司99.98%的表决权股份，衡燕为黄瑞杰的一致行动人。除此之外，前十大股东深圳市尚珑基金管理有限公司——尚珑珑玺阳光私募证券投资基金持股900股、深圳市尚珑基金管理有限公司持股400股，其余大股东持股均不超过200股。

请发行人：

（1）补充披露前十大股东的基本情况、投资背景、投资合理性、购买股权资金来源、是否存在代持、现有股权结构是否系发行人为进入创新层突击闯关购买或者无偿转让形成，是否构成本次发行的实质性障碍。

（2）结合公司章程、公司治理相关制度及“三会”会议记录、纪要，核查了解发行人内部组织结构、“三会”实际运行情况等，说明发行人公司章程是否符合《中华人民共和国公司法》《中华人民共和国证券法》及中国证监会的有关规定；发行人组织机构是否健全、清晰，其设置是否体现分工明确、相互制约的治理原则；发行人“三会”是否正常发挥作用，“三会”和高管人员的职责及制衡机制是否有效运作，发行人建立的决策程序和议事规则、内部监督和反馈系统是否健全、有效。

（3）发行人是否建立了健全且运行良好的组织机构，建立了现代企业制度，对中小投资者的合法利益是否提供了充分的制度保护。相关制度安排对中小投资者的决策参与权及知情权是否能提供充分保障。

请保荐机构、发行人律师核查并发表明确意见。

在第二轮的审查问询函13个问题中的前2个问题仍然涉及规范治理的问题：问题1. 是否具备直接面向市场独立持续经营的能力；问题2. 行业政策变化对持续经营能力的重大不利影响。

在第三轮的审查问询函8个问题中还有2个涉及规范治理的问题：问题7. 实际控制人资金拆借会计处理合规性；问题8. 业务开展的规范性。

中瑞医药在北交所经过3轮完整审查问询与回复。其间，中瑞医药及券商、会所、律所等合作伙伴为冲刺北交所都非常努力，但最终仍然没有被认可登陆北交所的正确姿势，获得了北交所《关于终止对黑龙江省中瑞医药股份有限公司公开发行股票并在北京证券交易所上市审核的决定》，还是在公司规范治理方面没调整到位，令人惋惜！

案例参考6－4：恒泰科技（NEEQ：838804）

恒泰科技成立于2009年，是2016年新三板创新层挂牌公司，是国家工业和信息化部第三批专精特新“小巨人”企业，主营消费类微小锂离子电池产品生产、研发、销售，拥有76项专利，公司产品广泛应用于知名品牌的终端产品，包括小米、华米（Amazfit、Zepp）、金士顿、1MORE、QCY、Jabra、Lear、Insta360、Valve、Cleer、Whoop等国内外知名品牌。在冲击北交所中获得了《关于终止对惠州市恒泰科技股份有限公司公开发行股票并在北京证券交易所上市审核的决定》。

在首轮审查问询函涉及的20个问题中，风险揭示与重大事项提示就重点发现了：问题3. 行业竞争格局与发展前景；问题5. 与主要客户的合作稳定性；问题8. 发行人及子公司主要生产经营场所为租赁取得；问题9. 用工与社保合规性；问题10. 外销业务的具体情况；问题11. 对大客户存在一定依赖；问题13. 是否对供应商存在重大依赖；问题15. 产品服务费的商业合理性；问题17. 其他财务问题（6）会计差错更正的合规性。

审核机关在问题1中注意到了股权代持及清理过程有无争议纠纷的问题。表述如下：

根据申报文件，2016年11月，发行人定向发行过程中，实际控制人曾贤华与持股平台恒泰创富、恒泰创盈的部分合伙人约定，由其代为认购部分发行的股份，前述合伙人支付相应款项。其后，被代持股份经历了多次出资份额转让，持有人取得了相应分红。2020年6月至10月，曾贤华按照约定减持所有代持股份并向被代持人分配减持款项。发行人及相关主体因发行违规行为被采取自律监管措施。

请发行人说明：

(1)《股份转让委托协议》《股份转让委托协议之补充协议》的主要内容是否为各合伙人真实意思表示，曾贤华同步减持其直接并真实持有的部分股份的原因，有无其他约定或利益安排。

（2）部分被代持主体减持前的退出情况，该部分代持情况是否存在争议纠纷和潜在争议纠纷。

（3）根据公开发行说明书，2020年7月实施的股权激励对象中，有13名为前述被代持人。请发行人说明股权激励对象确定的标准、与被代持人有重合的原因及合理性，是否存在特别约定，是否存在纠纷或潜在纠纷。

请保荐机构及发行人律师核查前述事项并发表意见，请说明核查过程与依据。

问题2. 审核机关继续关注实际控制人控制权的稳定性问题。表述如下：

根据公开发行说明书，减持代持股份后，曾贤华直接持股22.58%，通过恒泰创富、恒泰创盈控制16.53%的表决权；张瑞花为曾贤华前妻，报告期各期二人均存在共同为公司借款提供保证担保的情形。

（1）是否存在离婚财产分割问题。请发行人补充披露：

曾贤华与张瑞花是否已完成对发行人股份的离婚财产分割，曾贤华所持发行人股份权属是否存在争议纠纷或潜在的争议纠纷。

（2）补充披露持股平台相关事项。请发行人结合合伙协议主要内容、合伙企业的决策机制、相关方权利义务关系及资金往来情况等，补充披露曾贤华实际控制持股平台恒泰创富、恒泰创盈的理由及依据。

（3）控制权稳定性。请发行人补充披露本次公开发行后，曾贤华控制的股份比例、公司存在限售安排的股份比例；请发行人结合曾贤华持股比例、参与公司经营决策的实际情况、发行人董事和关键管理人员的提名任命情况、其他股东间的一致行动关系或其他关联关系情况等，说明曾贤华的控制权在可预期的时间内是否能保持稳定以及保持控制权稳定的主要措施；请结合限售比例说明相关稳定股价承诺或方案的合理性和可行性。

请保荐机构及发行人律师核查前述事项并发表意见，请说明核查过程与依据。

以上两个问题其实是很多中小企业常见现象，但又确实是公司规范治理中的重要事情，涉及企业持续发展的稳定性问题，审核不过关就会影响上市进程。所以，经过一轮问询，恒泰科技就撤回并终止了北交所上市相关申请文件。

北交所开市不到半年，专精特新"小巨人"表现如何？

北交所上市公司2021年年报业绩预测正在陆续披露中。截至2月22日，北交所共有23家公司披露了2021年业绩预告或业绩快报。总体来看，绝大多数公司营收超过2020年同期，17家净利润实现正增长。

从营收规模来看，23家公司营收在1亿元以上。目前颖泰生物（833819. BJ）以73.67亿元的营收位居第一。翰博高新（883994. BJ）次之，2021年营收29.1亿元。

从净利润规模来看，23家公司悉数盈利。贝特瑞（835185. BJ）、颖泰生物、吉林碳股（836077. BJ）、富士达（835640. BJ）、翰博高新5家公司2021年净利润超过1亿元。

其中，贝特瑞以超13.5亿元的净利润高居首位，相比上一年净利润增速接近翻2倍。

贝特瑞是全球最重要的锂离子电池正负极材料供应商之一，其负极材料出货量连续8年位列全国第一。客户包括松下、三星、LG、宁德时代、比亚迪、国轩高科、亿纬锂能等。

颖泰生物则以4.78亿元的净利润居于第二位。而颖泰生物是国内仿制农药龙头。主要从事农药原药、中间体及制剂产品的研发、生产、销售和GLP技术服务。

在6家已晒出成绩单的国家专精特新"小巨人"中，富士达（835640. BJ）交出一份不错的年度"答卷"，营收与净利润分别为6.03亿元、1.02亿元，净利润同比大涨近50%。

当前国内高端连接器制造领域部分核心技术正被国外厂商"卡脖子"，富士达就是深耕于该领域的公司之一，且是目前拥有 IEC 国际标准最多的厂商。

富士达的主要产品为射频同轴连接器和射频同轴电缆组件。客户包括华为、中国电科、中国航天、航空工业、航天科工等大型军工集团下属公司和科研院所等。

案例参考6－5：富士达（835640. BJ）

从二级市场市值、PE、总股本及股价变化来看，相对美国纳斯达克上市公司，富士达尚属小盘小市值公司，未来发展空间潜力无限，值得投资者长期关注（见图6－29）。

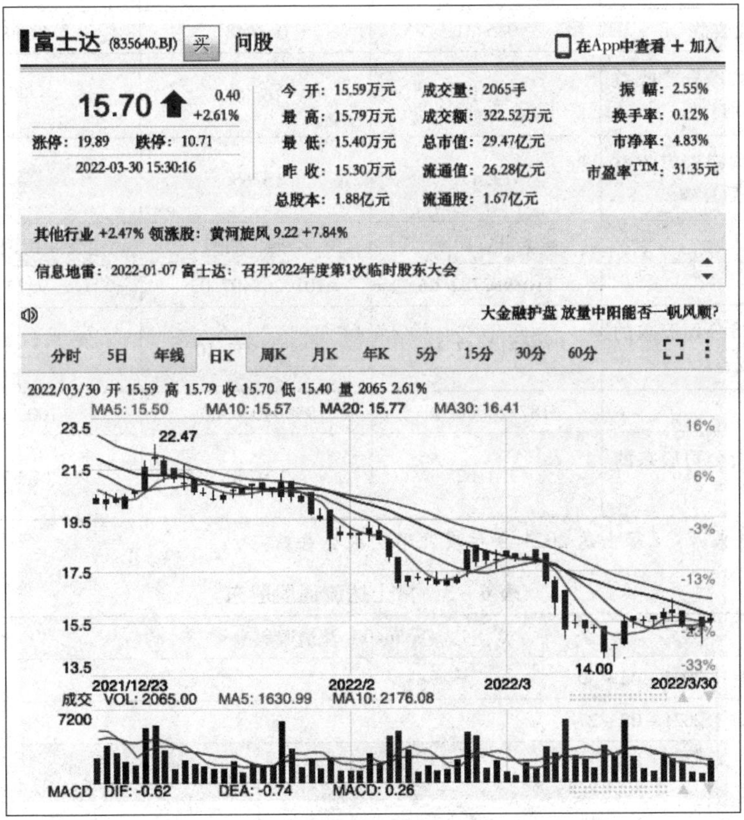

图6－29　富士达股市表现

从流通股前十股东结构来看，建立良好投资者关系管理、吸主力混合类基金及专精特新专项基金入场、推动公司市值管理，有利于后市再融资助力主业发展（见表6－2、表6－3）。

表6－2　2021年年度主要财务数据和指标

项目	本报告期	上年同期	变动比例/%
营业收入/元	603267167.64	541378865.32	11.43
归属上市公司股东的净利润/元	101946536.21	68480186.39	48.87
归属上市公司股东的扣除非经常性损益的净利润/元	80091501.29	63584462.34	25.96
基本每股收益/元	0.5431	0.3648	48.88
加权平均净资产收益率(扣非前)/%	17.14	16.85	—
加权平均净资产收益率(扣非后)/%	13.47	15.65	—
	本报告期末	本报告期初	变动比例/%
总资产	1108982782.66	1010268407.03	9.77
归属上市公司股东的所有者权益	641317517.15	558311937.10	14.87
股本	187728000.00	93864000.00	100.00
归属上市公司股东的每股净资产	3.4162	2.9740	14.87

资料来源：《富士达2021年年度业绩快报公告》。

表6－3　富士达流通股股东

富士达（835640）流通股股东				
截止日期	2021－06－30			
公告日期	2021－08－27			
编号	股东名称	持股数据（股）	占流通股比例（%）	股本性质
1	陕西投资引导基金	7200000	13.655	国有股

续表

编号	股东名称	持股数据（股）	占流通股比例（%）	股本性质
2	中国工商银行股份有限公司—汇添富创新增长一年定期开放混合型证券投资基金	3495427	6.629	境内法人股
3	郭建雄	2224000	4.218	自然人股
4	武向文	2148000	4.074	自然人股
5	周东升	2148000	4.074	自然人股
6	杭州来兴元品投资管理合伙企业（有限合伙）—来兴元品多策略私募证券投资基金	1148000	2.177	境内法人股
7	唐荼花	1128800	2.141	自然人股

由近3年财务指标可以发现这是一家极具成长潜力的专精特新“小巨人”企业，融资能力强，只要控制好融资规模及融资节奏，持续发展与扩张是有保障的。公司有大量未分配利润，后续还将有可能实现高送配（见表6-4）。

表6-4　富士达财务指标

富士达（835640）财务指标				
报告日期	2021-12-31	2021-09-30	2021-06-30	2021-03-31
每股指标				
摊薄每股收益/元	0.5768	0.4209	0.2838	0.3188
加权每股收益/元	0.5431	0.3881	0.2600	0.2850
每股收益-调整后/元	0.5431	0.3881	0.2600	0.2850
扣除非经常性损益后的每股收益/元	—	—	0.2400	—
每股净资产-调整前/元	3.5385	3.3711	3.2212	6.4694
每股净资产-调整后/元	3.4162	3.2497	3.1100	6.2586
每股经营性现金流/元	0.0723	-0.2475	-0.1513	-0.6327
每股资本公积金/元	0.7840	0.7717	0.7595	2.4945

续表

富士达（835640）财务指标				
报告日期	2021-12-31	2021-09-30	2021-06-30	2021-03-31
每股指标				
每股未分配利润/元	1.3404	1.2382	1.1139	2.2853
调整后的每股净资产/元	—	—	—	—
盈利能力				
总资产利润率/%	9.7644	7.4992	5.2129	3.019
主营业务利润率/%	36.6051	39.3701	40.9161	43.3472
总资产净利润率/%	10.2193	7.6572	5.2434	2.9903
成本费用利润率/%	25.4094	26.1793	28.2793	35.7177
营业利润率/%	19.2229	18.9804	20.0956	24.3229
主营业务成本率/%	62.5249	59.7864	58.1934	55.8337
销售净利率/%	17.9499	17.4818	18.5338	22.0868
股本报酬率/%	113.0000	42.0943	28.3841	31.8827
净资产报酬率/%	31.9374	12.4869	8.8117	4.9283
资产报酬率/%	19.1302	7.4992	5.2129	3.019
销售毛利率/%	—	—	—	—
三项费用比重	12.1005	11.6602	11.964	11.7242
非主营比重	2.4468	2.3482	2.8893	1.3026
主营利润比重	190.8208	208.0313	203.645	177.4871
股息发放率/%	—	—	—	—
投资收益率/%	—	—	—	—
主营业务利润/元	220826262.41	177964779.79	117634414.5	58732930.22
净资产收益率/%	15.9000	11.9400	8.4800	4.5500
加权净资产收益率/%	—	12.4600	8.5200	4.6700
扣除非经常性损益后的净利润/元	—	6635473.17	45942756.53	2320206.67
成长能力				
主营业务收入增长率/%	11.4316	15.4632	14.7462	47.8504
净利润增长率/%	43.6583	48.3306	103.7983	2957.1328
净资产增长率/%	14.5517	13.9275	89.2093	90.7319
总资产增长率/%	9.7711	13.7338	51.8997	66.0806

多项扶持政策陆续见效，中小企业信心正在恢复。富士达获益于各项扶持政策，目前企业持续推动产品技术创新，保证公司技术领先的行业优势。“对于日后发展充满信心，公司制定了‘十四五’发展规划，将充分利用国家给予的扶持政策，不断提升竞争力，实现公司快速稳步发展。”

2022 年富士达订单满满，大年初三当天，公司员工到岗率已达 95% 以上，迅速进入工作状态，争分夺秒地抢抓生产进度，确保订单如期交付。

保荐机构认为，发行人主营业务突出，具有明显的品牌优势、技术创新优势、质量保证优势、管理优势、客户优势、产业配套优势，发展前景良好。

发行人主要从事射频同轴连接器、射频同轴电缆组件、射频电缆等产品的研发、生产和销售。当前，信息产业和 5G 通信的飞速发展与产业优惠政策给电子元器件行业带来了新的机遇，而国家政策的大力支持，将使该行业的未来发展前景更为广阔。公司所处具体行业为电子元件及组件制造行业中的连接器行业，发行人所处行业前景广阔。（摘自《招商证券股份有限公司关于中航富士达科技股份有限公司向不特定合格投资者公开发行股票并在精选层挂牌之发行保荐书》）

富士达从递交申请到核准进入精选层仅用 31 天时间，审核机关对《关于中航富士达科技股份有限公司精选层挂牌申请文件的审查问询函》提出了四部分 45 个问题，发行人回复内容达 461 页的篇幅，一次性通过，说明审核机关对挂牌公司质量的高度肯定（见图 6－30）。

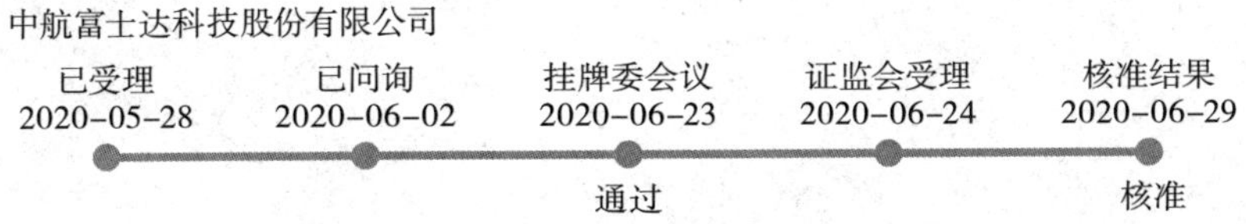

图 6－30　富士达上市时间表

从如下审核流程可看出整个通关界面如此简洁流畅，可谓一马平川，实属少有。其公司治理的规范及上市运作经验值得其他挂牌公司借鉴（见图6－31）。

问询与回复

文件名称	披露日期
富士达:关于落实挂牌委员会审议会议意见的函的回复	2020-06-23
富士达:关于落实挂牌委员会审议会议意见的函	2020-06-23
富士达:信永中和会计师事务所（特殊普通合伙）关于富士达精选层挂牌申请文件的审查问询函中有关财务事项的回复	2020-06-16
富士达:关于中航富士达科技股份有限公司精选层挂牌申请文件的审查问询函的回复	2020-06-16
富士达:上海市锦天城律师事务所关于中航富士达科技股份有限公司精选层挂牌的补充法律意见书（一）	2020-06-16
富士达:关于中航富士达科技股份有限公司精选层挂牌申请文件的审查问询函	2020-06-03

挂牌委会议公告与结果公告

文件名称	披露日期
全国中小企业股份转让系统挂牌委员会2020年第9次审议会议结果公告	2020-06-23
全国中小企业股份转让系统挂牌委员会2020年第9次审议会议公告	2020-06-16

终止审查

文件名称	披露日期

证监会核准结果通知

文件名称	披露日期
富士达:关于核准中航富士达科技股份有限公司向不特定合格投资者公开发行股票的批复	2020-06-30

图6－31　富士达上市审核流程

资料来源：北交所网站。

附　件

附件1　创新型中小企业评价标准

一、公告条件

评价得分达到60分以上（其中创新能力指标得分不低 于20分、成长性指标及专业化指标得分均不低于15分），或满足下列条件之一：

（一）近三年内获得过国家级、省级科技奖励。

（二）获得高新技术企业、国家级技术创新示范企业、知识产权优势企业和知识产权示范企业等荣誉（均为有效期 内）。

（三）拥有经认定的省部级以上研发机构。

（四）近三年新增股权融资总额（合格机构投资者的实缴额）500万元以上。

二、评价指标

包括创新能力、成长性、专业化三类六个指标，评价结果依分值计算，满分为100分。

（一）创新能力指标（满分40分）

1. 与企业主导产品相关的有效知识产权数量（满分20分）

A. Ⅰ类高价值知识产权 1 项以上（20 分）

B. 自主研发的Ⅰ类知识产权 1 项以上（15 分）

C. Ⅰ类知识产权 1 项以上（10 分）

D. Ⅱ类知识产权 1 项以上（5 分）

E. 无（0 分）

2. 上年度研发费用总额占营业收入总额比重（满分 20 分）

A. 5%以上（20 分） B. 3%~5%（15 分）

C. 2%~3%（10 分） D. 1%~2%（5 分）

E. 1%以下（0 分）

（二）成长性指标（满分 30 分）

3. 上年度主营业务收入增长率（满分 20 分）

A. 15%以上（20 分） B. 10%~15%（15 分）

C. 5%~10%（10 分） D. 0%~5%（5 分）

E. 0%以下（0 分）

4. 上年度资产负债率（满分 10 分）

A. 55%以下（10 分） B. 55%~75%（5 分）

D. 75%以上（0 分）

（三）专业化指标（满分 30 分）

5. 主导产品所属领域情况（满分 10 分）

A. 属于《战略性新兴产业分类》（10 分）

B. 属于其他领域（5 分）

6. 上年度主营业务收入总额占营业收入总额比重（满分 20 分）

A. 70%以上（20 分） B. 60%~70%（15 分）

C. 55%~60%（10 分） D. 50%~55%（5 分）

E. 50%以下（0 分）

附件2 专精特新中小企业认定标准

一、认定条件

同时满足以下四项条件即视为满足认定条件：

（一）从事特定细分市场时间达到 2 年以上。

（二）上年度研发费用总额不低于 100 万元，且占营业收入总额比重不低于 3%。

（三）上年度营业收入总额在 1000 万元以上，或上年度营业收入总额在 1000 万元以下，但近 2 年新增股权融资总额（合格机构投资者的实缴额）达到 2000 万元以上。

（四）评价得分达到 60 分以上或满足下列条件之一：

1. 近三年获得过省级科技奖励，并在获奖单位中排名前三；或获得国家级科技奖励，并在获奖单位中排名前五。

2. 近两年研发费用总额均值在 1000 万元以上。

3. 近两年新增股权融资总额（合格机构投资者的实缴额）6000 万元以上。

4. 近三年进入“创客中国”中小企业创新创业大赛全国 500 强企业组名单。

二、评价指标

包括专业化、精细化、特色化和创新能力四类十三个指标，评价结果依分值计算，满分为 100 分。

（一）专业化指标（满分 25 分）

1. 上年度主营业务收入总额占营业收入总额比重（满分 5 分）

A. 80%以上（5 分） B. 70% ~80%（3 分）

C. 60% ~70%（1 分） D. 60%以下（0 分）

2. 近 2 年主营业务收入平均增长率（满分 10 分）

A. 10%以上（10 分） B. 8% ~10%（8 分）

C. 6% ~8%（6 分） D. 4% ~6%（4 分）

E. 0% ~4%（2 分） F. 0%以下（0 分）

3. 从事特定细分市场年限（满分 5 分）

每满 2 年得 1 分，最高不超过 5 分。

4. 主导产品所属领域情况（满分 5 分）

A. 在产业链供应链关键环节及关键领域“补短板”“锻长板”“填空白”取得实际成效（5 分）

B. 属于工业“六基”领域、中华老字号名录或企业主导产品服务关键产业链重点龙头企业（3 分）

C. 不属于以上情况（0 分）

（二）精细化指标（满分 25 分）

5. 数字化水平（满分 5 分）

A. 三级以上（5 分） B. 二级（3 分）

C. 一级（0 分）

6. 质量管理水平（每满足一项加 3 分，最高不超过 5 分）

A. 获得省级以上质量奖荣誉

B. 建立质量管理体系，获得 ISO9001 等质量管理体系认证证书

C. 拥有自主品牌

D. 参与制修订标准

7. 上年度净利润率（满分 10 分）

A. 10%以上（10 分） B. 8% ~10%（8 分）

C. 6% ~8%（6 分） D. 4% ~6%（4 分）

E. 2%~4%（2 分） F. 2%以下（0 分）

8. 上年度资产负债率（满分 5 分）

A. 50%以下（5 分） B. 50%~60%（3 分）

C. 60%~70%（1 分） D. 70%以上（0 分）

（三）特色化指标（满分 15 分）

9. 地方特色指标。由省级中小企业主管部门结合本地产业状况和中小企业发展实际自主设定 1－3 个指标进行评价（满分 15 分）

（四）创新能力指标（满分 35 分）

10. 与企业主导产品相关的有效知识产权数量（满分 10 分）

A. Ⅰ类高价值知识产权 1 项以上（10 分）

B. 自主研发Ⅰ类知识产权 1 项以上（8 分）

C. Ⅰ类知识产权 1 项以上（6 分）

D. Ⅱ类知识产权 1 项以上（2 分）

E. 无（0 分）

11. 上年度研发费用投入（满分 10 分）

A. 研发费用总额 500 万元以上或研发费用总额占营业收入总额比重在 10%以上（10 分）

B. 研发费用总额 400 万~500 万元或研发费用总额占营业收入总额比重在 8%~10%（8 分）

C. 研发费用总额 300 万~400 万元或研发费用总额占营业收入总额比重在 6%~8%（6 分）

D. 研发费用总额 200 万~300 万元或研发费用总额占营业收入总额比重在 4%~6%（4 分）15

E. 研发费用总额 100 万~200 万元或研发费用总额占营业收入总额比重在 3%~4%（2 分）

F. 不属于以上情况（0 分）

12. 上年度研发人员占比（满分 5 分）

A. 20%以上（5 分）　　B. 10% ~20%（3 分）

C. 5% ~10%（1 分）　　D. 5%以下（0 分）

13. 建立研发机构级别（满分 10 分）

A. 国家级（10 分）　　B. 省级（8 分）

C. 市级（4 分）　　D. 市级以下（2 分）

E. 未建立研发机构（0 分）

附件3　专精特新“小巨人”企业认定标准

专精特新“小巨人”企业认定需同时满足专、精、特、新、链、品六个方面指标。

一、专业化指标

坚持专业化发展道路，长期专注并深耕于产业链某一环节或某一产品。截至上年年末，企业从事特定细分市场时间达到 3 年以上，主营业务收入总额占营业收入总额比重不低于 70%，近 2 年主营业务收入平均增长率不低于 5%。

二、精细化指标

重视并实施长期发展战略，公司治理规范、信誉良好、社会责任感强，生产技术、工艺及产品质量性能国内领先，注重数字化、绿色化发展，在研发设计、生产制造、供应链管理等环节，至少 1 项核心业务采用信息系统支撑。取得相关管理体系认证，或产品通过发达国家和地区产品认证（国 际标准协会行业认证）。截至上年年末，企业资产负债率不高于 70%。

三、特色化指标

技术和产品有自身独特优势，主导产品在全国细分市场占有率达到

10% 以上，且享有较高知名度和影响力。拥有直接面向市场并具有竞争优势的自主品牌。

四、创新能力指标

满足一般性条件或创新直通条件。

（一）一般性条件。需同时满足以下三项：

1. 上年度营业收入总额在 1 亿元以上的企业，近 2 年研发费用总额占营业收入总额比重均不低于 3%；上年度营业 收入总额在 5000 万元 ~1 亿元的企业，近 2 年研发费用总额占营业收入总额比重均不低于 6%；上年度营业收入总额在 5000 万元以下的企业，同时满足近 2 年新增股权融资总额（合格机构投资者的实缴额）8000 万元以上，且研发费用总额 3000 万元以上、研发人员占企业职工总数比重 50% 以上。

2. 自建或与高等院校、科研机构联合建立研发机构，设立技术研究院、企业技术中心、企业工程中心、院士专家工作站、博士后工作站等。

3. 拥有 2 项以上与主导产品相关的 I 类知识产权，且实际应用并已产生经济效益。

（二）创新直通条件。满足以下一项即可：

1. 近三年获得国家级科技奖励，并在获奖单位中排名前三。

2. 近三年进入“创客中国”中小企业创新创业大赛全国 50 强企业组名单。

五、产业链配套指标

位于产业链关键环节，围绕重点产业链实现关键基础技术和产品的产业化应用，发挥“补短板”“锻长板”“填空白”等重要作用。

六、主导产品所属领域指标

主导产品原则上属于以下重点领域：从事细分产品市场属于制造业核心基础零部件、元器件、关键软件、先进基础工艺、关键基础材料和产业技术基础；或符合制造强国战略十大重点产业领域；或属于网络强国建设的信息基础设施、关键核心技术、网络安全、数据安全领域等产品。

附件4　部分指标和要求说明

（一）指标中如对期限无特殊说明，一般使用企业近1年的年度数据，具体定义为：指企业上一完整会计年度，以企业上一年度审计报告期末数为准。对于存在子公司或母公司的企业，按财政部印发的《企业会计准则》有关规定执行。

（二）所称拥有自主品牌是指主营业务产品或服务具有自主知识产权，且符合下列条件之一：

1. 产品或服务品牌已经国家知识产权局商标局正式注册。

2. 产品或服务已经实现收入。

（三）所称“I类知识产权”包括发明专利（含国防专利）、

植物新品种、国家级农作物品种、国家新药、国家一级中药保护品种、集成电路布图设计专有权（均不包含转让未满1年的知识产权）。

（四）所称“I类高价值知识产权”须符合以下条件之一：

1. 在海外有同族专利权的发明专利或在海外取得收入的其他I类知识产权，其中专利限G20成员、新加坡以及欧洲专利局经实质审查后获得授权的发明专利。

2. 维持年限超过10年的I类知识产权。

3. 实现较高质押融资金额的I类知识产权。

4. 获得国家科学技术奖或中国专利奖的I类知识产权。

（五）所称“II类知识产权”包括与主导产品相关的软件著作权（不含商标）、授权后维持超过2年的实用新型专利或外观设计专利（均不包含转让未满 1 年的知识产权）。

（六）所称“企业数字化转型水平”是指在优质中小企业梯度培育平台完成数字化水平免费自测，具体自测网址、相关标准等事宜，另行明确。

（七）所称“重大安全（含网络安全、数据安全）、质量、环境污染等事故”是指产品安全、生产安全、工程质量安全、环境保护、网络安全等各级监管部门，依据《中华人民共和国安全生产法》《中华人民共和国环境保护法》《生产安全事故报告和调查处理条例》《中华人民共和国网络安全法》《中华人民共和国数据安全法》等法律法规，最高人民法院、最高人民检察院司法解释，部门规章以及地方法规等出具的判定意见。

（八）所称“股权融资”是指公司股东稀释部分公司股权给投资人，以增资扩股（出让股权不超过 30%）的方式引进新的股东，从而取得公司融资的方式。

（九）所称“合格机构投资者”是指符合《创业投资企业管理暂行办法》（国家发展改革委等 10 部门令第 39 号）或者《私募 投资基金监督管理暂行办法》（证监会令第 105 号）相关规定，按照上述规定完成备案且规范运作的创业投资基金及私募股权投资基金。

（十）所称“主导产品”是指企业核心技术在产品中发挥重要作用，且产品收入之和占企业同期营业收入比重超过 50%。

（十一）所称“主导产品在全国细分市场占有率达 10% 以上，且享有较高知名度和影响力”可通过企业自证或其他方式佐证。

（十二）所称“省级科技奖励”包括各省、自治区、直辖市科学技术奖的一、二、三等奖；“国家级科技奖励”包括国家科学技术进步奖、国家自然科学奖、国家技术发明奖，以及国防科技奖。

（十三）如无特殊说明，所称“以上”、“以下”，包括本数；所称的“超过”，不包括本数。在计算评价指标得分时，如指标值位于两个评分区间边界上，按高分计算得分。

（十四）本办法部分指标计算公式

近2年主营业务收入平均增长率=（企业上一年度主营业务收入增长率+企业上上年度主营业务收入增长率）/2。

企业上一年度主营业务收入增长率=（企业上一年度主营业务收入总额-企业上上年度主营业务收入总额）/企业上上年度主营业务收入总额*100%。其他年度主营业务收入增长率计算方法以此类推。

（十五）所称“被列入经营异常名录”以国家企业信用信息公示系统（http://www.gsxt.gov.cn）查询结果为准；所称“严重失信主体名单”以信用中国（http://www.creditchina.gov.cn）查询结果为准。

（十六）所称“创客中国”中小企业创新创业大赛全国500强、50强企业组名单是指该大赛2021年以来正式发布的名单。

参考文献

[1]《中华人民共和国公司法》(2022 年修订)

[2]《中华人民共和国证券法》(2019 修订)

[3]《工业和信息化部办公厅关于开展第四批专精特新“小巨人”企业培育和第一批专精特新“小巨人”企业复核工作的通知》(工信厅企业函〔2022〕133 号)

[4]《国务院促进中小企业发展工作领导小组办公室关于印发为“专精特新”中小企业办实事清单的通知》(工信部企业〔2021〕170 号)

[5]《上海证券交易所股票上市规则》(2022 年 12 月修订)

[6]《深圳证券交易所股票上市规则》(2022 年修订)

[7]《深圳证券交易所创业板股票上市规则》(2022 年修订)

[8]《上海证券交易所科创板股票上市规则》(2022 年修订)

[9]《上市公司章程指引》(2019 年 4 月修订)

[10]《北京证券交易所股票上市规则》(2021 年 9 月)

[11]《证券交易所管理办法》(2021 年 10 月)

[12]《北京证券交易所向不特定合格投资者公开发行股票注册管理办法》(2021 年 10 月)

[13]《北京证券交易所交易规则(试行)》(2021 年 11 月)

[14]《北京证券交易所投资者适当性管理办法(试行)》(2021 年 9 月)

[15]《北京证券交易所上市公司业务办理指南第 7 号——信息披露业

务办理》(2021 年 11 月)

[16]《北京证券交易所上市公司股份协议转让业务办理指引》(2021 年 11 月)

[17]《北京证券交易所上市公司持续监管办法》(2021 年 10 月)

[18]《非上市公众公司信息披露管理办法》(2021 年 10 月修正)

[19]《全国中小企业股份转让系统精选层挂牌审查细则(试行)》(2020 年 2 月)

[20]《全国中小企业股份转让系统投资者适当性管理办法》(2021 年修订)

[21]《全国中小企业股份转让系统股权激励和员工持股计划业务办理指南》(2021 年 11 月)

[22]《证券发行与承销管理办法》(2020 年修订)

[23]《上市公司重大资产重组管理办法》(2019 年修订)

[24]《外商投资证券公司管理办法》(证监会第 140 号)

[25]《境外非金融企业债务融资工具业务指引(试行)》(2020 年)

[26]《公司债券发行与交易管理办法》(2021 年 2 月)

[27]《北京证券交易所上市公司向上海证券交易所科创板转板办法》(2022 年)

[28]《深圳证券交易所关于北京证券交易所上市公司向创业板转板办法》(试行)》(2022 年)

[29]《关于银行业金融机构境外贷款业务有关事宜的规定(征求意见稿)》(2021 年)

[30]《中国人民银行国家外汇管理局关于银行业金融机构境外贷款业务有关事宜的通知》(2022 年)

[31]《境外非金融企业债务融资工具业务指引(试行)2020 版》

后 记

《专精特新企业融资实务》这本书，从我下笔，到写完最后一个字，几乎是一气呵成，脑子里全是授课场景与课件内容，如果不考虑内容实用性和读者阅读习惯，我可能真的收不住笔。为什么？因为热爱。我太懂自已教过的学员了，对千千万万的中小企业中高管数十年创业的心路历程有着深刻的理解，从内心深处敬重他们，我愿意学习他们为实现创业梦想而努力付出的拼搏精神，珍惜与他们相处的时间，虽为人师，但教学相长，一直把学员所在企业作为研究对象，从不同角度去挖掘，将其作为教学案例借鉴。

十几年来，我为中小企业尤其是中小科技企业讲授投融资及IPO上市的专业课程不知有多少天，集中时一周讲六天，疫情期间，每天线上授课及答疑，处理各类企业有关投融资及新三板挂牌，沪深证券交易所、北交所上市的个案不计其数。正是因为有这样的工作经历与实践，我在编著此书时才会倾注个人情感，废寝忘食地埋头码字。

本书主要是为专精特新中小企业读者群服务的，编著时力求精简、实用、简单易懂、易操作，描述性文字不多。主要是从政策、法规入手，让读者了解什么是企业规范治理及红线边界，可以少犯错误，否则得不偿失。本书的重点是融资实务，从融资模式、融资工具、退出机制及操作流程、注意事项等方面着墨，再配以代表性案例借以参考，帮助读者理解和消化。

专精特新企业在4000多万家中小企业中毕竟是小众群体，本书在搜集案例中还是有非常多的局，为了保护企业隐私或商业机密，选择的参考案例信息都来自企业公开披露信息或在新三板、北交所、沪深证券交易所及三大证券报官网披露的信息。

由于各板块、各级政府出台政策的时效性，所有规则都在与时俱进不断完善中，如果书中出现规则或专业错误，敬请读者及时指正。

在此，衷心感谢中国经济出版社给予我这个出版选题，当我第一次与资深责编贺静相见时就互相欣赏、认可，迅速策划达成共识，彼此默契配合，这是我们初次携手共创的作品，但愿不负所望！

最后，感谢我心爱的儿子和爱人，他们在各自的工作领域表现优秀，鼓舞着我，他们是我的精神支柱和灵感源泉。本书得以成稿，也是我回馈家人的最好礼物！

周　红

2022年2月26日于北京